불만 해독

인간관계,
연봉, 번아웃,
불편한 진실이 가져다줄
긍정적 마인드셋

불만 해독

테사 화이트 지음 | 한다해 옮김

The Unspoken *Truths*
for Career Success

흐름출판

들어가며

prologue

틱톡TikTok에 콘텐츠를 올려보자고 권유한 건 내 딸이었다. 딸은 직장 생활에 관한 나의 조언이 밀레니얼 세대에게 공감을 얻을 것이라고 장담했다. 자기가 우선 틱톡에 동영상 몇 개를 올린다기에 그러라고 하고는 그 일을 거의 잊고 지냈다. 3일 뒤 캘리포니아에서 아들이 전화를 걸어왔다. "엄마, 제 여자친구랑 방금 통화했는데, 틱톡에서 엄마를 봤대요. 맞아요?" 로그인해서 보니 팔로어가 만 명이 넘어 있었다.

4년이 지난 지금, 100만 명 이상이 나를 팔로우 하고 각양각색 커리어를 가진 사람들에게서 하루 200통 넘는 메시지를 받는다. 믿기지 않는 일이다.

그저 회사원이었다. 그러다 점차 직장 생활이 힘든 이들을 위해, 커리어를 발전시킬 수 있도록 방향을 틀었다. 이것은 자연스러운 변화였다. 내 남편은 처음 만난 소개팅 자리에서 나에게 직장에 관한 조언을 구하고는, 내 대답을 듣자마자 '테사에게 물어보세요.'라는 별명을 붙여주었다. 그가 그날 밤 이후에도 내 곁을 떠나지 않은 것으로 보아 조언이 유익했나 보다.

운이 좋게도 나는 스물두 살에 스티븐 코비Stephen R. Covey 밑에서 첫 직장 생활을 시작했다. 그는 《타임》이 선정한 '미국에서 가장 영향력 있는 25인' 중 한 명이다. 여러 면에서 그는 내 삶을 바꿨다. 인생과 리더십에 대한 그의 가르침은 내가 가치관을 형성하는 데 큰 역할을 했고, 어린 자녀 셋을 둔 미혼모가 답이 보이지 않는 상황에서 커리어적 방향을 찾아나갈 수 있도록 도와주었다. 그는 나의 멘토이며, 이 책에 그의 연구 철학이 자연스레 스며 있을 것이다.

내가 가장 마지막으로 일한 직장은 미국의 대표 태양광 업체 비번트솔라Vivint Solar(합병으로 선런Sunrun이 되었다.)였는데 약 4,000명의 밀레니얼 세대 직원들로 구성된 기업이었다. 마흔 살 넘는 직원이 열두 명 정도밖에 되지 않았다. 나는 여기서 일하면서 젊은 직원들의 요구를 파악하고 그들이 정보를 흡수하는 방식을 직접 관찰할 수 있었다.

비번트솔라에서 한 경험을 바탕으로 나는 교육 방식을 빠르고, 실행 가능하고 유용한 것으로 발전시켰다. 직원들에게 필요한 것은 거창한 프레임워크나 철학이 아니었다. 그들은 무거운 이론이 아니라 일반적인 상황에서 활용할 수 있는 실속 있는 조언, 빠른 정답이 필요하다고 외치고 있었다. 그래서 이 책을 직장 생활에 관한 바이블의 요약 버전으로 썼다.

이 책을 읽으면 번아웃에서 벗어나 완전한 깨달음의 경지에 이른다고 약속하지는 못한다. 성장하고 있다면 우리는 자연스레 직장 내 새로운 도전에 직면할 것이다. 다만 그때 내가 제시한 도구와 기술을 활용한다면 직장 내에서 의미 있는 변화를 가져올 수 있다. 더불어 직장에서의 인간관계는 더 긍정적으로 변화하고 궁극적으로 당신은 직장 만족도를 되찾고 성공 경험을 쌓기 시작할 것이다.

차 례
contents

The Unspoken *Truths*

for Career Success

1장.
뭔가 달라져야 한다

나는 승진을 해봤다. 조직개편 탓에 해고도 당해봤다. 직장을 구하면서 성공도 해보고 실패도 해봤다. 엄청난 연봉 액수를 두고 협상한 적도 있었지만, 회사를 다니다가 나중에 알고 보니 동료들 모두 나보다 높은 연봉을 받는다는 사실을 알게 된 적도 있었다. 최고 성과자였을 때도 있었고 평균 성과자였을 때도 있었다. 한때는 마이크로매니저Micromanager라는 소리를 들었지만 '직장에서 만난 최고의 리더'라는 칭찬을 듣기도 했다.

리스크를 감수하고 도전한 것이 성공적인 결과를 낳아 승진한 적도 있었지만 처참하게 실패한 적도 있었다. 내가 바랐던 훌륭한 멘토와 관리자도 만났다. 첫 직장에서 함께 일한 스티브 코비가 그렇다.

반대로 하루 10시간 동안 마치 진흙탕 길을 걷는 것처럼 느껴지게 만드는 관리자를 만나기도 했다.

사실 당신도 나와 그렇게 다르지 않다. 당신도 직장에서 이미 비슷한 우여곡절을 겪었을 것이며, 앞으로 맞닥뜨릴 숱한 난관이 직장 만족도를 서서히 갉아먹을 것이다. 이 탓에 당신은 새로운 기회, 더 나은 직장, 좋은 상사, 우수한 업무 환경을 찾아나서게 될 수도 있다. 하지만 어떤 회사에 들어가든 나름의 어려움이 기다리고 있다. 결국 무언가 달라져야 한다.

나의 인생에는 숨이 멎을 만큼 고통스러운 변곡점이 있었다. 우리 부부는 딸이 잘 지내지 못하고 있고 어쩌면 스스로 목숨을 끊을지도 모른다고 생각했다. 이 상황은 우리를 무겁게 짓눌렀다. 직장 생활을 진지하게 다시 돌아본 이유가 꼭 이것만은 아니었지만 분명 하나의 요인이었다. 나는 고통받는 딸(지금은 성인이 되었다.)을 보살피는 와중에 놀라운 속도로 성장해가는 기업에서 고위 임원으로 일하고 있었다. 당시 나를 두고 '너무 많은 일에 압도되고 지친 상태'라고 말한다면 상당히 절제한 표현일 것이다.

고심 끝에 잠시 직장을 떠나기로 한 것은 지금까지 직장 생활을 하면서 내렸던 가장 어려운 결정이었다. 다른 직원들이 없는 참에 CEO와 면담을 약속해놓고, 하루가 끝날 즈음 그의 방으로 들어갔다.

"휴직을 해야 할 것 같습니다. 내일부터요."

이 말이 튀어나왔을 때의 기분을 아직도 잊을 수 없다. 단어 하나하나를 꿴 실을 곧바로 다시 입속으로 당겨 넣고 싶었달까. 이것이 내 커리어에 어떤 영향을 미칠까 두려웠다. 그러나 선택은 내려졌다.

나는 결연하게 말했고 휴직은 현실이 되었다.

다음 날 딸은 자살 시도를 했다.

10주 후 직장에 복귀했을 때, 감사하게도 딸은 계속 우리 곁에 있었다. 하지만 나는 완전히 달라졌다. 전보다 신중하게, 나만의 기준을 세워 업무에 임하기 시작했다. 일에 만족감을 되찾기까지 힘든 시간을 보냈다. 나는 인적자본Human Capital 부서(인사팀)의 상무였다. 이 직책을 맡기까지 20년 넘는 세월이 걸렸다. 하지만 업무 전환의 부작용과 싸우느라 일과 삶을 감당하기 버거웠다.

휴직 후 복직하고 1년 반 동안이 나 자신을 회사와 분리하겠다는 결단을 내리는 데 결정적인 역할을 했다. 직장을 퇴사하고 나만의 사업을 꾸렸다. 사람들이 직장 생활에서의 난관을 헤쳐 커리어 성장을 스스로 주도할 수 있는 통제력을 되찾도록 도움을 주는 것, 이것이 나의 계획이었다.

직장에서의 역할을 두고 심경이 복잡했던 나의 모습이 별나다고 생각하지 않는다. 개인 생활과 직장 생활이 서로 얽혀버린 것이 비단 나만의 일은 아니지 않은가. 어떻게 하면 정신 건강을 회복할 수 있을지 답을 찾아 헤매는 사람이 나뿐만은 아니다. 우리는 복잡한 세상에서 살아가고 있고 그 복잡함은 우리 모두에게 영향을 미친다.

멀지 않는 곳에서 직장에 적응하기 위해 고군분투하는 이들을 볼 수 있다. 고학력 의료인이었던 이웃 남자는 번아웃을 심하게 겪고 난 뒤 지금은 아마존Amazon 창고에서 일하고 있다. 내 남편은 재택근무에서 사무실 근무로 전환하는 것을 대여섯 번 반복했다. 여동생은 작은 사업을 운영하고 있다. 매장을 두 곳에서 한 곳으로 줄이고 그조차도 간신히 유지하고 있는데, 적정 임금으로는 괜찮은 직원을 찾기가 하늘의 별 따기이기 때문이다.

> 미국심리학회는 직장인 다섯 명 가운데 약 세 명이 업무 스트레스로 부정적 영향을 받는다고 이야기한다. 36%가 인지적 권태를, 32%가 정서적 소진을, 44%가 육체적 피로를 겪는다. 육체적 피로는 2019년도 이후 38% 증가했다.[1]

이제 내가 여기 있다. 나는 '완전히 새롭게 태어난' 경영인이다. 커리어의 정점에서 머물렀던 기업을 떠나, 직장인들에게 회사가 어떤 곳인지 이해시키고 거기서 활로를 찾는 법을 가르치고 있다.

직장 생활에 쉽게 만족할 수 있는 시절은 결코 없었다. 경쟁은 점점 더 치열해지고 있다. 잘못된 방향으로 빠르게 나아가고 있다. 설문 조사에 따르면 51~65% 이상의 직장인들이 업무에 몰입하지 못한다고 한다. 당신도 여기에 속할 수 있다.

번아웃: 오늘도 출근이 힘든 사람들

내가 사회생활을 시작할 무렵만 해도 번아웃은 이슈 거리도 아니었다. 1981년 매슬랙 직무소진평가Maslach Burnout Inventory, MBI가 발표되기 전까지는 번아웃을 설명할 수 있는 단어조차 없었다. 하지만 세계보건기구에서 번아웃을 조직에서 다루어야 할 주요 문제로 정의하면서 매슬랙 직무소진평가는 직원의 번아웃 정도를 측정하는 유용한 도구가 되었다. 매슬랙 직무소진평가에서 내리는 번아웃의 정의는 세 가지 요소에 초점을 맞춘다.

1. 무기력과 피로를 느끼는가.
2. 일을 대하는 태도가 냉소적이거나 부정적으로 변했는가.
3. 일할 때 효능감을 덜 느끼는가.

번아웃은 날이 갈수록 심각해지는 문제다. 번아웃을 정의하는 기준이 있기 훨씬 오래전부터 나는 번아웃을 느꼈고 직장에서 번아웃과 씨름하는 이들을 봤다.

UC 버클리 심리학 명예교수이자 세계 최고 번아웃 전문가인 크리스티나 매슬랙Christina Maslach은 번아웃을 이렇게 설명한다. "번아웃은 개인에게만 영향을 미치지 않는다. 단지 업무량에 관련된 것도 아니다. 우리가 얼마나 많은 통제력을 갖고 있느냐의 문제이며, 좋은 일을 했을 때 얼마나 인정받고 보상받는지에 영향을 받는다. 이것은 '좋은 날은 나쁜 일이 전혀 일어나지 않는 날'이라는 관점과는 전혀 다르다." 나는 이 말에 공감한다. 많은 직장인이 직장에서 자신을 내리누르는 압박감을 느끼면서도 통제감을 갖고 싶어 한다.

오늘날 '세계적인 대규모 퇴직 현상'이 발생하고 있다. 이 현상을 두고 대퇴사The Great Resignation(2020~2021년 많은 사람이 회사를 그만둔 사회적 현상을 가리키는 말—옮긴이), 대사직The Great Quit, 대이동The Great Reshuffle, 대의문The Great Questioning 등 다양한 표현이 있다.[2] 어느 것을 사용하든 중요하지 않다. 어째서 수많은 직장인이 자신의 일에 대해 고민하게 되었는지 밝혀내는 것이 과제다.

당신이 회사생활에 만족하지 못하고 만족감을 어떻게 되찾아야 할지 아직 잘 모르겠다면, 우선 혼자만 그런 것이 아니라는 점을 말해 주고 싶다. 내 눈길이 닿는 곳마다 답을 찾아 헤매는 사람들이 있다. 이들은 직업적 통제력을 되찾고 싶어 한다. 직장에서 보내는 시간이 집에 있는 시간과 비슷하거나 그보다 더 많은 경우가 흔하다는 점을 고려할 때, 깨어 있는 시간의 절반 이상이 불만족스럽다는 것은 괴로운 일이다. 업무 현장은 끊임없이 변화한다. 통제력을 회복해 최소한 자신의 직장 생활을 스스로 제어할 수 있게 되는 것은 (비록 운전석을 온전히 다 차지하지는 못하더라도) 직장에서 정신적 안정을 되찾을 수 있는 방법이다.

통제력을 되찾는 방법에는 몇 가지 비밀이 있다. 대부분 직장인은 회사에 작용하는 보이지 않는 원칙들을 잘 모르고 있다. 그것이 무엇인지 알려주고 당신의 커리어가 성장 가도를 달리도록 돕는 것이 바로 나의 목표다. 나는 사람들이 회사의 작동 방식을 명확히 알기를 바란다. 스스로 관찰한 것이나 경험한 것을 올바로 해석하지 못하는 경우가 허다하기 때문이다. 일단 커튼을 열어젖혀 현재 발생하고 있는 역학 관계를 이해하라. 이것은 잃어버린 이케아IKEA 가구 조립설명서를 다시 발견하게 되는 것과 같다. 조립이 나중 일이라 하더라도 완성할 가능성이 생긴 것이니까.

당신이 지금껏 일하면서 믿어온 거짓을 철저히 바로잡고, 직장을 실제로 지배하는 진실을 깨닫도록 도와주겠다. 이 책은 직장에서 겪는 흔하디흔한 갈등과 좌절을 낱낱이 꺼내어 어떻게 분석해야 하는지 알려주는 직장 생활 설명서이자 회사에 끊임없이 불만을 품는 이들에게 보내는 해독제다. 일과 삶의 균형을 이루는 법, 불공평한 대우를 극복하는 법, 어려운 사내 정치에 대처하는 법, 일자리를 위태롭게 만들지 않고 갈등을 다루는 법 등을 담았다. 이루어질 수 없는 희망 사항처럼 보이는가? 아니다. 자신의 직업적 주도권을 다시 차지할 수 있는 전략과 방법은 분명히 있다.

착각에 빠진 회사원들

젊은 비서로 일하며 혼자서 세 아이를 키우던 나는 대학 학위도 없이 행정보조원으로 커리어를 시작해「포춘Fortune」지 선정 50대 기업의 고위 간부직까지 가시밭길을 뚫고 올라갔다. 이 근사한 문장만 보면 마치 눈 깜짝할 새 정상에 오른 것 같다. 그러나 현실은 서러움과 승리, 절망으로 범벅되어 믿을 수 없을 만큼 험난했다. 아마 당신의 경험도 크게 다르지 않을 것이다.

　이 책은 내가 지나온 여정에 대한 이야기만이 아니다. 나는 인사부 책임자를 맡아 다양한 이들의 직업적 성공과 실패를 지켜봤다. 이 말인즉슨 나에게는 고용, 해고, 급여, 협상 기술에 대한 방대한 데이터, 회사와 직원의 상호작용을 바라보는 내부자 관점이 갖추어져 있다는 의미다. 이것들 전부 회사가 돌아가는 패턴을 발견하는 데 보탬이 되었다.

나는 비밀리에 이루어지는 갖가지 대화, 물밑에서 진행되는 거래 등 여느 회사들의 속사정을 누구보다 가까이에서 접한다. 이러한 정보를 얻으면서 직장인을 바라보는 시선이 바뀌었다. 설령 내가 걸어온 여정은 믿지 못하더라도, 당신보다 앞선 많은 이들이 걸어온 여정은 믿어주었으면 한다.

직장 생활이 쉬웠다면 잡닥터Job Doctor 사업을 시작하지 않았을 것이다. 진심으로 모든 사람이 커리어를 수월하게 개척하길 바란다. 원하는 일자리를 얻고, 회사의 성공에 기여해 연봉을 올리고, 능력과 시간을 쏟은 분야에서 긍정적인 변화를 만들어 열정을 북돋는 경험을 했으면 좋겠다. 하지만 안타깝게도 직장 생활은 복잡다단하다. 누구나 이러지도 저러지도 못하는 곤궁에 빠질 수 있다. 이런 양상은 사람마다 다양하게 나타난다. 당연히 승진할 것이라 생각했는데 물을 먹기도 한다. 자신이 이용당하고 있다는 느낌, 노력한 것에 비해 보상을 못 받고 헛되이 일한다는 느낌을 받기도 한다.

> 회사를 옮긴다고 해서 만족도를 반드시 되찾는 건 아니다.
> 하지만 지금 회사에서 비참하다는 생각이 들 때 억지로 웃
> 으며 견딜 필요도 없다.

당신은 궁금할 것이다. "이제 어떤 상황에 처하게 될까?" 나의 대답은 이렇다. "당신은 과거 행동들에 대해 머지않아 무언가를 절실히 깨닫게 될 것이다." 깨달음은 평소 믿어온 직장에 대한 진실이 실제로는 틀리다는 것을 자각하는 것에서 시작된다. 당신은 착각에 빠져

있다.

　내가 당신의 직장 생활 고충과 같은 여러 사정을 수도 없이 들어왔다는 사실을 고려할 때 이것이 섣부른 발언은 아닐 것이다. 나는 직장인의 고충을 당사자, 상사, 회사의 관점에서 다각도로 바라보았다. 인간의 행동과 직장 문제가 어느 지점에서 맞부딪치는지 잘 알고 있으며, 생계를 유지하고 회사에 기여하기 위해 날마다 출근하는 당신의 상황이 유리하게 또는 불리하게(더 흔하다) 전개될지 내다볼 수 있다.

　만약 당신이 '회사는 이미 글렀고 내가 바꿀 수 있는 건 아무것도 없어.'라고 생각한다면 나는 전적으로 동감한다. 회사를 '바꿀' 수는 없다. 가능했다면 진작 그렇게 했을 것이다. 그러나 직장 생활의 원칙을 충분히 이해한다면 회사에서 힘을 덜 들이고도 성장할 수 있다. 이 책에서 나는 상황이 자신에게 불리하게 돌아가는 것 같다고 보는 사고방식을 리프레임Reframe하는 방법과 상황을 유리하게 이끄는 놀라운 방법을 소개하고자 한다. 거짓을 없애고 진실을 밝히는 데 도움을 주려 한다.

> 밀고 당겨야 하는 레버가 무엇인지 제대로 모른다면 밑 빠진 독에 물을 붓는 셈이다.

　무슨 짓을 하더라도 회사를 바꿀 수는 없다. 하지만 회사의 의사결정 방식이 어떻게 돌아가는지 내막을 알고 여러 문제를 멀찍이 피해갈 수 있도록 가드레일을 설치한다면 당신의 직장 만족도는 크게 올라가고 힘들었던 예전으로 돌아가지 않을 것이다. 의사결정도 더 잘할 수 있고 직업적 발전을 저해하는 일에 엮이는 것도 피할 수 있다. 당신에게는 현재 회사에서 자신만의 길을 걸어가는 것과 회사를 떠나 더 나은 것을 찾아나서는 길, 두 가지 선택지가 있다. 어느 쪽이 됐든 회사를 올바르게 바라보고 이해할 수 있는 관점을 제공하고자 한다. 나는 진실을 말해줄 수 있다. 그리고 진실은 당신을 다음과 같이 만들어줄 것이다.

- 충분한 정보를 바탕으로 커리어 관련 의사결정을 내린다.
- 관리자와 원만하게 의견을 주고받는다.
- 일자리를 위태롭게 하지 않고도 갈등을 돌파한다.
- 합당한 연봉을 받는다.
- 커리어의 다음 단계는 무엇이고 어떻게 준비해야 하는지 안다.

더 나은 직장 생활과 만족스러운 커리어를 위해 내가 말하는 것들을 실천하고 싶은지, 더 나아가 신뢰하고 싶은지 결정하는 것은 당신의 몫이다. 모두가 이 책의 조언을 실행에 옮기지는 않겠지만 부디 책에서 소개하는 해결책과 아이디어를 당신만의 여정의 출발점으로 삼길 바란다.

그 전에 먼저 자신의 커리어가 어디쯤 있을지 확인하자. 당신은 어디에 해당할까?

커리어 시작 단계: 직업적 성장을 위해 탄탄한 기반을 마련하

면서 업무에 필요한 기술을 갈고닦는 시기다. 제법 업무를 분담 받아서 회사라는 광란의 열차에서 어떻게 살아남을지, 직종과 업계를 올바르게 택한 것인지 고민하고 있을 수도 있다. 아니면 자신이 좋아하는 일로 자신만의 사업을 시작하는 프리랜서 계약직이나 긱워커Gig worker(원하는 시간에 프로젝트나 임시 작업을 수행하는 초단기 노동자를 뜻함—옮긴이)로 성공할 수 있을지 또는 현재 맡은 역할을 얼마나 오래 해야 다음 단계로 나아갈 수 있을지 가늠하고 있을 것이다.

커리어 중간 단계: 지금까지 어느 정도의 성과를 이루었지만 이러지도 저러지도 못하는, 직장 생활의 가장 힘든 시기다. 어쩌면 현실과는 다른 무언가에 꽂힌 듯한 관리자의 요구와 당신의 자리를 노리고 있는 사회초년생 후배 사이에 끼인 자신을 발견할 수도 있다. 관리자의 길을 밟고 싶은지 고민하거나, 경제적 불이익 없이 실무자로 남을 수 있는 길이 있을지 탐색하는 중일 수 있다.

신임 고위급 리더: 압력솥 안에 갇힌 듯한 환경에서 밤이고 낮이고 타당성 검토를 두고 머리를 싸매고 있을 가능성이 크다. 상황이 한결 수월해질 전환점이 있지는 않을까 고민하는 중일 수도 있다. 그 위치에 오르기까지 몇 차례 성공을 거두었지만, 높은 직위를 거머쥐었음에도 아직 모든 걸 꿰뚫었다는 확신이 들지는 않을 것이다. 몇 년만 더 지나면 미래로 뻗어나가는 활로가 열릴지 혹은 지금과 별반 다르지 않을지 고심하는 시기다.

직장에서 벌어지는 일들은 이치에 딱 맞지도 않고 마냥 생각대로 흘러가지도 않는다. 한 가지 역할을 오래 맡는다고 해서 승진한다는 법은 없다. 내가 선택한 회사가 이전 회사보다 조금이라도 더 나으리라는 보장도 없다. 직업적 성공을 향한 여정이 생각보다 혼란스럽다는 사실만이 확실하다. 이 험난한 길을 통과하려면 '거짓과 진실'을 구별할 줄 알아야 한다.

직장에 관한 거짓과 진실

우리는 사실을 똑바로 직시해야 한다. 우리가 모두 같은 것을 보고 있다 해도 같은 방식으로 바라보지는 않는다. 정반대의 보도를 하는 두 뉴스 채널만 보더라도, 같은 사실을 두고도 사람마다 아주 다른 결론을 내리는 것을 알 수 있다. 일할 때도 마찬가지다. 직장에서 일어나는 일들에 우리가 부여하는 의미가 다른 사람의 것과 같을 수도, 다를 수도 있다.

나는 여러 해 동안 인사 업계에 몸담으면서 동전의 양면을 바라보고 같은 경험에서 사람마다 끌어낼 수 있는 다양한 관점을 이해할 수 있게 되었다. 그 예를 하나 살펴보자.

관리자: 에번 때문에 답답해 죽겠어요. 예전에는 문제를 척척 해결했는데 지금은 자기가 해야 할 일을 관리자가 지시해주기만 기다리는 것 같아요. 에번은 의욕을 잃었어요. 저에게 필요한 팀원

은, 책임진다는 것이 무엇인지 잘 알고 본인이 해야 할 일을 다른 누군가가 알려주기를 바라지 않는 사람이에요.

에번: 제가 뽑힌 이유는 이 분야에 전문 지식이 있어서였거든요. 그런데 정작 상사는 그런 것에 관심이 없다는 사실을 일찌감치 눈치챘어요. 부하직원이 자신의 방식만 따르기를 바라더라고요. 더 나은 대안이 있는데도요. 사사건건 통제하는 극도의 마이크로 매니저랄까요. 일을 두 번 하는 것에 지쳤습니다. 제가 어떤 일을 맡으면 끝까지 진행할 수 있게 저를 믿어주면 좋겠어요.

여기서 분명한 것은 에번이 업무에 적극적으로 관여하고 있지 않다는 것이지만, 그 이유는 개인마다 천차만별일 수 있다. 이 이야기는 흔한 '관계 단절'의 예시이다. 우리가 일하면서 얼마나 순식간에 동상이몽에 이르게 되는지, 눈앞에서 벌어지는 사건을 어떤 방식으로 틀리게 해석하는지 보여주는 사례를 수백 가지도 더 댈 수 있다.

이제는 직장 생활에 대한 거짓과 역기능의 가면을 벗겨내고 우리의 그릇된 믿음을 참된 믿음으로 대체하자. 이것이야말로 강력한 게임체인저Game changer다.

직장에 얽힌 거짓 중에는 신선한 통찰을 주는 것이 있다. 반대로 당신을 화나게 하는 것도 있다. 이를테면 나는 틱톡 계정을 통해 어느 채용 담당자가 연봉 협상에 대해 올린 인스타그램 게시물에 댓글을 달았다. 이 게시물 조회 수는 4일 만에 700만을 넘어섰다. 주요 언론 매체가 그 내용을 다뤘고 '캔슬 컬처Cancel culture(소셜미디어에서 자신의 생각과 다른 의견을 지닌 사람이면 팔로우를 취소하는 행위에서 비롯된 용어로, 자신과 의견이 다른 사람을 쉽게 끊어 내는 문화를 일컬음―옮긴이)'의 연장선에서 그녀를 즉시 해고하라는 요구가 빗발쳤다. 그녀는 이렇게 해명했다.

"저는 예산이 13만 달러인 포지션에 8만 5,000달러를 제안했을 뿐이에요. 그 직원이 요구한 금액을 제안한 것입니다. 저는 연봉 협상에 대해 조언을 할 여력이 없습니다. 바로 여기에 교훈이 있습니다. 여러분이 받고 싶고 또 마땅히 받아야 한다고 판단하는 수준의 연봉을 요구하십시오. 너무 높은 것 같아도 상관없습니다. 회사가 얼마큼의 연봉을 줄 수 있는지 여러분은 알 수 없으니까요. #당당해져라."

사람들의 반응은 가차 없었다. "어떻게 실제로 줄 수 있는 것보다 낮은 연봉을 줄 수가 있나! 기업 놈들은 죄다 자본주의 돼지들이다!" 어쩌면 당신은 기업이 어떻게 의사결정을 하는지 알고 싶어 하지 않을지도 모르겠다. 연봉 협상 진행 방식에 대해서도 그럴 것 같다. 하지만 직장 생활을 하는 동안 부당함을 겪는 일이 없도록, 당신에게 그 내막을 알려주고 싶다.

기업 세계에 얽힌 다른 거짓들은 분노까지는 일으키지 않는다. 일단 그게 어떤 것인지 알고 나면 안도할 것이다. 이를테면 사내 정치를 다른 시각으로 바라볼 수 있는 방법이 있다고 치자. 그러면 회사의 정치적 환경을 경멸하지 않고도 당신에게 유리한 길을 발견할 수 있다.

직장에 얽힌 거짓과 진실을 당신이 어떻게 느끼는지, 그리고 그것들에 호의적인지와 관계없이 이것들을 제대로 이해할 때 놀랍도록 많은 이점을 얻을 수 있다. 관리자와 좋은 관계를 맺을 수 있고, 업무 피로도를 최소화할 수 있으며, 성실하면서도 성과를 내는 직원이 될 수 있다. 이로써 새로운 눈으로 회사를 볼 수 있을 것이다.

당신은 그저 올바른 환경, 바람직한 문화, 정당한 원칙과 절차를 제공하는 회사를 찾는 데 그치지 않고, 내가 수많은 커리어 경험에서 얻은 데이터를 가이드 삼아 직장을 철저히 다른 시각으로 바라보는 법을 배울 수 있을 것이다. 그러기 위해 이 책에서는 당신이 마주치는 가장 흔한 거짓과 진실부터 살펴보겠다.

첫째, (업무) 평가에 얽힌 거짓이다. 다른 사람들이 당신을 실제로 어떻게 인식하는지 모른다. 당신이 듣는 피드백 하나하나는 당신에 대한 그들의 실제 인식이 순화된 것이다. 그러니 회사만 믿지 말고 직접 나서서 솔직한 피드백을 얻을 수 있는 환경을 구축하라.

둘째, **연봉에 얽힌 거짓**이다. 열심히만 하면 더 높은 연봉으로 보상받을 수 있다고 믿는 사람이 많다. 그러나 맡은 일만 한다면 지금 상태를 안정적으로 지속할 수는 있어도 의미 있는 연봉 인상을 끌어내기 어렵다. 연봉 인상을 기다리기만 하는 비효율적인 전략보다, 연봉을 최대로 상승시키기 위해 '레버리지'를 활용하는 법을 배워라.

셋째, **충성에 얽힌 거짓**이다. 충성을 다하면 보답이 돌아올 거라고 생각하지만, 회사라는 곳은 그렇게 설계되어 있지 않다. 회사는 직원이 기여하는 만큼 가져갈 것이다. 균형을 찾는 일이 나의 몫이라는 사실을 깨닫고 나면 업무를 한층 균형 있게 수행할 수 있다. 회사가 나에게 돌려주는 것 이상으로 회사에 충성하지 않아도 된다.

넷째, **번아웃에 얽힌 거짓**이다. 업무량을 줄이면 번아웃을 해결할 수 있다고 여기는 것은 일차원적인 생각이다. 뇌를 활용하며 일할 때 우리는 피로를 최소화하고 더 큰 능력을 발휘하는 통제력을 얻을 수 있다.

다섯째, **사내 정치에 얽힌 거짓**이다. 회사에서 성공하는 데 정치가 반드시 필요하지는 않다. 하지만 성과를 내기 위한 로드맵으로써 이것을 활용하는 방법과 이를 통해 업무를 끝까지 성공적으로 이끄는 방법을 배워라.

여섯째, **영향력에 얽힌 거짓**이다. 직장 내 영향력이란 직함이나 전망 좋은 자리, 직원 수를 이야기하는 것이 아니다. 비즈니스 언어는 숫자이며, 데이터와 전문 지식을 활용해 자신의 제안과 결과를 숫자로 표현할 수 있는 사람만이 의사결정권자가 된다.

일곱째, **승진에 얽힌 거짓**이다. 업무를 막 끝내고 나면 성과를 냈다는 착각에 빠지기 쉽다. 직무기술서에 덜 의존하는 법을 배우고, 중요한 의사결정권이 있는 다음 단계의 커리어로 진입하도록 올바른 역량을 습득하라.

이런 거짓말을 대체할 진실을 알고 있다면 리더와 건설적인 대화를 나누고, 당신의 요구를 더 많이 성사시키고, 당신이 위치한 커리어상의 현주소를 명확히 파악할 수 있다. 이것은 직장에서 통제력을 되찾는 핵심 기술이다.

당신에게 울리는 경고 신호

모든 문제가 그러하듯 업무 문제도 겉으로는 사소해 보여도 제때 해결하지 않으면 걷잡을 수 없이 빠르게 커진다. 커리어도 마찬가지다. 사람들은 늘 나에게 어디서 문제가 잘못되었는지, 언제 변화가 이루어져야 하는지 알 수 있냐고 묻는다.

> 가장 심각한 경고등이 뜨는 시점은 현재 일어나는 일들을 스스로 전혀 알지 못할 때다.

커리어의 다음 단계가 블랙홀처럼 보인다면 문제가 있다는 좋은 신호다. 먼저 스스로가 원하는 바를 얼마나 명확히 알고 있는지 검토해야 하기 때문이다. 운이 좋아서 괜찮은 직장을 구할 수도 있겠지만 이는 커리어 전략이라고 할 수 없다.

커리어가 궤도를 이탈했는지 알 수 있는 100% 확실한 장치는 없으나 다음 리스트는 살펴볼 만하다. 경고 신호가 뜨는 데는 이유가 있을 수도, 없을 수도 있다. 이 가운데 하나가 깜빡이더라도 당황하지 말자. 대신 커리어에 문제가 있는지 알려주는 여러 경고 신호들을 유심히 살펴보자. 다음 리스트 가운데 하나 혹은 둘에 해당된다면 우연일 가능성이 있다. 하지만 셋부터는 어떤 패턴이 있는 것이므로 주의를 기울여야 한다.

☑ 최소 3년간 책임이 늘어나지도 않고 직위가 오르지도 않았다.

- ☑ 나의 요구가 거절당하고 있다.
- ☑ 추진력이 부족해서 목표나 목적을 달성하지 못하고 있다.
- ☑ 지난 5년 동안 연봉 상승률이 10% 미만이다.
- ☑ 나를 두둔해줄 고위급 상사가 세 명 미만이다.
- ☑ 연간 성과평가에서 평균 이하의 등급을 여러 차례 받았다.

이것들은 경고 신호다. 경고등이 켜졌을 때 무시하지 마라. 문제가 한동안 쌓여왔음을 알려주는 신호이기 때문이다. 변화가 필요하다고 깨달을 때는 이미 늦었다. 당신의 커리어에 경고 신호가 여러 개 뜬다면 다음에 해당할 수 있다.

- ☑ 자신을 어필하는 능력이 부족하거나 회사가 나를 대변해주기를 바란다.
- ☑ 일은 열심히 하지만 회사가 높이 평가할 업무를 전략적으로 골라서 하지는 않는다.
- ☑ 갈등 상황에서 소통이 불편하다.
- ☑ 나를 지키기 위해 경계를 설정하는 일 또는 삶의 균형을 맞추는 일이 다른 사람들의 얘기라고 여긴다.
- ☑ 현재 맡은 역할에서 영향력이나 입지를 다질 수 있을지 자신이 없다.
- ☑ 정치적 환경을 활용하지 않고 무조건 비난한다.
- ☑ 직원들이 나를 어떻게 느끼는지 인식하지 못하고 있다.

이 리스트에서 당신의 모습을 발견하더라도 겁먹지 말자. 원인을 바로잡고 훌륭하게 변신하기에 많이 늦지는 않았으니 말이다. 성장과 발전이 그러하듯 학습에도 끝이 없다. 세계 유수의 운동선수들이 날마다 끊임없이 지도를 받는 것도 매한가지다. 운동선수들은 언제나 자신을 갈고닦는다. 무언가를 배운 뒤 리스트에서 항목을 체크하고 '이제 됐다.'라고 말하지 않는다. 당신도 그래야 한다.

닫힌 문을 부수어 열고 이제껏 믿어온 거짓들을 진지하게 되짚으며 직장에서 일어나는 일들의 실상을 밝히자. 나를 미치게 만들고 발목을 잡는 요인이 내 생각과 다를 수도 있다.

2장.
회사의 DNA

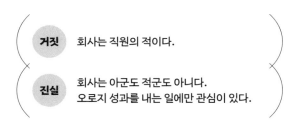

거짓 회사는 직원의 적이다.

진실 회사는 아군도 적군도 아니다.
오로지 성과를 내는 일에만 관심이 있다.

누가 호랑이 한 마리를 회사 안으로 데려왔다는 연락을 받았다. 그래, 맞다. 호랑이. 우리Cage 안에 갇혀 있었지만 그래도 호랑이는 호랑이였다.(디즈니 기획자 조 로데가 동물 테마파크 사업을 추진하려 경영진을 설득하기 위해 실제로 벵갈 호랑이 한 마리를 회의실 안으로 들여왔던 일화를 인용한 대목—옮긴이) 나는 인사 업계에 있으면서 괴상한 이야기를 누구보다 많이, 가까이에서 접했다. 코딱지만 한 사무실에서 종일 방귀를 뀌어대는 직원과 어색한 대화를 나눈 일화, 한 직원이 회사 창고를 개인 사업 공간으로 꾸며놓고 운영한 사건, 성 스캔들을 일으켰던 직원과 마약 조직원이었던 직원이 쫓겨난 일, 기혼 임원 둘이 불륜 관계를 맺고 아이를 가졌다는 경악을 금치 못할 이야기,(그것도 쌍

둥이를!) 화장실에서 대변으로 그림을 그렸다는 비화 등 다양한 이야기를 들었다. 괴상한 사건을 가지고 책 한 권은 거뜬히 쓸 수 있다.

이런 사건들의 전개는 예측 불가능하다. 하지만 회사의 행동과 선택은 놀라울 정도로 예측 가능하다. 그렇기 때문에 일반적인 상황에서 활용할 수 있는 시나리오와 행동 요령을 통해 내가 도움을 줄 수 있으리라 생각한다. 어떤 의뢰인이 이렇게 말했다. "모르는 사람이 보면 상담사님은 시간 여행자 아니냐고 할 겁니다. 제 상사가 어떻게 반박하고 반응할지 모두 꿰뚫고 있어요. 꼭 미래를 미리 보고 와서 알려주는 게 아닌가 싶을 정도라니까요!"

나는 마술사도 아니고 시간 여행자도 아니다. 다만 직원들의 문제를 셀 수 없이 지켜본 경험이 있어서 회사나 회사 대표들이 어떤 상황에서 어떻게 반응하는지 패턴을 안다. 내가 육아나 인간관계 문제에서 도움을 줄 수는 없어도, 회사에서 통하는 규칙들을 알려줄 수 있다. 회사에서의 행동 방법을 규정하는 걸 두고 사람들이 '게임', '속임수'라고 얘기하거나 부정적으로 표현하는 것을 들었다. 하지만 나는 여기에 동의하지 않는다. 회사가 어떻게 운영되는지, 회사가 무엇에 가치를 두는지 알아가는 건 덧셈을 배우는 것과 같다. 2 더하기 2가 4이듯 회사의 의사결정 과정도 예측 가능하다. 변수를 발생시키는 건 사람이다.

회사의 DNA는 변하지 않는다. 본질은 변하지 않으며, 우리가 그것을 정확히 이해한다면 덜 적대적인 태도로 일할 수 있다. 몸서리치고 벽을 쌓기보다는 우선 내 조언을 들어보라. 당신과 회사가 노사관계에서 벗어나 서로 원하는 바를 얻을 수 있다. 회사가 무엇을 중요하게 여기는지 명확히 이해할 때 회사의 행동은 더 잘 예측 가능하다. 상대를 알면 접근법도 보인다.

먼저 일러둘 사항이 있다. 직장에 얽힌 거짓과 진실 중에는 여러분을 화나게 하는 부분이 있을 것이다. 이 장에 바로 그 내용을 담고 있다. 조금 더 읽다 보면 책을 벽에 던져버리고 싶을지도 모른다. 하지만 계속 나와 함께 가자. 회사를 이해하는 것은 천군만마를 얻는 셈이다. 처음에는 혼란스러울 수 있다. 책에서 몇 가지 기본적인 진실을 드러내겠지만 적어도 '회사와 당신의 관계를 조정하는 방법'에 관한 장에 이르기 전까지는 기분이 썩 좋지 않을 것이다.

혹시 당신은 회사에서 당한 만큼 돌려주기를 바라는 사람인가? 하지만 나의 목표는 고용주와 직원의 관계를 안정적으로 만드는 것이다. 나는 당신이 회사와 진흙탕 싸움을 벌이기를 바라지 않는다. 당신이 질 것이기 때문이다. 서로 버티고 서서 충돌하기보다는 필요한 바를 얻어내기 위해 회사와 **어깨를 나란히 하며** 일하는 법을 배웠으면 한다.

누구의 편이랄 게 없지만 굳이 따지자면 나는 여러분 쪽에 서 있다. 회사가 회사의 방식대로 흘러간다고 화내는 건 반려견이 낯선 사람을 보고 짖는 모습에 짜증을 내는 일과 다를 게 없다. 강아지가 짖는 건 당연하지 않은가. 강아지가 고양이처럼 행동하기를 기대할 수는 없다. 회사도 그 나름의 특성이 있다. 좋고 나쁜 것이 아니라 그저 '회사다운' 특성일 뿐이다. 회사가 내리는 모든 결정에는 회사의 특성이 담겨 있다. 최우선순위는 이익 창출이다. 언제나 회사는 비용을 절약하고, 매출을 더 많이 일으킬 수 있는 부문에 자금을 대고, 수익

〈그림 2-1〉 내 쪽으로 기울지 않는 저울

성을 갉아먹는 지출을 줄이려 한다.

나는 예측 가능성을 좋아한다. 그리고 회사는 놀라울 정도로 예측 가능하다! 회사의 본질적 특성을 이해한다면 모험을 하지 않고도 그것을 유리하게 활용할 수 있다. 몇 년 동안 연봉이 오르지 않았다는 이유만으로 연봉 인상을 요구한다면 "그렇게는 안 됩니다."라는 대답을 들을 게 뻔하다. 왜 그럴까? 성과가 없으니 회사는 돈을 더 쓰지 않는다. 한편 연봉 인상을 다른 식으로 요구한다면, 가령 업무 기여도와 회사 우선순위의 연결성을 분명히 한다면 "그러죠."라는 대답을 얻을 확률이 높아진다. 회사의 구미를 당기는 요소가 무엇인지 인지하고 있을 때 어떻게 말하고 행동해야 하는지 더 잘 알게 된다. 요구하는 바를 이루고 싶다면 회사의 언어로 말하는 법을 배워야 한다.

그렇다고 해서 회사가 매번 갑의 위치에 있다는 뜻은 아니다. 오

히려 그 반대다! 직무기술서에 명기된 업무만 신경 쓰며 일하기보다
는 '어떻게 해야 회사에 성과를 가져다줄 수 있을까?' 하며 회사가
중요시하는 방향으로 관점을 옮겨보자. 다른 중요한 문제를 해결하
거나 이러한 문제 해결을 우선순위에 두게 된다. 이 변화만으로도 당
신의 직장 만족도는 위쪽을 향할 것이다.

일단 회사와 회사에서 맺는 중요한 관계(관리자와의 관계, 인사부와
의 관계 등)를 이해하고 나면 회사와 맞서지 않고 오히려 협력하는 데
필요한 기초 기술을 갖출 수 있다. 이 장에서는 핵심 이해관계자들을
소개하고 이들을 더 깊이 이해하는 데 필요한 도구를 제공한다. 그렇
게 하면 당신에게 무엇이 좋으냐고?

- 업무 결과물을 숫자로 더 잘 표현한다.
- 연봉 인상 요구나 아이디어 제안 방식이 달라진다.
- 업무 우선순위가 바뀐다.
- 나의 영향력을 가장 크게 만들 수 있는 업무를 고를 수 있다.
- 적이 아닌 협력자를 대할 때의 언어로 말한다.

이를 통해 당신 앞에 놓인 장애물을 없애고 기회를 만들어낼 수
있다.

회사의 존재 이유를 명심하라

직원들은 자신을 지지해주는 회사를 위해 노력하지만, 회사는 직원에게 불리하게 움직이는 것처럼 보일 때가 많다. 피구 게임 도중에 상대 팀이 합세해서 한 사람을 공격하는 것처럼 느껴질 때도 있다. 고장 난 회사 정책, 뒤바뀐 우선순위, 성과를 내라는 상부의 압박, 관리자의 결점, 번아웃의 습격을 한몸에 받는다면 어떨까. 충성심 강한 직원조차도 곤혹스러워할 만한 절망적인 상황이다. 여기에 꼼짝없이 갇힌 사람은 괴로워하겠지만, 해결할 방법이 아예 없지는 않다.

> 무언가를 원한다면 그것을 원하는 이유를 내밀며 달려들어서는 안 된다. 회사가 그것으로부터 취할 수 있는 이익이 무엇인지를 먼저 생각하고 접근하라.

회사의 존재 이유는 단 하나, 이윤 창출이다. 비영리단체라 하더라도 회계장부의 균형을 맞추려면 충분한 돈을 벌어야 한다. 어떤 회사들이 한동안 수익을 내지 않는 것도 미래에 돈을 많이 벌 것이라는 믿음이 있기 때문에 가능한 일이다. 말하자면 단기적으로만 돈이 없는 것이다. 장기적으로 돈을 벌지 못한다면 결국 어떤 회사도 존재할 수 없다. 이것만이 진실이다. 그렇다고 이를 두고 정당한 일, 더 나아가 인도적인 일이라고 말하려는 건 아니다. 하지만 이것이 오늘날의 현실이고, 최초의 진실이자 최고의 진실이다. 다음을 기억하라.

진실 1. 회사는 돈을 벌기 위해 존재한다. 수익성 증대가 회사의 본질이라면, 이 목표를 달성하기 위해 리더는 매출 증가와 효율성 증대, 비용 절감 측면에서 더 이로운 결정만 내릴 것이다. 물론 회사에는 세상을 변화시킬 위대한 사명이 있을 수도 있지만, 사업을 운영하지 않고 세상을 변화시킬 수 있는 회사는 없다. 돈을 벌지 못하는 사업은 사업이 아니다.

진실 2. 회사는 수익에 도움 되는 일에만 돈을 지출한다. 당신의 업무 성과가 회사에게 산소와도 같다는 사실을 망각하고 당신의 이득만 추구한다면 계속해서 실망할 일만 생길 것이다. 수익이 회사의 생명줄인 까닭에 영업부서가 우선적 지위를 갖고 있지 않은가. 회사가 내리는 결정 하나하나는 "이 지출은 과연 우리가 소비하는 돈보다 더 많은 돈을 버는 데 도움이 될 것인가?"라는 질문을 거친다.

직원들이 임금 인상, 인력 충원, 자원과 투자를 회사에 바랄 때 회사와 직원의 줄다리기 싸움이 시작된다. 이럴 때는 자신이 원하는 바가 **진실 1** 또는 **진실 2** 측면에서 회사에 이롭다는 점을 증명하면 효과적이다. 하지만 대개 직원들은 '내가 직장에서 행복해지면 더 많은 성과를 낼 것'이라고 막연하게만 생각한다. 원칙적으로는 맞는 말처럼 들릴 수 있지만, 회사는 이런 느슨한 예상만으로 사람이나 자원에 투자하기는 어렵다고 판단할 것이다. 회사는 보장된 수익 또는 이에 준하는 것을 필요로 한다.

회사가 직원의 생명을 어떻게든 빨아먹으려 한다는 이유로 사람들은 회사를 싫어한다. 하지만 곰곰이 생각해보면 회사와 직원은 모두 상대가 주려고 하는 만큼 가져갈 것이다. 이것이 회사와 직원의 공통점이다. 양쪽 모두 '이익', 즉 각자의 노력에 대한 대가를 얻기 위해 노력한다. 회사는 직원에게 **더 많은 임금을 지불하지 않음으로써** 이익을 더 얻는다. 하지만 직원에게 더 많은 임금을 지불하지 않는 회사는 **직원의 이익 창출 능력을 저해한다.**

> 당신은 당신이 싫어하는 존재와 그리 다르지 않다. 당신도 회사도 모두 대가를 받지 않는 한 무언가를 주고 싶어 하지 않는다.

회사와 직원은 시작부터 다른 곳을 보고 있다. 내가 이 사실을 바꾸지는 못하지만, 회사가 납득할 수 있는 방식으로 당신의 요구 사항을 효과적으로 전달하도록 도울 수 있다. 어떤 것을 요구할 때 '회사에 이득이 되는 것'을 제시하는 접근법을 취한다면 더 많은 것을 얻어낼 가능성이 크다. 다음 내용은 회사가 원하는 것들을 요약해서 보여준다. 회사는 다음과 같은 것을 당신에게 요구할 것이다.

첫째, **수익 창출은 목록의 가장 첫 줄에 있다.** 그래서 회사는 제품을 판매하는 영업부서, 효율성을 창출하는 기술부서, 신제품 개발로 수익을 내는 개발부서에 더 관심을 둔다. 반면 재무부서와 인사부서, 마케팅부서 등 지원부서는 수익 대신 비용만 발생시키는 까닭에 예산을 얻는 데 어려움을 겪는다.

둘째, **회사는 언제나 투자에 대한 대가를 바란다.** 그래서 당신이 회사에 어떠한 투자를 요청할 때 회사가 얼마나 투자수익률을 얻을 수 있는지 반드시 명시해야 한다. 투자수익률이 불확실할수록 당신이 금전적 보상을 받을 확률이 낮아진다. 이것이 회사가 투자 의사결정을 내리는 핵심 관점이다.

셋째, **회사는 적은 비용으로 많은 일을 하게 할 것이다.** 언제나 최소한의 돈으로 최대한의 것을 원한다. 어떤 상황에서든 더 적은 비용과 더 많은 노고를 바란다. 그래서 회사는 결과를 먼저 검토한 후 투자를 하지, 그 거꾸로는 하지 않는다.

넷째, **회사는 승인된 예산을 쉽사리 변경하지 못할 것이다.** 대신 기존 예산을 재조정할 것이다. 한 부서에서 예산을 끌어와 다른 부서에 자금을 지원하는 식으로 예산을 조정하고 우선순위를 재배치한다. 예산의 변동이 크다면 중대한 사안이므로 반드시 이사회를 거쳐야 한다. CEO가 단독으로 처리하기에는 리스크가 크다. 이사회 구성원들도 리스크를 감수하는 일에 매우 낙관적이어야 한다.

이러한 사실을 알고 있으면 유용하다. 감정에 의해 뒷받침되는 좋은 의견이 아닌 숫자에 의해 뒷받침되는 결과 우선적인 관점에서 요구 사항을 전달해야 한다는 것을 이해할 때, 당신의 요구가 회사의 관점과 더 일치하기 때문이다. '나는 지쳤어.' 같은 말은 크게 의미가 없다. 당신의 대화 방식을 어떻게 하면 회사의 필요에 맞출 수 있을까 고민하자.

회사의 승인을 얻고 싶다면 **당신에게** 오는 이점이 아닌 **회사에** 가는 성과와 긍정적 결과를 우선 따져야 한다. 다음의 예시를 보자.

통하지 않는 접근법: "저는 재택근무를 할 때 생산성이 더 높습니다."

이 말은 설득력 있는 사실이지만 결과를 다루지 않는다.

성공 가능성이 큰 접근법: "재택근무를 하면서 제가 담당한 프로젝트들이 마감일 최소 2주 전에 모두 끝났습니다. 그리고 사무실에서는 주의를 흐트러뜨리는 요소들 때문에 주간 근로 시간의 20% 또는 8시간 정도를 허비했는데, 지금은 그만큼 시간을 아꼈습니다. 시간을 절약하면 지금까지 일정을 맞출 수 없었던 NPS 프로젝트도 착수할 수 있을 것으로 보입니다. 재택근무를 앞으로도 지속한다면 생산성 증대를 입증할 수 있습니다. 재택근무가 정말 효과적인지, 회사의 필요를 충족시키는 지속적인 합의가 될 수 있을지 석 달 후에 점검해보면 어떻겠습니까."

이 접근법이 통하는 이유는 뭘까? 대체로 회사는 '생산성이 더 높다.'라는 직원의 판단에 기초해 의사결정을 내리지 않는다. 이것은 확실한 데이터가 아닐뿐더러 그러한 직원의 요구는 개인의 자가 평가에 기반한다. 그러나 접근법을 바꿔 주당 몇 시간을 절약할 수 있는지 구체적으로 표현하고 효율성 증진을 증명하는 확실한 방법으로 주장을 뒷받침한다면 회사는 관심을 보일 것이다. 또한 영속적인 변화보다는 기간이 정해진 실험 형식의 제안을 한다면 훨씬 매력적으로 보일 것이다. 설령 그것이 효과가 없더라도 회사는 '빠져나갈 구실'이 있는 실험을 아주 좋아한다.

당신의 팀장이 원하는 것

관리자 혹은 팀장은 회사의 대리인으로서 직원들과 가장 많이 상호 작용하기 때문에 직원들은 불쾌한 경험을 걸핏하면 관리자 탓으로 돌린다. 직장에서 느끼는 모든 불만은 회사의 깃발을 들고 있는 사람 때문이라고 치부하기 쉽다. 통계가 이 사실을 뒷받침한다. 인적자원관리 협회Society for Human Resources Management에서 실시한 설문조사에 따르면 참여자의 84%가 자신의 업무 스트레스를 제대로 교육받지 못한 관리자 책임으로 돌렸고, 50% 이상이 관리자가 부하직원을 능숙하게 다룬다면 자신의 성과가 개선될 거라고 답했다.

그러나 관리자의 주요 임무는 회사의 최우선 목표인 성과 창출을 위한 예산 관리와 팀 관리다. 관리자는 당신의 인생 코치나 업무 상담사가 아니다. 앞서 이야기하지 못한 진실이 하나 더 있다. **관리자는 주어진 예산으로 목표를 달성해야 한다. 그리고 예산은 항상 요청한 것보다 적다.**

이 말이 매력적으로 들리지 않는 이유는 실제로도 매력적이지 않기 때문이다. 관리자들은 예산의 수문장이자 프로젝트가 완수되는지 지켜보는 감독관이다. 능력 있는 관리자는 자신이 직원들을 잘 다룰 때 성과가 나온다는 것을 알고 있다. 하지만 여기에는 한정된 예산과 자율권을 가지고 변화를 이뤄내야 하는 도전 과제가 항상 따라온다.

관리자의 자율권에는 제약이 있다는 것을 직원 대부분은 깨닫지 못한다. 관리자 직함을 달고 있다고 해서 자원을 마음껏 활용하고 원하는 대로 의사결정을 내리지는 못한다. 주어진 예산을 이리저리 굴려 사용할 수는 있어도 추가 예산을 얻으려면 상당한 번거로움을 감수해야 한다. 특히 임원급이나 그 아래 관리자들은 처음에 요청했던 것보다 적은 예산을 받는다는 사실을 전제할 때, 예산을 추가로 달라는 예외적인 요청은 시작부터 통제당한다.

관리자는 사람 문제를 해결해야 하는 당사자이기도 하다. 결코 만만한 일이 아니다. 사람 문제를 해결하는 일이 전체 근무 시간의 20% 정도를 차지한다고도 한다. 휴가 관리, 대인관계 갈등, 성과 이슈, 프로젝트·우선순위·작업 속도 조정, 동료와의 불화 등 끝도 없이 다양하고 해결하기 까다로운 문제가 널려 있다. 정해진 해결책이 항상 존재하는 것도 아니다. 관리자는 문제 당사자를 위하면서도 상대 팀원의 비위를 거스르지 않아야 하는가 하면, 인사팀과도 조화를 이루며 예산과 목표에 부합하는 의사결정을 내려야 한다. 복잡한 장단에 맞춰야 하기에 관리자는 선례를 참고해 결정을 내리며, 자신의 권한을 벗어난 생소하거나 위험한 아이디어는 받아들이길 주저한다.

직원들은 관리자가 자신과 너무 담을 쌓고 지낸다거나 혹은 반대로 극히 사소한 부분까지도 이래라저래라 간섭한다고 불평한다. 직장에서 기분 나쁜 경험을 하는 가장 큰 이유로 관리자를 꼽곤 한다. 컨설팅 기업 프레딕티브 인덱스Predictive Index 2021년 인력관리 보고서에 따르면 자신의 관리자가 싫다고 대답한 직장인 중 63%가 다음 해 안에 퇴사할 계획이라고 밝혔다.

한편 어떤 사람이 기여를 톡톡히 한다면 회사는 그 사람이 능력 있는 관리자가 되리라 기대한다. 유능한 관리자의 필요성과 무능한 관리자를 향한 넘쳐나는 불평에도 불구하고, 더 훌륭한 관리자를 양성하는 과제가 뒷전으로 보이는 건 왜일까?

당신의 관리자가 제대로 훈련받지 못한 사람이라면, 당신은 제안이나 요구를 할 때 더욱 철저하고 명확하게 내용을 전달해야 한다. 관리자의 최우선 임무인 예산 관리, 팀 관리와 긴밀히 연계된 근거를 제시하면서 제안이나 요구가 부서 및 전사적 차원에서 어떻게 보탬이 될지 조리 있게 설명해야 한다. 풍부한 데이터를 활용하고 그 요청이 회사와 인사부는 물론 관리자의 관점에도 부합한다는 점을 확실하게 전달하는 것이 가장 좋다. 회사 측의 관심사에 어떻게 부합하는지 근본적 이유를 제시할 때마다 당신은 자신에게 한 단계 더 유리한 상황을 만들고 있는 셈이다.

관리자는 **무엇이든 예산 범위 안에서 해결하기를 원한다.** 정해진 틀을 깨고 더 많은 예산을 윗선에 요청하기 전에 정말로 그것이 회사에 실질적 이익을 가져다줄 거라는 판단을 내려야 한다. 추가 요청은 갈등을 일으킬 수도 있다.

그다음 **선례를 바탕으로 의사결정을 내린다.** 관리자는 인사부가 원하는 것(더 적은 위험 부담), 회사가 바라는 것(성과 창출), 직원이 원하는 것을 고려해야 한다. 그 후 다른 팀원이 다음번에 같은 사항을 요청할 때 어떻게 대응할지도 고민해야 한다. 문제가 될 수 있는 모든 부분을 만족시키는 가장 간단한 방법은 가이드와 필터 역할로서 선례를 활용하는 것이다. 전에 있었던 일이라면 정당화하기가 한결 쉽다.

어느 직장이든 좋은 관리자와 나쁜 관리자가 있다. 당신이 관리자와 원활하게 협력하려면 관리자의 강점과 약점을 빈틈없이 이해해야 한다. 관리자의 약점에 당신의 강점을 보탠다면 팀을 보완하고 추진력을 얻을 수 있다. 당신의 관리자가 능력이 부족한 프로젝트 매니저라면, 당신은 자발적으로 관리자를 도와 전략기획 부서와 밀접해질 수 있다. **폭넓은 인재관리 기술**을 익혀야 한다는 의미다.

위 사실을 각자의 상황에 어떻게 적용할 수 있을까? 싫든 좋든 관리자는 많은 경우 불리한 제약에 매여 있다. 관리자가 회사 예산을 절약하고 싶어 하고 또 처음부터 원하는 만큼의 예산을 받지 못하는 경우가 태반이라면, 제약을 뚫기 위한 탄탄한 논거를 마련하는 데 당신의 도움을 필요로 할 수 있다. 내가 관리자에게 했던 대부분의 획기적인 제안들은 관리자가 윗선에 제시할 수 있는 설득력 있는 주장을 생각하는 데서 시작했다. 당신이 승인받고자 하는 요구 사항에 따라 다음의 네 가지 관점으로 관리자에게 접근할 수 있다.

실험 관점

시행하고 싶은 새로운 아이디어를 제안하는 경우, 그 아이디어가 이전에 실행된 적 있는지 확인하는 일이 관리자에게는 매우 중요하다. 선례가 있는가? 전에 없던 아이디어라면 실험적인 방법으로 던져보면 좋다. '전에 이런 방식으로는 해본 적이 없는데.'라는 관리자의 생각을 극복할 수 있을 것이다.

성과 관점

요구하는 바를 가장 확실하고 안전하게 확보하려면 과거에 달성한 당신의 성과를 중심에 두면 된다. 이것은 강력한 힘이다. 예를 들어 재정적 증가, 비용 절감, 프로세스 간소화, 수익 창출, 고객충성도 증가, 새로운 수익원 창조, 운영 개선 등이 있다.

상부 관점

당신의 제안이 대대적인 변화나 추가적인 예산을 필요로 한다면 관리자는 상부의 승인을 받아야 할 것이다. 상부의 까다로운 기준을 통과할 수 있는 강력한 논거를 마련해야 한다. 당신이 아닌 회사에 이득이 되는 부분을 집중적으로 찾자. 그리고 그 목표를 달성하기 위한 방법이나 선택지를 몇 가지 제시하자.

예산 관점

비용이 드는 요구라면 현재의 예산 범위 안에서 그것을 실현할 수 있는 방식을 제안하라. 그리고 어떤 예산 항목을 끌어다 쓸 수 있을까를 충분히 고민하라. 당신이 해결책과 논리적 근거를 제시하면 관리자는 혼자 힘으로 해결책을 마련하지 않아도 된다.

인사부가 원하는 것

연봉 인상부터 채용, 해고, 승진, 성과, 구조조정에 이르기까지 당신의 커리어에서 중요한 모든 절차 하나하나의 키를 쥐고 있는 곳이 바로 인사부다. 당신의 관리자는 당신이 내놓은 요구 사항을 인사부와 비밀스럽게 논의한다. 당신이 인사부 관리자와 상호작용하는 일이 많지 않다 해도, 당신의 커리어와 관련해 인사부가 막후에서 어떤 역할을 하는지 이해하는 건 중요하다. 특히 인사부 관리자가 당신의 관리자와 함께 일할 때 더욱 중요하다.

인사부의 핵심 목표는 회사를 보호하고 리스크를 줄이는 것이다. 일부 사람들이 착각하는 것처럼 인사부는 직원들을 보호하는 캡틴 아메리카가 아니다. 인사부는 직원들의 요구가 실현되도록 도와주는 걸 목표로 하는 곳도 아니다. 회사를 향한 충성심과 직원을 향한 충성심 중에서 꼭 하나를 선택한다는 뜻도 아니다. 이 둘과 서로 배타적이어서는 안 된다. 하지만 나의 경우, 원했던 것보다 더 자주 회사의 위험 부담을 관리하고 있었고, 직원 개개인을 위한 노력을 하지 못했다. 직원들을 배척해서 그런 것이 아니었다. 회사를 '위해' 일했을 뿐이다. 인사부를 악마라고 부를 수는 없다. 하지만 천사도 아니다.

인사부는 차별을 비롯해 부정행위가 없는 기업 문화가 조성될 수 있도록 제도와 정책을 개발하는 데 전력을 다한다. 회사를 대표하는 바람직한 인재가 될 수 있도록 관리자들을 교육시킨다. 공정하고 공평한 임금 체계도 마련한다. 회사라는 곳을 직원들이 지원과 배려를 받으며 소속감을 느낄 수 있는 공간으로 만들고자 하는 바람도 있다. 회사의 모든 드높은 이상에 소송 리스크가 있는지 따져 보고 골치 아픈 사건에 연루되지 않게 하는 역할도 한다.

여기서 또 한 가지 진실이 등장한다. **진실 3. 인사부는 당신의 문제를 해결해주기 위해서가 아닌 회사의 리스크를 최소화하기 위해 존재한다.** 인사부가 당신에게 언제 도움을 주고 언제 해를 입힐 수 있는지 잘 알아야 한다. 이것이 팁이다. 내가 알고 있는 인사부 사람들 가운데 직원이 부당한 대우를 받기를 원하는 사람은 없지만 그래도 우선순위는 회사다. 그래서 일반 직원들이 종종 시작부터 불리한 위치에 놓이게 된다.

인사부는 **회사를 위할 때는 분명한 태도를, 그렇지 않은 때는 모호한 태도를 보인다.** 인사부가 회사를 보호해야 할 필요가 있다면, 가령 동종업계 이직 금지 조항이 제자리에 잘 들어가 있는지 확인해야 한다면, 서면으로 내용을 작성하고 당신의 서명을 확실히 받았는지 확인할 것이다. 한편 당신이 부당한 사건으로 회사를 고발한다면, 인사부는 그 사건에 관해 주고받은 내용을 서면으로 보관하지 않음으로써 회사가 문제에 연루되지 않게 하거나 인사부가 직접 사건에 대한 진술을 통제하려 할 것이다. 모든 건 리스크를 최소화하기 위함이다.

또, 인사부는 **범법 행위를 조용히 해결하고 비용이 많이 들어가는 법적 조치를 면하기 위해 퇴직금을 지불한다.** 일반적으로 인사부는 회사에 대한 청구권을 취소해주는 대가로 퇴직금을 이용한다. 당신이 곤경에서 벗어나기를 바라서도 아니고 인사부가 호의적이어서도 아니다. 인사부는 부당해고 소송과 같은 리스크를 없애기 위해 퇴직금을 지불한다.

더불어 **체계화된 제도와 원칙을 만든다.** 연봉 계획안, 휴가 및 재택근무 같은 구체적인 계획처럼 인사부는 원칙이 있는 제도를 선호한다. 주로 차별에 관한 소송을 최대한 방지할 수 있는 체제를 이루기 위해 제도를 시행한다. 이러한 제도는 예상과 표준을 벗어나는 사태가 일어나지 않도록 할 것이다.

때로 인사부는 당신에게 불리한 방향으로 일하는 것처럼 보인다. 이는 인사부가 당신을 신경 쓰지 않아서가 아니고, 오히려 신경 쓰기 때문이다. 인사부는 직원 개개인보다 선례에 더 관심이 많다. 과거에 내려진 결정들이 소송에서 상당히 중요하기 때문이다. 이를테면 회사가 어떤 직원의 재택근무 요청을 승인했지만 다른 직원의 동일한 요청은 거절하는 경우 회사는 그 직원을 차별했다는 리스크에 노출될 수 있다.

그러나 섣부른 판단은 하지 말자! 인사부를 걸림돌이라고 단정 짓기 전에 사람들이 인사부에 대해 싫어하는 모습, 가령 원칙을 따지고 체계를 중요시하는 성향 가운데 나에게 이로운 것도 있다. 단, 당신이 요구 사항을 적절한 방식으로 전달하는 경우에 한해서다.

인사부와 맞부딪치지 않고 그들과 뜻을 같이하는 데 유용한 팁이 있다.

정형화된 체계를 공략하기

보상 체계를 활용하여 상황을 당신에게 유리한 쪽으로 이끌 수 있다. 연봉 인상을 요구하면 "연말 평가 때까지 기다리세요."라는 답이 돌아올 게 불 보듯 훤하지만, 보상 체계를 이용한다면 이득을 볼 수 있는 기회가 존재한다. 직무기술서의 내용이 빠르게 업데이트되는 탓에 해당 직무의 보상 범위가 최신 버전이 아닐 때가 많다. 누가 봐도 더 많은 책임을 짊어지고 있는데도 연봉 인상이 없다면 '리스크에 민감'한 인사부의 특징을 공략할 필요가 있다. 더 열심히 일하겠다고 말하는 건 설득력이 없다. 하지만 예를 들어 '여섯 가지 책임을 새로

떠맡았다.'라고 밝히면서, '업무를 다시 한번 샅샅이 살펴본 뒤 현재 연봉이 다른 직무와 비교해 적정 수준인지 아닌지 검토해볼 필요가 있지 않겠느냐.'라고 제의한다면, 인사부가 임금차별 문제를 걱정하게 만들 수 있다.

성과 계획 허점을 공략하기

회사를 대변하는 사람(주로 관리자)이 직원을 해고하고 싶을 때 올바른 절차를 따르지 않는 경우가 빈번하다. 회사가 아직 당신에게 제대로 된 경고를 주지 않았다면 인사부는 당신의 가장 든든한 동맹자가 될 수 있을 것이다. 관리자가 당신의 성과 계획을 마련하지 않거나 당신에 대한 기대를 명확히 설정하지 못한 경우, 관리자의 잘못에 대한 보상을 요구하는 차원에서 퇴직금을 받고 그만두겠다는 말을 무기로 삼는 방법도 있다. 단 관리자의 잘못이 회사에 위험을 초래하는 경우여야 한다.

불만·문제 관점을 공략하기

차별 문제와 이슈를 회사가 얼마나 통제하기를 원하는지 잘 안다면, 그 이슈를 주제로 오간 얘기들을 서면으로 남겨 자신을 보호할 수 있다. 이때 이메일을 사용하면 좋다. 당신의 진술에 정당성을 확보하는 데 유리하고, 그렇게 하지 않았을 때보다 더 빠르게 당신의 의견을 알리고 문제를 바로잡을 수 있다. 인사부는 회사의 입장을 날카롭도록 명확하게 정하고, 바람직하지 않은 용어나 사실관계는 문서화하지 않음으로써 회사에 손해가 갈 만한 모든 일을 사전에 제거하려고 한다는 사실을 기억하자.

　회사로부터 무언가를 얻으려면 반드시 회사를 이해해야 한다. 직장에서 당신은 복잡하고 어려운 역학관계 속에서 일하고 있지만 낙심할 필요는 없다. 상황을 있는 그대로 바라보고, 당신에게 필요한 것을 요구하는 방식에 변화를 주면 된다. 사소한 변화로도 좋은 결과를 얻을 수 있다. 상대를 안다면 그에 맞는 접근법도 보이기 마련이다.

　회사를 지배하는 원칙을 알려주겠다. 당신이 '회사의 특성'을 없앨 수는 없다. 하지만 당신의 요구 방식을 다음의 원칙에 맞게 바꿀 수는 있다. 다음을 기억하라.

- 앞으로 얻을 수익보다 더 많은 지출이 필요한 의사결정을 내리는 회사는 거의 없다. '성과 창출'은 당신의 파급력을 키우고 훌륭한 레버리지가 되어줄 것이다.
- 회사는 감정을 의사결정의 기반으로 삼지 않도록 설계되어 있다. 숫자를 언어로 활용할 때 당신의 요구에 힘이 생긴다.
- 당신의 요구가 무엇이든 지출을 일으킨다면 제한이 생긴다. 요구를 이행하는 데 추가 예산이 들지 않는 묘안을 제시한다면 승인받을 가능성이 크다.
- 어떠한 결정에 대해서든 과거 선례가 동력이 되어줄 것이다. 선례 가운데서 당신에게 도움이 될 만한 것을 활용할 방법을 찾자.

이러한 진실을 숙지한다면 기업이 돌아가는 방향을 읽고 직장 생활을 헤쳐나갈 준비가 철저히 된 것이다. 다만 지금부터는 당신 자신의 모습을 들여다봐야 한다. 모든 것이 회사의 문제만은 아니라는 점을 깨달아야 한다. 당신에게도 문제가 있다.

3장.
사람 문제

거짓 상사가 더 잘했더라면
내 직장 생활이 한결 나았을 것이다.

진실 당신에게도 문제가 있다.
두 사람 모두 소통을 잘했더라면 직장 생활이
한결 나았을 것이다.

나는 공정한 시각에서 글을 쓴다. 이전 장에서는 회사의 행동 패턴과 그 이유를 소개했다. 지금부터는 한층 더 복잡한 '사람 문제'를 이야기하겠다. 나는 수많은 직원을 채용하고 해고하기도 했다. 인생의 중대한 사건이 벌어지는 과정인 만큼 저마다 흥미로운 상호작용이 발생한다. 그리고 관리자와 직원 모두가 하나같이 의사소통을 얼마나 형편없게 하는지 발견할 때마다 나는 그 사실이 믿기지 않아 절레절레 고개를 흔들곤 한다. 진지하게 서로 마주 보고 앉아 의사 전달을 명확히 하려고 노력하는 상황에서도 마찬가지다.

나는 멀쩡하고 타인이 소통을 잘하지 못한다고 생각하기 쉽다. 하지만 명심하라. 당신도 문제의 일부다. 누구에게나 결함이 있다. 의사소통에 관해서라면 더욱 그렇다. 내가 아직도 다른 사람 이야기를 하고 있는 것 같은가. 나는 당신 이야기를 하고 있다. 상사나 동료에게 결함이 있다는 사실은 이해한다. 그러나 지금 내가 이야기하는 대상에는 당신과 나, 모두 들어가 있다. 솔직하게 답해보자. 일하면서 한 번쯤 이런 생각을 한 적이 있지 않은가.

- ☑ '생각을 숨김없이 전부 드러낸다면 잘리고 말 거야.'
- ☑ '그의 성과가 만족스럽지 않지만 이 문제를 크게 다루고 싶지 않아. 가만히 있으면서 상황이 나아지는지 봐야지.'
- ☑ '팀장은 내 진심을 듣고 싶다고 얘기하지만 내 진짜 생각은 절대 말할 수 없어.'
- ☑ '그들의 아이디어는 실패할 게 뻔해. 그렇지만 내가 나서서 그들의 기대를 깨부수지는 않을 거야.'

이런 생각의 뿌리에는 갈등을 싫어하고 피하려는 마음이 있다. 원래 인간은 갈등 상황과 솔직한 대화를 불편하게 느끼고 그런 자리를 꺼려 한다. 간혹 직원들은 소통 단절을 관리자 탓으로 돌리지만 관리자든 아니든 누구나 어려운 대화는 피하고 싶다. 위험 요소가 있다고 느껴질 때 특히 그렇다. 그런 상황에서 사람들은 조심스럽게 단어를 고르고 불분명하고 장황하게 표현하면서 생각을 에둘러 말한다.

직장에서 사람들의 상호작용이 어떻게 이루어지는지 충분히 이해하기 위해서는 특히 의사소통 측면에서 사람들이 행동하는 방식을 아는 것이 중요하다. 이전 장에서는 회사에 있어 중요한 문제들이 무엇이며, 그것들과 관련된 거짓을 다루었다. 이 장에서는 당신의 성공을 방해하는 비효과적인 의사소통 방식, 또 그로 인해 당신이 어떻게 문제의 일부가 될 수 있는지 소개한다. 회사의 다양한 이해관계자들과 소통하는 과정에서 맞닥뜨리게 될 수 있는 방해물을 극복하는 방법도 살펴볼 것이다.

의사소통 성공의 관건은 진솔한 대화다. 이것이 왜 그토록 어려운 걸까?

진솔한 대화, 왜 그렇게 어려울까?

수많은 의뢰인과 상담하면서 들었던 말을 한 단어로 압축하면 '리스크'다. 리스크는 다양하지만 직장에서는 보통 세 가지로 나뉜다.

1. 커리어에 부정적인 영향을 미칠 때.
2. 다른 사람과의 관계에 해가 될 때.
3. 회사가 이미 알았어야 하는 문제이지만 내가 그 사실을 굳이 언급할 필요가 없을 때.

소신 발언이 손해 보는 일처럼 느껴질지도 모르겠다. 앞서 말했듯 대퇴사 시기에 사람들은 직장에서 자신의 감정과 욕구를 자유로이 표출한 것처럼 보였다. 회사가 모든 키를 쥐고 있던 10년 전보다지금이 직원들에게 더 막강한 권한이 있는 것 같다고 나는 생각한다.

하지만 소셜미디어 팔로어를 통해 그들이 여느 때보다 회사에서 소신 발언을 주저한다는 얘기를 듣고 깜짝 놀랐다. 그래서 소셜미디어에 이런 질문을 올렸다. "직장 내 갈등을 해결하는 일이 예전보다 더 쉬워졌나요, 어려워졌나요?" 댓글과 비공개 이메일로 많은 의견을 받았다.

- "문제를 알리느니 차라리 회사를 그만두는 게 나아요. 뭐가 문제인지 회사가 모른다면 그건 회사의 문제 아닐까요? 문제를 인식할 줄 아는 회사로 옮기는 게 나을 거 같아요."
- "요즘은 양극화가 너무 심해서 특정 견해를 갖는 태도조차 위험합니다. 팀장이 저를 얼마나 부당하게 대할지 생각하면 무서워서 아무 말도 못 꺼내겠어요."
- "주장을 내세우거나 사건에 개입해서 방해공작꾼으로 낙인찍히는 것만큼은 피하고 싶어요. 까딱하다간 제 커리어가 날아갈 테니까요."
- "피곤해요. 제가 제일 싫어하는 게 의견 표명이에요. 내 일만 하게 내버려뒀으면 좋겠어요."
- "얘기해봤는데 여태 바뀐 게 아무것도 없습니다."
- "맘에 들지 않으면 그냥 회사를 그만두려고요. 정당하게 처우해주지 않으면 나갈 생각입니다."

응답자 94%는 자신의 의사를 표현하지 않으려 했다. 대다수는 자신의 의견을 분명히 꺼내보지도 않고 회사를 떠난다.

회사에서 일절 목소리를 내지 않고 퇴사부터 선택하는 현실을 안타깝게 바라보는 이유는, 이 현실의 '원인'이 직원들 스스로 통제감을 되찾지 못하는 것과 관련이 깊기 때문이다. 나는 당신이 찾고 있는 통제감이 바로 당신 앞에 있다는 사실을 알려주고 싶다. 의사소통 능력 향상은 회사만이 아니라 개인의 일이기도 하다. 소신 발언에 전혀 리스크가 없다고는 못하지만, 사람들은 그것을 실제보다 크게 인식하는 듯하다.

직장에서 원활하게 소통하는 많은 이들을 지켜봤던 사람으로서 확실하게 말해줄 수 있는 건, 의견을 꺼내면서 자신의 힘과 영향력을 더 크게 실감할 수 있다는 사실이다. 중요한 상황에서 순조로운 대화를 이끌기 위한 몇 가지 기본 원칙들이 있다. 충분한 안정감을 주고 감정이 아닌 사실을 이용해 대화를 주도한다면, 누구와 어떤 주제로든 이야기를 나눌 수 있다.

소신 발언을 할 바에야 퇴사한다?

"우리 팀장은 안 그래. 내 의견을 솔직히 말했다간 해고되고 말 거야."라고 생각하고 있는가? 솔직한 견해를 밝히는 행위의 진짜 문제는 그에 뒤따르는 불이익이라고들 여긴다. 옳지 못한 방식으로 견해를 드러냈다면 사실일 수 있다. 불이익을 받은 경험이 단 한 번이라도 있었다면 절대 솔직하게 말해서는 안 된다는 믿음을 갖게 된다. 하지만 거꾸로 생각하면, 한 번의 긍정적인 경험만으로도 원만한 대화를 앞으로 더 많이 할 수 있다는 용기를 가질 수 있지 않을까? 이런 마음가짐은 적극적인 업무 참여와 높은 만족으로 이어진다.

> 지금 당신이 피하고 있는 대화야말로 회사에서 통제감을 되찾을 수 있는 방법이다.

솔직한 대화가 통제감을 느끼고 업무 참여도를 높이는 비결이라는 사실이 놀라운가? 단지 마음의 짐을 덜어냄으로써 기분이 나아지는 정도가 아니다. 의견을 공유하고 자신에게도 발언권이 있다고 생각하면 업무에 더 깊숙이 관여하고 몰입할 수 있다. 이것은 직장 만족도와도 직접적인 관련성이 있다. 엘리자베스 매컨Elizabeth McCune은 마이크로소프트의 직원경청시스템과 기업문화 부문 이사다. 그녀는 경영전문지 「MIT 슬로언 매니지먼트 리뷰」에서 직원의 의견이 미치는 영향을 주제로 "직원들이 목소리를 내면 회사는 승리한다."라는 논문을 공동 집필했다.[1] 마이크로소프트 직원 약 6,000명은 "자신의 직무, 문화, 회사 전략, 일과 삶의 균형을 이룰 수 있는 대안 등 15가지 주제에 대해 관리자에게 얼마나 자주 의견을 말하는가?"라는 질문을 받았다. 관리자와 의견을 자주 나눈다고 답한 사람은 당연히 거의 없었다. 47% 이상의 직원이 자신의 업무와 관련된 5개 이하의 주제에 대해 목소리를 낸다고 답했다. 10개 이상의 주제에 대해 정기적으로 발언할 의향이 있다고 답한 직원은 13.6%에 그쳤다.

당신은 고개를 끄덕이고 있을 것 같다. 나는 이 데이터를 응답 직원 거의 모두에게 보여주었다. 그들 대다수는 소신 발언을 상당히 불편하게 느꼈으며, 회사를 다니다가 불만이 생기면 대화 실패를 감수하기보다는 차라리 그만둘 것 같다고 말했다. 당신도 이들과 비슷하다면 결과 데이터의 가장 핵심인 '의견 표명과 업무 몰입도 간의 분명한 연결고리'를 기억해야 한다.

주기적으로 목소리를 내는 직원은 소수였다. 매우 다른 경험을 보이는 직원들이 있었는데, 최소 15가지 주제에 대해 의견을 말한다고 한 응답자 92%는 다른 회사에서 비슷한 직책을 제안받더라도 지금 회사에 남아 있기를 원하는 경향이 강했다. 그리고 이들 중 무려 95%가 지금 회사가 일하기에 최적인 곳이라고 말했다.

반대로 자신의 의견을 일절 드러내지 않거나 가끔씩 밝히는 직원 가운데 회사에 남기를 바라는 직원은 60%에 그쳤다. 급감했다. 자신의 관점을 표출하는 능력은 부서만이 아니라 회사에 느끼는 친밀감에도 영향을 주었다.

이와 같은 결과는 업무에서 느끼는 열정뿐 아니라 다른 구직자에게 자신의 회사를 추천할 가능성과도 긴밀히 연관된다. 불편한 대화로 이어진다 해도 활발하고 개방적인 의사소통에 참여하는 직원일수록 회사의 목표와 사명에 공감하여 앞으로도 그 회사에 근무할 가능성이 크다.

> 다양한 주제로 활발한 의사소통에 참여하는 직원 가운데 95%는 업무에 흥미를 많이 느끼고, 자신의 회사를 타인에게 추천하기도 했다. 이들은 자기 표현을 하지 않는 직원들에 비해 전반적인 직장 만족도와 열정이 30% 이상 더 높다.

급여, 복리후생, 탄력근무 등 회사가 제공하는 것들만 누리면서 진정한 소속감을 느끼기를 바란다면 하루를 마칠 때 여전히 공허함을 느낄 것이다. 적정 수준의 임금을 받는 것도 물론 중요하지만, 회사에 소속감을 느끼고 자신의 의견이 중요한 역할을 한다고 생각하는 것이 직장 만족감을 높일 수 있는 훨씬 강력한 도구가 된다.

잠시 생각해보자. 당신은 직장에서 얼마나 자주 견해를 공유할까? 의사소통이 부족하면 업무 몰입도도 떨어질 수 있을까? 자기주장을 펴지 못하는 상태라면, 거기에는 괜한 분란을 일으킬지 모른다는 단순 망설임 이상의 이유가 있을지 모른다. 의뢰인 가운데 특히 Z세대는 올바른 소통법이 무엇이며 솔직함과 신중함 사이에서 어떻게 적절한 균형을 찾아야 하는지 고민하곤 한다. 많은 사람은 자신이 의사 전달을 분명히 했다고 생각하지만 하나하나 따지고 보면 문제의 주변부만 맴도는 말들만 늘어놓는다. 나는 이것을 '반쪽짜리 대화'라 부른다.

회사에서 직원들이 자신의 의사를 잘못 전달하는 가장 흔한 방식을 살펴보자.

반쪽짜리 대화

반쪽짜리 대화는 직장에서 발생하는 대표적인 현상이다. 사람들은 돌려 말하거나 부분적인 진실만 공유하면서 상대가 자신의 요점을 이해해주길 바란다. 우리는 서로에게 예의를 차린다. 웃으며 고개를 끄덕인다. 계획한 일을 함께 처리해나가고 있으니 마음이 통하는 것처럼도 보인다. 하지만 실상은 전혀 그렇지 않다. 혼자 머릿속으로 생각하거나 가까운 동료들과 나누는 이야기는 일하면서 하는 대화와 매우 다르다.

반쪽짜리 대화에서 의사를 확실히 전달했다고 착각하는 것부터 먼저 해결해야 한다.

> 당신이 하는 대화가 진실의 절반만 담고 있다면, 상대방은
> 그것의 4분의 1만 이해한다고 보면 된다.

상대의 말을 알아듣지 못하고 각자 할 말만 하는 회의에서만 반쪽짜리 대화가 일어나는 건 아니다. 성과 계획, 경력 성장, 연봉 논의, 전략 및 작업 회의, 인터뷰 등 직장에서 중요한 상호작용을 하는 과정에서도 발생한다. 사람들은 소통하고 있지 않음에도 소통하고 있는 것처럼 꾸미는 데 굉장히 능숙하다.

의사소통 문제는 당신을 비롯한 우리 모두에게 있다. 이어 등장할 대화에서 당신의 모습을 발견할 것이다. 글을 읽을 때는 맥락을 파악하고 속뜻을 짚어내기 쉬울지 몰라도, 대화를 하는 도중에는 정작 그것을 알아차리기가 어렵다. 여기에 불화의 씨앗이 있다.

팀 회의

팀장: 우리 부서의 목표에 대해 의견을 듣고 싶습니다. 저는 이 목표가 사업에 실질적인 변화를 줄 수 있다고 보는데, 아무래도 저

보다는 여러분들이 문제에 가까이 있으니 아이디어가 더 있을 것 같군요.

회의 도중 팀원들: (적막)

회의를 마친 팀원들: 팀장이 얼마나 현실이랑 동떨어진 얘기 하는지 들었어? 일이 터지면 그제야 얼마나 위험한 생각이었는지 깨닫겠지.

일대일 면담
팀장: 요즘 일 어때요? 도와줄 건 없어요?

팀원: 아직 일부 업무만 배웠지만 잘되고 있습니다. 도움이 필요하면 말씀드리겠습니다.

면담 후 팀원이 친구에게: 지금 장난해? 내가 했던 일 중 최악이야. 교육해준다고 하더니 그건 다 어디 갔고? 팀장이 해준 거라고는 책상이랑 컴퓨터 준 게 다야.

승진/낙방
채용관리자가 직원에게: ○○ 씨 역량은 직책에 충분하지만 다른 후보자 한 명을 최종적으로 발탁하게 되었습니다.

채용관리자가 인사부에: 제 생각에 ○○ 씨는 적임자가 아닙니다. 다른 부서와 협업을 잘 못한다는 평이 있습니다.

채용관리자가 직원에게: 계속 지원하십시오! 경험이 더 풍부한 다른 후보자가 그 자리에 가게 되었지만 승진은 시간문제 아니겠습니까.

퇴사

관리자: 한나 씨는 제가 가장 아끼는 직원이고 잃고 싶지 않은 직원입니다. 저는 다른 팀원들보다 한나 씨 연봉을 큰 폭으로 올려줬고 본인도 스스로 최우수 성과자라는 사실을 알고 있습니다. 한나 씨가 불만이 있다는 건 까맣게 몰랐습니다.

한나의 퇴사 인터뷰: 제니 씨가 그만둘 때 저는 그녀의 업무를 떠맡았어요. 당분간만 맡기로 되어 있었습니다. 당시 저는 주 50시간을 일했는데 연봉은 5%밖에 오르지 않았습니다. 생계비보다 아주 조금 높은 수준이에요. 연봉 인상을 고려해달라고 부탁했지만 팀장님은 아무런 조치를 취하지 않았어요.

채용

채용 담당자: 우리 회사 직원들은 가족입니다. 우리는 진심으로 서로를 응원하고 지지합니다.

직원: 그들이 말하는 '가족'은 입맛대로 행동하고 허구한 날 서로 큰소리치고 돈 문제로 언쟁한다는 뜻이지.

경영진이 반쪽짜리 대화를 하기 시작하면 관리자도 그걸 따라가기 쉽다. 결국 모호하고 간접적인 화법은 일반 직원들에게까지 옮겨간다. 이때 몇 가지 문제가 발생한다. 우선 직원들의 좌절감이 커진다. '그들이 진정으로 의미하는 게 뭐지? 윗사람들은 솔직하지 않은 것 같아.'라고 생각할 수 있다. 나아가 관리자와 상호작용하는 방식에도 영향을 준다. 시간이 흐르면서 직원들은 종종 관리자의 의사소통 방식을 닮아가기 때문이다. 따라서 시선을 나 자신에게로 돌려야 한다. 다른 사람들도 당신이 하는 말의 속뜻을 파악해야 한다.

리프레임: 직장을 바라보는 방식의 전환

대화만 반쪽짜리가 아니다. 우리가 갖는 믿음도 반만 진실일 때가 있다. 수면 위로 보이는 것이 빙산의 일각이듯 직장에서 벌어지는 일들도 일부일 뿐이다.

「아기 돼지 삼형제」 이야기를 들어보았을 것이다. 언뜻 보면 성실히 일하고 기초를 탄탄히 하자는 미덕을 가르쳐주는 우화 같다. 이 이야기를 바탕으로 월트 디즈니가 1933년에 제작한 애니메이션은 역대 가장 성공적인 단편 영화 가운데 하나로 평가된다. 문화적, 역사적으로도 의미가 있어 미국의회도서관 국립영화등록소National Film

Registry에 보존되어 있다. 돼지에 대한 이야기가 과연 문화적 가치가 있을까? 사실 영화의 진짜 내용은 돼지와 집, 나뭇가지에 대한 것이 아니라 대공황 시기 국가와 국민이 경기침체와 생존을 위해 싸우는 과정을 비유한 것이다. 즉 영화의 진정한 메시지는 대공황이 일상과 안보의 '문을 두들겨 부수는' 상황에서 비롯된 역경을 극복하자는 것이었다. 과연 심오한 영화다.

디즈니는 「아기 돼지 삼형제」를 리프레임Reframe('재구성하다.'라는 뜻—옮긴이)했다. 이와 마찬가지로 나는 직장에 대한 믿음을 거짓에서 진실로, 긍정적으로 리프레임하고자 한다. 이 강력한 게임체인저는 앞으로 직장 생활을 헤쳐나가는 데 꼭 필요할 것이다. 관리자와 긍정적인 관계를 유지하고, 성과를 내어 연봉이나 승진으로 이어지도록 하고 업무 피로를 최소화하고, 최고 성과자로 평가받도록 도와줄 것이다.

당신이 새로운 관점으로 직장을 바라보기를 바란다. 가만히 앉아서 좋은 환경, 건강한 문화, 올바른 규칙과 절차를 제공하는 회사가 당신의 눈에 띄기를 기다리지 않았으면 한다. 스스로 잡아당길 수 있는 레버가 무엇인지 이해하고, 일하는 것을 즐기며 커리어 성장을 추구하기를 바란다.

이직한다고 해서 직장 만족도를 되찾지는 못한다. 하지만 비참하다고 느낄 때 억지로 웃으며 참을 필요도 없다. **직장에 대한 생각을 리프레임하라.** 긍정적인 리프레임의 중요성을 호도하는 사람이 없었으면 좋겠다. 리프레임은 사고방식의 변화를 의미한다.

상황을 바라보는 방식을 의도적으로 바꾸어야 한다. 사실
은 변함이 없더라도.

사고방식을 긍정적으로 리프레임을 한다면 직원 개개인은 희생
자라는 무력한 위치에서, 영향력을 행사하거나 변화를 이끌거나 문
제에 대응하거나 새로운 행동이나 아이디어를 촉진할 수 있는 방법
을 아는 위치로 올라설 수 있다. 리프레임은 현재 신념과 그에 대한
반응에 의심을 품고 평소의 생각 패턴을 더 나은 관점으로 대체하도
록 만든다. 자신의 사고 습관을 인식하고 변화시키는 것이 핵심이다.

'사실'은 변하지 않는다. 다만 사실에 대한 당신의 해석과 근거를
넓혀야 한다. 만약 평소 회사가 당신을 부적절하게 대우할 거라 생각
한다면, 당신은 그 생각을 더 단단히 만들 증거를 찾을 것이다. 상사
가 자기 욕심만 챙기고 당신을 위하지 않는 것 같다면, 어느새 당신
은 진짜 그런 경험을 하게 될 것이다.

의뢰인들의 사고방식을 리프레임하면서 가장 자주 듣는 말이 있
다. "사실을 꾸며내려 하는 거 아닌가요." 그러면 나는 이렇게 맞대응
한다. "사실을 조작해서는 안 되죠. 그런데 우리는 사실을 조작하는
것과 리프레임하는 것을 혼동합니다. 지금 당신이 리프레임한 건 사
실에 대한 주관적인 의견이에요. 자신의 믿음을 지키려고 사실에서
끌어낸 결론을 왜곡하는 행위에 불과해요."

효과적인 리프레임의 첫 번째 단계는 자신의 신념을 떠받치기 위
해 사실들을 교묘하게 조작하고 있음을 스스로 인지하는 것이다. 당
신이 말하는 이야기들은 당신이 얻을 결과에 극적인 영향을 준다. 리

프레임은 새로운 결과의 가능성을 넓힌다. 다음의 예시를 통해 리프레임으로 어떻게 다른 길이 열리는지 살펴보자.

사례 연구: 나는 한 번도 승진된 적이 없다

논쟁의 여지가 없는 사실: 나는 승진을 여러 번 신청했지만 한 번도 받아들여진 적이 없다.

직원이 이 사실을 리프레임하는 법:

- 사내 정치가 나를 가로막고 있다. 적절한 곳에 인맥이 없다.
- 팀장은 한순간도 나를 좋아한 적이 없고 계속 유급만 시킨다.
- 이 남초 회사는 여직원 고용에 관심이 없다.
- 이 회사는 묵묵히 자기 일을 하는 사람을 원하지 않는다. 말만 번지르르하게 하는 직원을 좋아한다.
- 내가 참여하기도 전에 이미 의사결정이 내려졌다.

예상되는 결과: 이 사람은 머지않아 퇴사를 선택할 것이다. 그렇게 되면 이야기의 결론은 이럴 것이다. '이 회사는 개인의 성장을 지원하거나 가치의 다양성을 존중하지 않는 곳이야.'

리프레임하기: 승진자로 지명되지 않은 또 다른 이유가 있는지 찾아보자. 이유를 나열할 때는 회사나 관리자에게 나쁜 의도가 아닌 좋은 의도가 있다고 상정해야 한다. 당신의 사고가 부정적인 방향으로 흐르드는 경향이 있다면, 다음과 유사한 이유들을 나열하는 데 노력이 필요하다.

- 능력적인 면에서 내가 모르는 나의 개인적 결함을 상사가 알게 되었을 수도 있다.
- 나의 역할에 대한 가치 제안Value proposition(회사에 다니면서 직원이 얻을 수 있는 혜택과 가치—옮긴이)을 명료하게 표현하지 않았을 수도 있다.
- 다른 직원이 몇 달 전에 그 자리에 가고 싶다는 관심을 표명했을지도 모른다. 그래서 상사가 그 직원의 성과와 역량을 더 유심히 살폈을 수 있다.
- 아마 상사는 내가 승진할 준비가 되어 있지 않거나 지금 자리가 나에게 최적이라고 생각할 가능성이 있다.
- 나는 훌륭한 재능이 있다고 평가되고 있으므로 회사 측에서는 다른 포지션을 염두에 두고 있거나, 차기 승진에 발탁할 직원은 나일 거라는 논의가 오갔다.

어느 것이 맞을까? 첫 번째 아니면 두 번째? 사실 우리는 알 수 없는 일이다. 다만 이유가 더 있을 수도 있다는 점, 그중 몇몇이 서로 크게 부딪히지 않을 거라는 점만 알 수 있다. 리프레임 결과가 폭넓은 가능성을 아우르고 있을 때는 진실이 정말로 어디에 있는지 밝혀줄 사실 조각들을 더 풍부하게 모아야 한다.

더 나은 가능한 결론: 그 자리에 가지 못한 이유를 설명하는 다른 가능성이 존재한다는 것을 전제로, 다음 단계에서 취할 수 있는 합리적 조치는 다음과 같다.

- 다른 후보자를 발탁한 사유를 알고 솔직한 피드백을 구하기 위해 채용관리자와 진지한 대화를 나눈다.
- 관리자와 함께 경력 성장 계획을 세워 다음 단계를 구상하고 지원을 요청한다.
- 당신의 가치를 이력서나 면접에서 더 잘 표현할 수 있도록 계획을 세운다.
- 조직 안에서 자신이 어떻게 인식되고 있는지 더 정확히 알기 위해 360도 피드백 전략(97쪽 참조)에 참여한다.

리프레임은 실천하기가 가장 난해한 방침이다. 우리의 사고방식으로는 기존의 관점을 벗어나 다른 관점으로 무언가를 바라보는 일이 어렵기 때문이다.

리프레임이 얼마나 절실히 필요한가?

현재 당신의 프레임 방식을 알아보는 테스트를 해보자. 다음 장에서 등장하는 거짓과 진실을 탐구하는 출발점이 어디인지를 알게 될 것이다. 다음에 이어질 질문에 솔직하게 답하고 너무 어렵게 생각하지 말자. 성적을 매기려는 목적이 아니다. 출발점을 안내하기 위함이다. 즉 당신의 리프레임을 힘껏 격려하기 위해 가장 주목해야 할 지점이 어디인지 알려주려는 목적이다.

직장에 대한 나의 신념을 알아보자. 다음 각 문항에 1점부터 10점까지 점수 중 하나를 매기자. 10점은 해당 문항에 매우 동의함을 의미한다.

- 일과 삶의 균형을 우선시하면 일자리가 위태로워진다. (　) 점
- 열심히 일하면 회사는 먼저 알고 보상해준다. (　) 점
- 사내 정치를 잘하는 사람만 승진한다. (　) 점
- 그럴듯한 직함을 달면 더 전략적인 사고가 가능하다. (　) 점
- 내 성과에 문제가 있다면 나는 그 문제를 파악하고 있을 것이다. (　) 점
- 누군가의 의견을 인정하지 않고 갈등을 일으킨다면 커리어에 타격을 받을 것이다. (　) 점
- 과도한 업무를 받으면 몰아쳐서 다 처리하는 것이 상책이다. (　) 점
- 지금까지 최고 성과자였다면 연간 평가에서 확실히 연봉 인상을 이끌어낼 수 있다. (　) 점
- 직무기술서를 명확히 이해한다면 더 성공할 수 있다. (　) 점
- 이직 말고는 번아웃을 해결할 방법이 거의 없다. (　) 점

위 문항에 대한 누적 점수가 높을수록 신념을 리프레임하기 힘들다. 직장 생활에 대한 당신의 신념이 얼마나 단단한지 점수에 반영되어 있기 때문이다. 점수가 높을수록 당신의 회사나 직무가 긍정적인

점수 구간	
90-100점 **희생자/순교자**	나는 망가진 회사의 희생양일 뿐이며 그곳에서 이용만 당하고 버려진다.
70-90점 **다른 사람을 탓하는 사람**	회사는 일부 직원에게만 관심을 갖기 때문에 공정한 승부를 겨루지 않는 이상 나는 그들을 이길 수 없다.
60-70점 **수동적인 사람**	회사의 생리를 이해하기 어렵다. 눈에 띄지 않게 조용히 지내며 골칫거리와 거리를 두지만 그래도 일이 잘 풀리길 바란다.
40-60점 **주변 상황을 살피는 사람**	회사는 나를 극한으로 밀어붙이지만, 내 몫을 다하면 자리는 있을 것이다.
0-40점 **나서서 행동하는 사람**	회사에서 꽤나 중요한 기여를 할 수 있다는 자신감이 있다.

커리어 경험을 이뤄낼 수 있는지에 회의적인 것이다. 나는 당신의 경험이 당신의 관점을 형성했다는 사실에는 동의한다. 하지만 당신의 변명에는 동의하지 않는다. 당신은 신념을 강화하는 나쁜 점들만 찾고 있기 때문에 점수가 낮은 사람보다 더 험난한 직장 생활을 앞두고 있을 것이다.

회사 문제와 사람 문제에 대해 탐구하고 생각 리프레임하는 방법을 배웠으니, 지금부터는 각각의 거짓을 하나씩 파헤쳐보고 현재 상황까지 오게 된 원인을 알아보자. 이를 통해 당신은 거짓을 진실로 리프레임할 수 있다.

세상이 완벽하다면 회사가 변해야 한다고 말하기는 쉬울 것이다. 물론 언젠가 정말로 회사가 자신들의 방식을 바꾸기를 바란다. 하지만 이 책은 개인인 당신에 관한 내용, 즉 당신이 직장에서 더 나은 경험을 하기 위해 상호작용하는 방법을 담고 있다. 좋든 싫든 직장은 당신을 포함해 완벽하지 않은 사람들이 함께하는, 완벽하지 않은 환경으로 이루어져 있다.

4장.
업무 평가에 얽힌 거짓

거짓	커리어 발전을 가로막는 게 내 문제라면 나는 그것을 알고 있을 것이다.
진실	당신은 그 문제를 모르고 있다.

CEO가 해고될 때 나는 그 방에 있었다. 아침 일찍 열린 회의가 팀의 스톡옵션 보상 안건을 마무리 짓기 위함이라고 생각했다. CEO와 이사회 의장이 기다리고 있는 회의실로 들어갔다. 10분 후 CEO는 회사 건물 밖으로 쫓겨났다. 그렇게 내 업무 환경은 완전히 바뀌었다.

그 후 이어진 30분 동안이 직장 생활을 하면서 가장 흥미로운 경험이었다. 나는 다른 회의실에서 신임 CEO를 소개받았다. 그곳에서 이사회 의장은 회사 임원진의 절반 이상이 회사를 나가게 될 거라고 이야기했다. 그는 예상치 못한 질문을 던졌다. "당신도 회사를 떠나는 임원이 되고 싶은가요? 아니면 회사에 남고 싶은가요?"

순간 두 가지 생각이 났다. 우선, 실패한 인수합병 이후 회사에 여러 문제가 있다는 사실을 알고 있었다. 사람들이 CEO를 직접적으로 험담하지는 않았지만, 매일 함께 일하다 보니 그의 장점 못지않게 단점도 잘 알고 있었다. 그는 해고 소식에 충격을 받은 듯했지만 가까이에서 일했던 사람들은 그 소식을 예상 밖이라 여기지 않았다.

두 번째로, 나는 조직에서 내가 어떻게 평가받고 있는지 정확히 모르고 있었다는 사실에 놀랐다. 물론 CEO의 해고는 예상 가능한 일이었다. 하지만 내가 해고자 명단에 오를 수도 있다는 건 그야말로 충격이었다.

> 가장 뛰어나다고 생각하는 한 사람, 바로 '나'에 대한 관점
> 이 사실 나의 맹점이라는 것을 자각하면 겸손해진다.

끝인지 새로운 시작인지 알 수 없었던 그 순간 퍼뜩 정신이 들었다. 곧이어 신임 CEO는 내 강점과 약점에 대해 피드백을 전했고, 그의 리더십 아래서 내가 좋은 경험을 하려면 어떤 점이 필요한지 일러주었다.

나는 내가 남들에게 어떻게 인식되는지 알게 되었을 때 할 말을 잃었다. 특히 회사의 생명선과 다름없는 영업부는 나를 부정적으로 여기고 있었다는 것이 충격이었다. 다행히도 새로운 CEO는 나의 의도를 좋게 봐주었다. 실망감이 드는 게 당연하다며 공감하면서도, 다른 팀과의 원활한 협업 없이는 조직이 제대로 작동하지 못한다는 사실을 지적하기도 했다. 그의 질문은 매우 의미심장하게 다가왔다. "당신은 당신의 태도를 바꿀 수 있는 사람입니까?" 그는 이어 말

했다. "그러지 못한다면 당신은 우리 회사의 정상화에 필요한 조직의 단결을 방해하는 사람이 될 것입니다." 그러고 나서 그는 내가 회사에 남아 변화된 모습을 보이고 싶은지, 임원진의 절반과 함께 회사를 떠나고 싶은지 결정권을 넘겼다.

명확한 자기 인식에 대해 이야기해보자. 이것이 없었다면 나는 신임 CEO 밑에서 일하며 몇 년간 엄청난 커리어 성장을 이뤄낼 수 없었을 것이다. 이 경험은 큰 깨달음으로 이어졌다. CEO이든 말단 사원이든 **우리는 자신의 모습이 타인에게 어떻게 인식되는지 알지 못한다.** 임원과 팀장, 동료들이 나를 어떻게 생각하는지 모른다. 심지어 나는 인사부 책임자였다. 직원과 성과에 대해 가장 잘 꿰뚫고 있어야 하는 리더였다! 그러나 내가 이 중요한 사실을 깨달은 건 눈이 부릅떠지는 경험을 한 뒤였다. 실상 자신의 약점조차 모르고 있었던 것이다.

기분 좋은 얘기를 들려줄 수 있으면 좋겠지만, 지금은 진실을 알아야 한다. 그래야 나중에 무방비 상태로 당하지 않는다.

> 당신에 대한 피드백이 중립적이든 부정적이든 하나하나를 모두 진지하게 받아들여야 한다. 그것은 실제 당신이 인식되는 모습을 조금씩 알려준다.

언제나 희망은 있다. 진실을 모르는 편이 차라리 낫다고 마음을 굳히지 않는 이상, 영원한 무지에서 벗어날 길은 있다. 나는 명확한 자기 인식을 추구하고 경로 수정을 빠르게 하는 용감한 이들을 지켜

봐 왔다. 그 결과 다소 불편하더라도 그것이 더 나은 방향으로 나아갈 수 있는 길이라는 확신을 갖게 되었다.

다행히 오매불망 회사만 바라보면서 나에게 필요한 피드백을 기다릴 필요가 없다. 관리자와 동료에게서 전해지는 미묘한 피드백을 능숙하게 알아차리는 방법을 배우고, 자신에 대한 타인의 인식을 선제적으로 개선하는 일은 가능하니까. 나에 대한 생각을 그때그때 다 알 수는 없겠지만, 더 중요한 진실을 들을 수 있는 환경을 직접 조성하고 피드백을 얻는 과정도 스스로 관리할 수 있다. 이로써 차근차근 자기 개선과 변화가 이루어지며 마침내 커리어의 거대한 차이가 만들어지는 것이다.

나는 직원들을 대상으로 강연할 때 습관처럼 질문을 던진다. "조직에서 자신이 어떻게 인식되는지 알고 싶은 사람 있나요?" 그러면 방에 있는 거의 모든 사람이 손을 든다. 나는 이어서 질문한다. "자신이 타인에게 어떻게 인식되는지 정확히 알고 있는 사람은?" 이때 손 드는 사람은 언제나 매우 적다. 이처럼 진실을 원하는 것과 진실을 아는 것은 상당히 다르다.

직장을 오래 다니다 보면 예상치 못하게 해고당하거나, 기대에 못 미치는 낮은 평가를 받는다거나, 상사에게서 모순된 메시지를 전달받는다거나, 제대로 된 설명을 듣지 못한 채 커리어가 발목 잡히는 경험을 하기 마련이다. 사원이든 최고경영자이든 자신이 어떤 위치에 있는지 모를 때가 많다. 대개 이를 그저 받아들여야 하는 현실쯤으로 생각하고 넘긴다. 하지만 방향을 아는 것과 완전한 진실을 아는 것은 다르다.

나에 대한 인식이 어떤 방향일 거라고만 알고 있는 것과 명확하게 알고 있는 것은 성공과 실패를 가른다.

이 장에서는 업무 평가에서 왜 맹점이 생기는지, 회사 이해관계자들에게 주의를 기울이며 성공을 위한 준비를 어떻게 할 수 있을지 설명한다.

팀장의 말과 행동을 해독하라

자신에 대한 인식의 출발점은 관리자에게 피드백을 얻는 것이다. 든든한 지원군이거나 골치 아픈 방해꾼이 될 수 있는 관리자의 생각을 이해하는 건 무엇보다 중요하다. 당신의 업무에서 문제가 발생하고 있을 때 관리자는 거기에 어떤 말을 보탠다거나, 매일 당신과 상호작용하는 과정에서 단서를 흘릴 수 있다.

진실에 한 걸음 다가갈 수 있는 두 가지 방법이 있다.

첫째, 관리자가 직접적으로 표현하지 않은 의미를 알아듣는 능력을 기르는 것이다. 다시 말해 관리자의 반쪽짜리 대화를 알아듣는 법을 배우는 것이다.

둘째, 당신을 대하는 관리자의 행동을 눈여겨보는 것이다. 문제가 발생하고 있을 때 관리자는 미묘한 단서를 던진다. 그 단서가 100% 정확하거나 완벽하게 실패를 방지하지는 않는다. 관리자가 여러 이유로 업무 방식을 바꾸기도 하기 때문이다. 하지만 비가 내리기 전

공기 속 냄새로 알 수 있듯, 성과와 관련된 업무 문제가 해결되지 않고 있을 때 관리자의 눈에는 그 징후가 보인다. 거기에 주의를 기울일 만한 가치가 있다.

이 책을 읽는 관리자들이 불쾌함을 느끼지 않게 말해두자면, 이어 등장하는 '관리자의 행동 변화 눈여겨 살피기' 예시는 설명의 편리함을 위해서다. 자신의 업무 평가에 대해 분명히 알고 있다고 생각하는 것과 솔직한 피드백 사이의 괴리를 쉽게 파악할 수 있기 때문이다. 지금은 직원과 관리자에 초점을 맞춰 업무 수행을 바라보는 직원과 관리자의 시선 차이가 어떻게 발생하며 당신에게 던져지는 정보를 어떻게 해독할 수 있는지에 집중하자.

우선 관리자의 행동에 주목하자. 문제가 발생할 것 같으면 관리자는 이렇게 행동할 가능성이 크다. **관리 감독을 더 하거나 덜 한다.** 관리자가 마이크로매니저처럼 당신의 모든 업무를 일일이 점검하거나, 하루아침에 당신의 일에 손을 떼거나 둘 중 하나다. **그날그날 타임트래킹**Time tracking(언제 어떤 업무를 수행했는지 시간대별로 기록하는 행위―옮긴이)을 시키는 경우도 있다. 청구 시간을 반드시 확인해야 하는 프로젝트 관리자라면 타임트래킹이 합당한 지시다. 하지만 그렇지 않은 업무를 담당하고 있다면 타임트래킹 지시는 당신이 시간을 쓰는 방식을 관리자가 염려하고 있다는 것을 말한다.

회의 후에 이메일로 업무를 계속 체크한다. 이것은 종종 인사부와 협력하여 사용하는 전략인데, 기대와 실적을 기록으로 남겨 직무 기대치를 명확히 하기 위한 것이다. 사람들의 이해를 일치시킨다는 점에서 효과적이며 악의적인 의도가 있는 건 아니지만, 바쁜 관리자가 이 정도 수준의 후속 조치를 당연하다는 듯 하는 경우는 거의 없다.

일을 재차 다시 해오라고 한다. 제안서와 보고서를 새로 작성하고 프레젠테이션을 다시 하라는 지시를 받거나, 당신이 한 작업이 별로라는 피드백을 받고 있는가? 세세한 부분까지 관여하는 관리자의 성향 때문일 수도 있지만, 그것이 전에 없던 행동이라면 조심해라.

또는, **당신이 담당한 업무를 다른 팀원에게 맡긴다.** 누군가를 신임하지 않는다는 판단은 더 신뢰하는 팀원에게 업무를 넘기는 형태로 나타난다. **당신과의 회의를 취소한다면** 관리자와 대면하는 시간이 갈수록 적어진다면 문제 신호일 수 있다. **회의 시간에 당신과 상호작용을 덜 한다면** 아이디어를 내보라는 말을 왕왕 듣곤 했지만 최근 들어 관리자가 당신과 눈도 마주치지 않거나 예전만큼 자주 대화에 끼워주지 않는다면 뭔가 문제가 있는 것이다.

이와 같은 상황이 자주 일어난다면 관리자와 허심탄회한 담화를 나눠야 할 때가 온 것이다. 정확한 정보를 얻는 게 어렵다는 걸 앞서 잠시 설명하기는 했지만, 이어 등장하는 대화의 목적은 자신에 대한 인식을 정확히 이해하기 위한 것임을 알아두자. 관리자와 군건한 파트너십이 이미 형성되어 있지 않은 이상 모든 진실을 알지는 못한다. 하지만 목표는 완벽하게 아는 것이 아니다. 10%라도 더 제대로 이해하려는 노력은 옳은 방향으로 가는 발걸음이다.

커리어를 위태롭게 하지 않으면서 진실에 더 다가갈 수 있는 대화의 요령을 몇 가지 살펴보자. 관리자가 "무슨 문제라도 있나요?"라고 말할 때 어떻게 대답할 것인가? 관리자의 행동이나 말에 어떻게 대응할 수 있는지 몇 가지 내용을 살펴보자.

안전감 불러일으키기

"저는 팀의 일원으로서 신뢰할 수 있는 직원, 가치 있는 직원이 되고 싶습니다. 저는 여기서 일하는 것이 좋습니다. 그래서 팀장님이 제 업무 방식을 신뢰할 수 있느냐가 제게 중요합니다."

문제점 간결하게 말하기

"최근 들어 팀장님과 저의 대화에서 달라진 점이 있는 것 같아서 마음이 쓰입니다. 아무 일도 아닐 수 있지만, 만약 그게 아니라면 무슨 일인지 진심으로 알고 싶습니다."

기대했던 것 터놓기

"예전에 과제를 받을 때는 끝까지 완수할 수 있는 자율권을 받았습니다. 제가 일을 끝내면 사소한 피드백은 주셨어도, 대대적인 변경을 요청하신 적은 거의 없었습니다. 그리고 특히 고객 경험 혁신에 관한 추가 과제들도 꽤 자주 주셨습니다."

관찰한 것 전하기

"지난번 세 가지 과제에 대해 주신 피드백은 단어 선택이나 접근 방식에서 크게 달랐습니다. 이전에는 사소한 수정만 하면 됐었는데 요즘은 과제를 완성하고 있는 도중에도 상당 부분을 다시 고쳐야 해서 제가 팀장님의 기대치를 만족하지 못하고 있다는 기분이 듭니다. 원래 같으면 제가 맡았을 과제도 다른 직원에게 주신 것도 알고 있습니다."

주도권 넘겨주기

"넘겨짚거나 과도하게 의미를 부여하는 대신 팀장님의 관점을 이해하고 싶습니다. 저의 업무 수행에 대해 하실 말씀이 있으신 것 같은데 허심탄회하게 이야기해 주셨으면 합니다. 그래야 정말로 제가 성장하고 배울 수 있습니다."

* 제가 이해하고 있는 것이 맞습니까?
* 혹시 그것이 팀장님이 의도하신 바였나요?
* 혹시 팀장님은 다르게 생각하십니까?

이 세 마무리 질문에는 선의와 긍정적인 대화로 이어질 수 있는 가능성이 담겨 있다는 점에 주목하자. 더 자세한 내용은 112쪽을 참조하라.

말하는 이와 듣는 이의 동상이몽

평생 인사 전문가로 살아온 사람으로서 확신할 수 있는 것은, 관리자가 직원을 해고하고 싶을 때 나를 찾아온다는 사실이다. "그 직원은 본인이 해고될 거라는 사실을 알고 있나요?"라고 물으면 관리자는 이렇게 대답한다. "모를 리 없죠."

하지만 당사자는 무슨 일이 다가오는지 모른다.

관리자가 실제 말하는 것과 관리자가 전달했다고 생각하는 것에는 괴리가 있다. 많은 관리자들이 걸러진 언어를 사용하거나 중요하고 명확한 세부 내용을 빼놓고 반쪽짜리 대화를 나눈다. 직선적인 피드백을 하는 대신 단어를 신중하게 고르면서 상대방이 알아듣기 힘들게 지적한다. 관리자와 해고 대상 직원의 대화를 들여다보면 오랜 시간 갈등이 쌓여왔다는 점을 반드시 알게 된다.

어떤 직원을 해고하고 싶어 하는 관리자가 인사부 직원과 나누는 전형적인 대화를 해부해보자. 관리자가 인사부 직원을 찾아와 한 직원의 업무 완성도가 떨어져 일을 거듭 다시 해야 한다고 불만을 털어놓는다. 근태 관리를 요구했지만 그 직원은 여전하니 하루빨리 내보내야 한다고 주장한다. 관리자는 "저는 수차례 조언을 했습니다."라고 말할 것이다. 관리자가 직원에게 전달했다고 하는 피드백의 주요 내용은 다음과 같다.

- "오류가 없는지 다시 검토하세요."
- "이 문서 다시 작성해줄래요? 잘못된 부분이 몇 군데 있어요. 앞으로는 더 꼼꼼히 확인하세요."
- "실수가 또 있군요. 이런 것까지 놓치면 안 됩니다."

관리자는 스스로 피드백을 충분히 전했다고 생각할 수 있다. 그러나 직원 입장에서 위의 지적을 들었을 때 해고되기 직전이라고 느끼지는 않을 것 같다! 그저 지나가는 의견이나 충고로 들린다. 내 관점에서 이 지적들은 대화의 시작에 불과한데, 관리자는 이것이 대화의 전부라고 생각하며 상대가 눈치껏 알아듣기를 바란다.

나는 관리자들에게 이렇게 되묻는다. "만약에 팀장님이 회사에서 잘리기 전에 받은 피드백이 방금 저에게 들려주신 내용뿐이라면, 충분히 경고를 받았고 이제 곧 해고당할 수도 있겠다는 생각이 들까요?" 이 질문은 올바른 대화와 충분한 코칭으로 자연스레 이어진다. 반쪽짜리 진실과 숨겨진 의도 대신에 해당 직원 진정으로 들었어야 하는 지적은 이래야 한다.

"당신이 제출한 업무 결과 중 상당 부분에서 예상보다 훨씬 많은 실수가 있었습니다. 처음에는 한두 가지 서식 실수가 있겠거니 했어요. 그런데 지난번 과제 다섯 개에서 스무 군데 넘는 실수를 발견했어요. 내가 뭘 봤는지 보여줄 테니 그중 하나를 함께 검토해 봅시다.

이런 잘못을 저지르면 우리 부서의 전문성이 떨어지고 고객들에게 안 좋은 인상을 줍니다. 또 당신의 일을 다시 샅샅이 확인해야 하기 때문에 다른 팀원의 업무량이 늘어나요. 팀원들이 서로 도울 수 있다고는 하지만, 추가 업무가 잦아지면 긍정적인 업무 동력이 생겨나질 않습니다.

내가 이해하지 못하고 있는 부분이 있나요? 어떻게 하면 재발을 방지할 수 있을까요? 내가 뭘 도와줄 수 있을까요?"

의사소통 단절은 믿을 수 없을 정도로 흔하다. 관리자가 '가벼운' 피드백을 제공하려고 할 때 일반적으로 발견되는 몇 가지 위험 신호가 있다. 이것은 당신이 어떤 처지에 있는지를 알려주는 조기 단서다. 나쁜 소식으로 여기지 말자. 오히려 굉장한 행운이다!

이 단서들은 당신의 태도와 업무 방식을 수정하는 데 도움이 된다. 관리자가 단서를 준다는 건 귀띔과 같다. 당신은 단서의 의미를 정확히 파악하기 위한 질문을 던지며 서로의 기대치와 결과를 명확히 할 수 있다.

다음과 같은 단서들이 항상 문제를 지적하는 건 아니다. 하지만 당신이 관리자와 대화할 때 하나라도 들어보았다면 그것이 어떤 의미인지 명백히 짚고 넘어갈 필요가 있다.

- "본인의 역할을 분명히 했으면 합니다."
  (내가 당신에게 기대하는 모습을 볼 수가 없군요.)
- "당신의 업무 과중에 대해 자세히 알고 싶군요."
  (당신의 결과물이 기대 이하입니다.)
- "우리가 이해한 내용이 같은지 확실히 하기 위해 이메일을 보내겠습니다."
  (의사소통 오류가 있는 것 같습니다.)
- "그 부분을 명확히 전달했다고 생각했는데요."
  (해당 부분이 내 기대를 만족시키지 못했습니다.)

- "그때 저를 당황스럽게 하셨죠."

  (내 기대치 중 하나 이상을 충족시키지 못했습니다.)

- "이미 얘기 다 끝난 거 아니었나요?"

  (확인도 없이 왜 방향을 바꿨나요?)

- "같은 생각을 갖고 있는지 잘 모르겠네요."

  (당신의 방식이 걱정스럽습니다. 잠재적 리스크가 보입니다.)

- "몇 가지 부분에 대해서 따로 얘기 좀 나누고 싶군요."

  (심각한 대화가 필요합니다.)

요약하면, 관리자는 당신이 개선해야 할 부분을 다루는 데 완벽하지 않다. 그러나 관리자의 말과 행동에서 비롯되는 단서를 주의 깊게 살피면 정확한 피드백과 대화를 이끌어낼 수 있다. 상황이 심각해지기까지 기다리는 것보다 일찍이 그러한 대화를 시작하는 편이 더 수월할 것이다. (서면이나 구두 경고에 대응하는 방법은 5장에서 자세히 다룰 것이다.)

명확한 피드백을 얻을 수 있는 영역이 하나 더 있다. 바로 '인사고과'다. 사실 인사고과는 어떤 것보다 혼란스러울 수 있다. 각자가 잘하고 있는지 보여주는 가장 사실적인 평가여야 하는데도, 인사고과 등급은 쓸모없고 난해하기로 악명 높다. 그렇더라도 인사고과는 정확한 피드백을 얻을 수 있는 최적의 기회다. 당신이 올바른 질문을 하기만 한다면 말이다.

열심히 일하는 것과 성과를 내는 것은 별개다

코미디언 브라이언 리건Brian Regan이 응급실 방문을 가지고 친 개그가 있다. 그는 문진 도중 간호사에게 통증 수준을 1부터 10까지 숫자 가운데 하나로 알려달라는 요청을 받았다. 그는 "7이요!"라고 외쳤다. 그러고는 간호사의 미지근한 반응을 보고 숫자가 모자랐다는 사실을 깨닫는다. 그는 잽싸게 다른 숫자를 말한다. "8이요!" 그러자 의료진이 곧바로 조치에 들어간다. 그는 응급실에 들어오는 다른 모든 환자에게 소리친다. "무조건 8이라고 해!"

　인사고과도 비슷하다. '기대에 충족하면' 관심을 받지 못한다. 1등급에서 5등급까지 있다고 할 때 3등급은 대체로 기대에 충족했음을 의미할 것이다. 앞의 개그를 활용하자면 "무조건 4라고 해!"라고 외쳐야 성과를 드러낼 수 있다. 문제는 대개 사측에서 관리자에게 종 모양의 정규분포 곡선을 따르라고 한다는 것이다. 그래서 대다수 직

〈그림 4-1〉

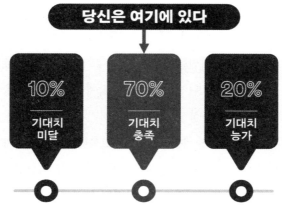

〈그림 4-2〉 인사고과 분포도

원은 '기대에 부합함'이라는 평가 결과를 받는다.

나는 차고 넘치는 '기대에 부합함' 구간을 신뢰하지 않는다. 당신도 그래야 한다고 생각한다.(그림 4-2 참조) 그것은 당신의 잠재력과 진정한 성과를 말해주지 못한다. 당신이 충분히 잘하고 있는지, 아니면 그보다 더 잘하고 있는지 구체적인 설명 없이 그저 '당신의 노고에 감사를 표함'일 뿐이다. 반면 '기대치를 뛰어넘는' 직원이라면 최고 성과자일 것이고 관리자들은 이 기쁜 소식을 알리는 것을 즐긴다.

관리자가 당신을 최고 성과자로 지목한 적이 없다면 당신은 그 대상이 아니다. 인재는 반드시 최고라는 소리를 듣는다.

고깝게 들릴지도 모르겠다. 하지만 열심히 일하고 성실한 직원인 것과 최고 성과자로 분류되는 건 별개의 문제다. 대부분 회사에서는 직원을 세분화하는 비공개 회의를 진행한다. 여기서 매기는 순위에 따라 빠른 승진과 특별한 관심을 얻을 직원을 결정한다.

인재 그룹에 속한 직원들에게 회사는 추가 교육이나 멘토링을 실시하거나, 시야 확장을 위해 소속 부서 밖에서 여러 경험을 하도록 한다. 이러한 과정은 공식적으로 이루어지지 않는데, 회사는 나머지 80% 직원들이 시샘을 느끼는 것을 피하고 싶어 하기 때문이다. 하지만 분명히 말하건대 최상위 성과자들은 스스로가 최상위 성과자라는 사실을 알고 있다. 그들은 다른 직원이 누리지 못한 보너스나 주식 지급, 기본급 인상 등의 혜택을 받게 될 가능성이 크다. 많은 경우에는 커리어 성장을 돕는 인재 관리를 받는다.

이 일들을 경험하지 못한다면 당신은 1등 주자가 아닌 것이다. 심지어 임원들도 인사부에서 언제 이사회 인재 순위를 정하는지 모르는 경우가 더러 있다. 그러나 이 모든 진행 과정을 알지 못한다는 이유만으로 반드시 불리한 상황에 처하게 되는 건 아니다.

자기 개발은 내가 주도한다

당연히 인재로 꼽히는 동료들이 하는 동일한 경험과 교육을 당신도 요구할 수 있다. 물론 연봉까지 그들과 똑같이 인상받을 수는 없겠지만 걱정하지 말자. 최고 성과자가 되면 연봉은 자연스레 오를 것이니. 직원이 자신의 성장에 도움 되는 것들을 자발적으로 제안한다면 관리자는 아마 안도의 한숨을 내쉴 것이다! 관리자는 성장을 고민하는 당신을 반가워할 것이다. 어떻게 해야 당신에게 다양한 경험을 제공해줄 수 있을지 궁리해야 하는 관리자의 짐을 덜어주는 셈이기 때문이다. 부서도 운영하고, 예산의 균형도 맞추고, 고과 시즌 이외의 기간에 직원 개개인에게 충분한 관심을 기울여 그들의 발전도 적극적으로 고민해야 하는 것은 관리자에게 상당히 벅찬 일이다. 나는 평균 성과자가 자기 개발 계획을 관리자에게 스스로 밝힘으로써 잠재력이 큰 동료들을 빠르게 앞서가는 경우를 많이 보았다.

> 관리자는 팀원들이 스스로 필요한 것을 알아서 챙길 때 기뻐한다.

인재 관리 계획에는 두 가지 주요 요소가 있다. 우선, 조직 내에서 개인의 깊이를 더하고 시야를 확장하는 경험을 제공하는 것이다. 예를 들어 복합기능팀Cross-functional team(다양한 기능과 역할을 지닌 직원들이 모인 팀—옮긴이)에 합류해 일한다면 회사의 돌아가는 사정을 속속들이 꿰뚫을 것이다. 임원진 회의 내용을 접할 수 있는 사람이라면 의사결정이 어떻게 이루어지는지, 임원들의 지원을 받기 위해 어떻게 아이디어를 효과적으로 구상해야 하는지 배울 수 있을 것이다. 승진 가능성을 증대시키는 계획의 핵심은 얼마나 회사의 생태계를 더 잘 이해하느냐다.

또 다른 이점이라고 한다면 타 부서와 회사의 각 부문에 자신을 노출할 수 있다는 점이다. 자신의 역량을 보여줄 수 있다면 향후 승진 대상자로 눈도장 찍을 수 있다.

자기 주도로 계획을 마련할 때는 자신에게 정확히 필요한 것이 무엇이고, 무엇을 요청해야 할지 모를 수 있다. 이때는 나에 대한 다른 사람들의 시야를 넓히고 다른 사람들에 대한 나의 시야를 넓힐 수 있는 기회를 달라고 요청한다면 좋은 출발점이 될 것이다.

다음 목록은 인재 관리 방안의 가장 일반적인 방식이다. 관리자들은 직원 맞춤형 계획을 설계하기 위해 인사부의 도움을 종종 받을 테지만, 당신은 자신만의 계획을 세우고 관리자에게 지원을 요청할 수도 있다.

경험 측면

- 부서 프로젝트나 타 부서와의 협업 프로젝트를 관리한다.
- 주요 지표 추이를 추적하는 팀 대시보드를 개발한다.
- 임원 회의에서 프레젠테이션을 하거나 제안을 한다.
- 자발적으로 관리자를 도와 우선순위 업무를 실시한다.
- 팀장이 부재중일 때 대신하여 팀을 이끌거나 회의를 주관한다.

노출 측면

- 리더 회의에 참관해 의사결정과 대화의 흐름이 어떻게 전개되는지 관찰한다.
- 전에 참석하지 않았던 거래처 회의나 컨퍼런스에 간다.
- 영업 부서나 잦은 협업이 필요한 부서를 따라다니며 업무를 체험한다.
- 상장 회사라면 분기별 보고를 유심히 듣고 회사의 관심 분야가

무엇인지 리더들에게 질문한다.

교육 측면

- 직무에 필요한 강의를 듣는다.
- 프레젠테이션 실력을 향상시킨다.
- 한층 전문성을 갖춘 프로젝트 관리자가 된다. 프로젝트관리전 문가 자격증을 딸 수도 있다.
- 협상 기술을 다루는 강의를 듣는다.
- 컴플라이언스Compliance(법령, 규정, 윤리 등을 준수하도록 하는 기업 내부 장치 ─ 옮긴이) 강의나 회사 내부 교육과정에 참석한다.

인재 관리 계획의 둘째 요소는 '멘토링'이다. 이 용어는 자주 오 해를 산다. 멘토를 구하는 일은 생각만큼 어렵지도 않고, 주변을 돌 아다니며 "제 멘토가 되어 주실래요?"라고 묻는 방식으로 이루어지 지도 않는다. 본질적으로 멘토링은 신뢰할 수 있는 비즈니스 전문가 에게서 전문 지식과 피드백, 성장에 필요한 경험을 얻는 것일 뿐이 다. 멘토가 꼭 한 명일 필요는 없고, 공식적인 관계일 필요도 없다. 누 구나 이를 이용할 수 있다.

> 멘토링의 가장 좋은 형태는 탁월함을 본보기 삼는 것이다.
> 가까이에서 관찰할 수 있는 사람을 찾아도 좋다.

타인에게서 무언가를 배울 수 있는 가장 손쉬운 방법은 조직 내에서 특정 영역에 전문성을 갖춘 사람을 관찰하는 일이다. **자신이 하는 '그 일'을 잘하고 있는 사람을 찾아 연구하자.** 회의 진행에 탁월한 사람일 수도 있고, 매번 최종 선까지 통과되는 제안서를 잘 쓰는 사람일 수도 있다. 탁월함이 있는 곳이라면 어디에서든 멘토를 찾고 관찰하라. 그런 다음 당신이 그 일을 할 차례가 되면 전문가에게 물어보자. "훌륭한 제안서를 쓰는 비결은 무엇인가요?" "제안서를 승인받을 수 있는 건 무엇 때문인가요?" 자신이 하는 일을 잘하는 비결을 말해달라는 요청을 뿌리칠 사람은 없을 것이다.

다음과 같은 영역에서 당신이 관찰하고 배울 수 있는 전문가를 찾아보면 어떨까?

- 호소력 있는 제안서를 작성하는 역량
- 갈등을 완화하는 역량
- 부서 간 강력한 제휴를 구축하는 역량
- 회의를 효과적으로 주도하는 역량
- 계량적 분석을 통해 설득력 있는 대시보드를 제작하거나 스토리텔링하는 역량
- 각 팀들을 조율하는 역량
- 팀을 이끌어 직원들의 업무 몰입도를 높이는 역량

보고 배울 수 있는 전문가를 주변에서 찾는다는 마음으로 멘토링에 대한 관점을 리프레임한다면, 당신을 이끌어줄 멘토의 수는 끝이 없다. 더불어 현재의 직무 범위 안팎에서 경험을 쌓을 수 있도록 적

극적으로 요청한다면, 회사나 관리자가 이끄는 인재 개발 계획과 함께할 수 있을 것이다.

우리는 사람들과 함께 일한다

빠르게 성장하고 싶다면 더 열심히 피드백을 얻어야 한다. 관리자가 이끌어주길 기다릴 수 있지만, 관리자의 1순위는 당신이 아니다. 나를 먼저 생각하는 사람은 나뿐이다. 정확한 피드백을 얻음으로써 가장 큰 혜택을 누리는 사람도 나다.

관리자나 회사의 프로세스를 마냥 기다리는 것보다 피드백 프로세스를 직접 책임지는 것이 훨씬 좋은 선택이다. 관리자를 비롯해 조직 내 다른 사람들에게 나를 어떻게 인식하는지 나서서 묻는 것이다. 다소 부담스러울 수 있다. 하지만 이 책의 전제는 바로 '불편함 무릅쓰기'이다. 소신을 밝히거나, 갈등을 정면 돌파하거나, 필요한 바를 부탁하거나, 평소 피드백 횟수를 늘려달라고 요청해야 한다.

앞서 피드백 단서를 주의 깊게 들으라는 조언을 했다. 이 방법은 매일매일 실천할 수 있다. 하지만 빠르게 성장하려면 주의 깊게 듣는 것 이상을 해야 한다. 피드백을 적극적으로 구하며 상대가 더 중요한 진실을 말하도록 만들어야 한다. 가만히 지켜만 보면서 사람들이 정말로 나를 어떻게 생각하는지 알게 될 때까지 기다리는 편이 더 쉬울 수 있다. 대부분은 고과 평가 기간이 올 때까지 기다린다. 심지어는 평가받는 것에 대한 선택권이 주어진다 해도 십중팔구는 건너뛰고 싫어 할 것이다. 그런 속도로는 경로 수정의 기회를 놓치게 된다.

> 피드백이 당신에게 올 때까지 기다리지 말고 피드백의 정
> 문으로 걸어 들어가라.

물론 듣고 싶지 않을 수도 있는 정보를 구하려면 용기가 필요하다. 치과에 가는 것만큼 꺼려지기 마련이다. 하지만 처음에야 어렵지 계속 듣다 보면 익숙해진다. 피드백이 낯설고 불편하다가 익숙해지고, 피드백이 익숙해지면 안전하게 느껴지고, 안전하게 느껴지는 피드백이 점점 코칭이 된다.

다양한 방법이 있겠지만 나는 중요한 통찰을 얻을 수 있는 몇 가지 방법을 찾아냈다. 이 방법은 커리어 단계에 상관없이 누구나 큰 이점을 누릴 수 있도록 한다! 승인이나 교육이 필요 없다. 심호흡 한 번 깊게 하고, 실행만 하면 된다.

즉각적으로 검증하라. 즉각적인 검증은 본인이 올바른 길을 가고 있는지 빠르게 파악하기 위해 한두 가지 질문을 던지는 행위일 뿐이다. 심각하지 않고 가벼운 대화를 지향하는 기술이다. 즉흥적으로 실행되며 별다른 형식이 요구되지 않는다.

즉각적인 검증에는 회의가 필요 없다. 장시간 대화를 나누는 상황도 아니고 방어적 태도를 취하는 시간도 아니다. 피드백을 주의 깊게 듣고 문제에 신속히 대처해야 한다. 방향성과 의견이 일치하는지 살펴보고 이상적인 업무 방식을 확립하는 게 목적이다. 여기에는 위험 요소가 없다.

접근법이나 방향성을 검증하는 데 있어 대화 꼬리에 간단한 질문을 덧붙여 묻는 것만큼 쉬운 방법이 있을까. 다음은 언제든 사용할 수 있는 표현이다.

- "지금 듣고 있는 내용이 맞는지 확인하고 싶습니다."
- "제가 이해한 것을 다시 한번 말씀드려 보겠습니다. 제가 제대로 이해했나요?"
- "당신이 생각하는 최상의 결과는 무엇인가요?"
- "염려되는 부분이 있나요?"
- "○○가 진행된 것에 대해 어떻게 생각하십니까? 당신의 피드백을 정말로 중요하게 생각합니다."

사람들을 **위해** 일하는 게 아니라 사람들과 **함께** 일한다는 사실을 기억하자. 당신에 대한 직장 동료들의 인식과 반응은 중요하다. 커리어를 성장시키는 데 있어 그들에게 얻는 피드백 역시 가치 있다.

4종 세트 피드백

'360도 피드백'이라는 절차가 있다. 나를 바라보는 타인의 시각에서 균형 잡힌 그림을 만드는 것이다. 나에게 보고하는 직원, 내가 보고하는 상사, 협업한 적 있는 사람으로부터 피드백을 얻는다.

피드백은 여러 명에게서 균형 있게 얻어야 한다. 관리자와의 관계가 직장에서 맺는 가장 중요한 관계일 수는 있어도, 업무 방식은 그것만으로 정해지지 않는다. 하급자를 관리하는 능력은 상급자를 대하는 능력 못지않게 중요하다. 타 부서와 협업하는 능력 역시 필수다. 협업 능력은 승진 비결에 관한 장에서 배우게 될 직업적 성장 척도 중 하나에 해당한다.

나는 360도 피드백으로 얻은 팀원 평가를 통해 내가 마이크로매니저라는 사실을 알게 되었다. 상사나 동료들은 내가 마이크로매니저라는 피드백을 줄 수 없었을 것이다. 그들은 나를 임원 회의에서만 보았고 우리 부서의 월등한 성과도 알고 있었다. 그러나 일부 팀원들은 내가 그 성과를 효과적이지 못한 방법으로 이뤘다고 생각했는데, 상사나 동료들은 이 사실을 알지 못했다.

따라서 내가 추천하는 방법은 '4종 세트 피드백'을 통한 360도 피드백 계획 세우기이다. 4종 세트 피드백은 직속 관리자, 긍정적 관계에 있는 동료, 중립적 관계에 있는 동료, 나의 업무에 의견이 있는 타 부서 관리자 각 한 명씩 총 네 명에게 피드백을 요청하는 것이다. 연간 두세 차례씩 네 명의 사람이 나에 대한 인식을 말해주는 방법이다. 이 과정은 20분 내로 끝나야 한다. 피드백을 빠르게 도출할 수 있도록 네 가지 간단한 질문으로 짧은 대화를 주고받으며 피드백을 구조화한다면 최상의 결과를 얻을 수 있다.

다음 상황을 상상해보자. 피드백을 구하는 상황이다.

"저는 다른 직원들이 저를 어떻게 인식하는지 깨닫고, 제 업무를 자주 접하는 사람들과 중간중간 점검을 해야 한다고 생각합니다. ○○님은 제 업무뿐 아니라 다른 직원들이 저를 어떻게 느끼고 생각하는지 알고 있는 분입니다. 그래서 ○○님에게 피드백을 받고 싶습니다. 허심탄회하게 말씀해주세요. 그게 제가 업무 개선을 할 수 있는 가장 좋은 방법입니다. 주저하지 마시고 좋은 얘기든 나쁜 얘기든 모두 해주세요. 듣고 배우려고 이 자리에 있는 거니까요.

네 가지 구체적인 질문을 드리고 싶은데요. 원하시는 만큼 자세히 말씀하셔도 돼요. 사실 자세할수록 더 도움이 됩니다. 괜찮으신가요?"

이 말은 다음과 같이 정리해서 질문할 수 있다.

"이 회사에서 성공하는 방법에 관해서 어떤 조언을 해주고 싶으신지요? 실제로 통했던 방법이 있다면 무엇인가요?" 이 질문에는 두 가지 목적이 있다. 사람들은 불편하고 곤란한 피드백보다 편안하고 즐거울 수 있는 조언을 부탁받을 때 더 솔직하게 말한다. 이는 친밀감을 형성할 것이다. 대답을 귀 기울여 듣다 보면 사내 정치가 어떻게 돌아가는지도 알게 될 것이다.

"사람들이 저를 어떻게 인식하는 것 같다고 보나요?" 상대방이 곧바로 자신을 어떻게 생각하는지 물으면 안 된다. 갈등에 대한 인간의 거부감을 일으킬 것이기 때문이다. 상대와 눈을 마주 보며 나의 잘못된 점을 말해달라고 부탁할 수도 있지만, 나에게 도움 되는 정보를 들을 수 있을 만큼의 신뢰를 구축하기까지는 시간이 걸린다. 하지만 다른 직원들이 나를 어떻게 생각하는지 묻는 건 훨씬 쉽다.

"이 회사에서 성공하기 위한 가장 긍정적인 변화 한 가지가 있다면 무엇인가요?" 이 질문이 모호한 이유는 피드백 범위가 너무 넓기 때문이다. 직무 역량, 개인의 상호작용 방식, 의사소통 기술에 관한 것일 수도 있고 아니면 뚜렷한 계획을 세울 수 있는 어떤 관찰 내용일 수도 있다. 질문의 범위를 좁히지 말고 모든 가능성을 열자. 그러지 않으면 유용한 피드백을 놓칠지도 모른다.

"회사에서 제가 하는 일들을 어떻게 이해하고 있나요?" 대답을 들으면 뜻밖이라고 생각할 것이다. 당신이 작은 실수라고 생각했던 것을 주변인들은 중요하게 생각할 수 있고, 반대로 크게 기여했다고 생각했던 것을 사람들은 모르고 있을 수 있다. 답변을 통해 당신은 평소 상사와 부하를 얼마나 잘 대하고 있는지, 주요 프로젝트나 결과물을 가지고 소통할 때 어떤 점을 개선해야 하는지도 알게 될 것이다.

나에 대한 사람들의 인식을 명확히 이해하기 위해 적극적으로 행동하지 않는 이상, 나에게 '무슨 일'이 닥쳐올지 절대 모를 것이다. 강등, 팀 이동, 심지어 해고가 어떤 형태로든 발생할 수 있다. 혹시 당신이 우수 인재 개발 계획 후보에 오르기만을 고대하고 있다면 귀중한 시간을 낭비하고 있는 것이다.

피드백 대화를 시작부터 주도해 커리어의 주인이 되자. 나 자신을 불편하게 하겠다고 한 다짐대로, 피드백을 적극적으로 구할 수 있는 요령에 대해 감을 잡았다면 이제는 한 단계 나아갈 차례다. 이후 5장에서는 갈등이라는 주제를 더 깊게 파고들면서 계속 불편함을 느낄 것이다. 커리어에 도움이 되는 행동은 의견 차이가 있는 상황에서 나올 때가 많다. 갈등의 힘을 활용하는 법을 깨쳐야 한다.

남아 있는 과제

어떻게 피드백을 요청하고 주의를 기울여야 하는지 잘 알게 되었으므로 이제 자신을 위한 행동 계획을 세워야 한다. 먼저 관리자와 짧고 가벼운 대화를 하는 순간을 대비해 점검 목록을 만들자. 단기·장기 이슈를 적고 관리자와의 다음번 피드백 미팅을 준비하자.

피드백 미팅이 정기적으로 잡혀 있지 않은 경우, 못다 한 얘기를 나누는 시간을 종종 가질 수 있는지 관리자에게 물어보자. 그도 아니면 한 달에 한 번, 분기에 한 번 점심이나 커피를 같이하면서 명확한 피드백을 얻을 수 있다.

5장.
갈등에 관한 오해

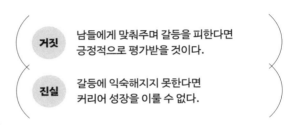

거짓 남들에게 맞춰주며 갈등을 피한다면
긍정적으로 평가받을 것이다.

진실 갈등에 익숙해지지 못한다면
커리어 성장을 이룰 수 없다.

회사의 수석 법률고문에게 버럭 언성을 높이기 전까지는 내가 할 말은 할 줄 아는 사람인지 몰랐다. 당시 나는 스티븐 코비 리더십센터 의장의 행정보조원으로 첫 커리어에 발을 내디딘 따끈따끈한 신입이었다. 앳된 젊은 여성이었던 나는 업무를 어떻게 처리해야 할지 간신히 터득해가고 있었다. 그러다 고위 임원인 수석 변호사와 주변의 이목을 끌 정도로 요란하게 충돌을 일으켰다.

수석 변호사는 의장이 그에게 두고 간 소포를 찾아가기 위해 내가 있는 사무실로 들어와서는 아무렇지도 않게 "우리 이쁜이, 여기 혹시."라고 말을 걸었다. 그가 말을 채 끝내기도 전에 나도 모르게 말이 거칠게 튀어나왔다. "그렇게 부르지 마세요!" 입을 떼자마자 내가 고위 임원을 공개적으로 비난했다는 사실을 깨달았다. 다른 직원들에게 들릴 정도로 쩌렁쩌렁하게 말이다.

삶에서 갈등이 일어나는 순간이 있다. 뇌가 인지하기도 전에 입밖으로 불쑥 튀어나온 나의 말처럼 말이다. 그와 내가 극도의 어색함을 견디던 순간, 몇 초간 침묵이 흘렀다. 그는 나를 쳐다보며 말했다. "미안합니다. 그런 뜻은 아니었어요. 다시는 그런 일 없을 겁니다." 그는 자신의 다짐을 지켰고, 나는 남은 계약 기간 동안 그와 서로 도우며 일했다.

그 말을 무심결에 내뱉자마자 '이제 내 커리어는 끝났구나.'라고 생각했다. 이와 비슷한 경험을 하고 결과가 좋지 않았던 사람들도 있다. 하지만 나는 이 충돌을 계기로 그와 나 사이에 지켜야 할 경계를 얻었다. 나는 그 사건을 절대 잊지 않았다. 처음으로 갈등을 맛본 사건이었다. 갈등 자체에 대한 두려움도 물론 있었지만, 그것을 통해 경계를 만들고 강력한 파트너십을 다질 수 있다는 사실도 알게 되었다.

> 불편한 사실을 공유하지 않으려는 것은 그러한 행위가 신뢰를 깨뜨린다고 생각하기 때문이다. 하지만 그것은 도리어 신뢰를 쌓는 데 필요한 행동이다.

직장에서 갈등은 피할 수 없다. 입사 제안과 연봉 협상이 이루어지는 단계부터 갈등은 일어난다. 만약 협상 시 갈등이나 불편함을 회피한다면, 당신은 이미 피해를 보고 있는 것이다. 업무에서도 마찬가지다. 상사나 동료와 경계를 정해야 할 때, 프로젝트 자금 조달을 위해 싸워야 할 때, 부서 계획의 우선순위에 이견이 있을 때 등 갈등이 발생할 가능성은 언제나 존재한다.

프로젝트와 예산, 관리자와의 관계, 동료와의 관계, 부서 간 협력과 관련된 모든 일에는 갈등이 어느 정도 숨어 있다. 연구마다 차이가 있긴 하지만, 직장인 약 80%가 최근 직장 내 갈등을 겪었다고 한다. 관리자와 갈등이 생긴 직장인 5명 가운데 1명은 결국 회사를 그만두었다. 또 다른 1명은 입을 꾹 다물고 분노가 끓어오르게 두었다. 너무나 많은 갈등이 해결되지 않고 있어 안타까울 따름이다. 자신의 생각을 분명히 말하는 태도가 더 나은 직장을 만드는 주요 요인이라는 것을 나는 알고 있기 때문에 더 그렇다.

나의 의뢰인들은 갈등 상황에서 소통을 더 잘해야 한다는 사실을 근본적으로는 이해하는 듯하나, 갈등 때문에 상대방과의 관계, 승진 루트, 자신의 이미지 등이 훼손될까 걱정하기도 한다. 이 때문에 연봉이나 커리어 진로, 업무 과부하, 팀워크 불균형 등에 대한 문제를 덮어두기도 한다. 이 때문에 더 많은 부담을 지고 있는 사람들의 사기가 떨어진다.

껄끄러운 대화에서 본인의 입장을 뚜렷하고 솔직하게 밝히는 순간 신뢰가 깨진다고 생각하는가? 나는 오히려 그 반대라고 말하고 싶다. 상대가 나에게 진실을 말하고 있음을 알게 되는 순간이 바로 상대를 신뢰하게 되는 순간이다. 특히 상대가 나에게 이야기하는 의견이나 피드백이 전달하기 쉽지 않은 내용임을 알고 있을 때 더욱 그렇다.

의견 충돌이 당신의 호감도를 떨어뜨린다고 생각하지 않아도 된다. 의견 충돌만으로 커리어는 피해를 입지 않는다. 의견 충돌을 일으켰다고 해서 문제를 일으키는 직원이 되지 않는다.

꼭 필요한(물론 불편한) 대화를 할 줄 아는 사람은 조직에서 신임받는 조언자가 될 가능성이 상당히 크다. 관리자와 다른 종류의 관계, 즉 의견이나 아이디어를 서로 주고받을 수 있는 관계를 만들기 위해 부단히 노력하는 사람들은 높은 확률로 승진한다. 2019년 연구에 따르면 의사소통을 활발히 하는 직원 84%가 본인의 업무를 인정받는 한편, 의사소통이 부족한 직원 가운데 긍정적인 평가를 받거나 승진한 직원은 25%에 그쳤다.[1] 적극적인 의사소통 능력 중에서도 어려운 대화를 할 수 있는 능력이 승진에 영향을 미친다면, 이러한 능력의 부족은 그와 반대되는 결과를 낳을 수 있음을 보여준다.

직장에서 계속 성장하기를 바란다면 반드시 갈등에 익숙해져야 한다. 모든 사람을 만족시키려 노력하면 단 한 번도 상사나 동료들과 마찰을 빚지 않을 수 있다. 하지만 그런 태도로는 높은 자리에 오르지 못한다. 필요한 자원을 확보하기 위해 로비를 해야 하거나, 우선순위를 놓고 싸워야 하거나, 다른 리더의 견해에 동의하지 않는 순간이 분명 올 것이다. 결국 회사를 다니는 동안 연봉 협상을 하기 위해서라도 불편한 대화에 익숙해져야 할 것이다.

반대로 과도하게 행동하면 욕받이가 될 우려가 있다. 아무리 직설적이거나 대담한 발언을 해도 사람들 눈에 띄지 않을 거라 생각하는 실수를 범하지 말자. 지나치게 한쪽으로 치우친 태도는 커리어를 해친다.

긍정적 갈등과 부정적 갈등의 차이를 이해할 필요가 있다. 이 차이를 알지 못하면 모든 노력이 수포로 돌아갈지도 모른다. 또한 껄끄럽게 흘러갈 여지가 있는 대화에서 사용할 수 있는 의사소통 모델도 익힐 필요가 있다.

> 많은 사람은 올바른 대화를, 잘못된 방식으로 하는 실수를 범한다.

갈등은 개싸움이 아니다

직장 생활의 모든 영역이 그렇듯 소통 방식에도 약간의 예술과 과학이 필요하다. 당신의 말이 어떻게 전달되는지는 중요하다. 말을 충분히 하지 않는 것과 너무 많이 하는 것 사이에 중간 지대가 있다. 내가 사회초년생 때 스티븐 코비가 가르쳐준 놀라운 원칙 하나가 20년이 넘도록 내 머릿속에 남아 있다. **'관계를 구축하기 위해서는 용기 그리고 배려심을 균형 있게 갖추어야 한다.'**라는 원칙이다.

나쁜 상사나 동료에 대해 은밀하게 떠들기는 쉽다. 자리에 없는 사람들을 주제로 이러쿵저러쿵하는 데는 용기가 필요 없다. 진정한 용기는 상대와 눈을 마주 보고 어려운 대화를 하는 일이다. 그런 사람에게는 경의를 표할 수밖에 없다. 당신이 제대로 알고 있어야 할 거짓과 진실은 다음과 같다.

> 거짓: 회사에서 일할 때 상대에게 부정적인 반응이나 반론을 일으킬 만한 화제를 꺼낸다면 신뢰가 무너질 것이다. 상대가 나의 관리자 또는 상급자라면 내 일자리까지 위험해질 것이다.

> 진실: 상대에 대한 선한 의도를 전제로 대화를 주도한다면 거의 모든 주제를 놓고 이야기할 수 있다. 당신이 의문을 품는 부분이 어떤 측면에서 도움이 되는지 상대방에게 알리고 시작하는 대화는, 신뢰를 깨기보다는 더 단단히 쌓을 것이다. 특히 관리자와의 대화에서 그렇다.

상대방에게 솔직할 수 있다면(단 무모하지 않게) 신뢰 형성이 가능하다. 바람직한 대화를 바람직한 방법과 타이밍에 하는 건 아주 중요하다. 관리자가 아닌 사람들에게 더 해당하는 말이다. 상급자와 하급자의 권력 관계에서는 위험 요소가 더 존재하기 때문이다.

갈등 자체가 본질적으로 나쁜 것이 아니다. 갈등이 있다고 해서 회사에 문제가 있다거나 당신이 잘못된 회사에서 일하고 있다는 것을 의미하지 않는다. 갈등은 단지 타인과 의견이 일치하지 않는다는 신호일 뿐이다. 그리고 건강한 갈등은 사람들이 문제를 해결하기 위해 각자의 역할을 다할 때 발생한다. 갈등을 부정적으로 바라보지 말고 상대와 조화를 이루는 효과적인 방법이라고 여기자. 갈등은 프로젝트나 부서, 중요한 결정, 업무 관계를 진전시킨다. 갈등을 이기고 지는 싸움으로 본다면 공동의 해결책을 도모하기 위해 협력하는 믿을 수 있는 파트너들 간의 대화를 놓치게 될 것이다.

갈등이 승자와 패자가 있는 적대적 싸움이어야 한다는 생각에 빠지기 쉽다. 결국 이득 보는 사람이 누구일까를 따지거나 '감정을 표현하는 법' 또는 '있는 그대로 말하는 법'을 알아야 갈등을 효과적으로 극복할 수 있다고 생각한다면, 당신은 갈등을 오해하고 있는 것이다. 이와 같은 방식으로는 신뢰를 형성할 수 없다.

나쁜 갈등에는 내가 이쪽, 상대가 저쪽에 있다는 생각이 깔려 있다. 이는 타오르는 불에 기름을 끼얹고 갈등을 부정적인 길로 이끌 뿐이다. 갈등 상황에서 언성을 높여야만 당신의 뜻을 상대에게 전할 수 있다고 믿는다면, 손상된 업무 관계를 방치하면서까지 당신의 우선순위를 밀어붙여야 한다고 생각한다면 정도를 한참 벗어나 있는 것이다. 이런 태도는 당신의 발전에 도움이 되지 않는다. 당신의 방식대로 결정을 강행할 수 있고 진척을 이끌어낼 수 있다고 생각할지 모르겠지만 그것은 착각이다. 커리어를 성장시키는 갈등이 아니다.

당신의 말이나 어조는 안전한 대화를 이끄는 결정적 역할을 한다. 의사소통을 성공적으로 하기 위해서는 상대를 막아서지 않고 서로의 견해가 다를 수도 있음을 인정하는 자세로 어려운 주제를 정면으로 맞서야 한다. 전쟁을 하지 않아도 진실을 말하고 문제의 본질에 접근하는 것이 가능하다. 하지만 여기서 당신이 사용하는 단어는 점검할 필요가 있는데, 민감한 대화를 할 때 종종 사람들은 은연중에 나쁜 의도로 가득 찬 말을 내뱉기 때문이다.

직장에서 '솔직한' 대화 후 불이익을 당하는 사람들은 대화
초반에 공동의 목적을 설정하고 안전감을 만들어내지 못
할 때가 많다.

의뢰인들이 서투른 대화나 엉망진창이 된 업무 관계에서 빠져나
오게 해달라고 도움을 청할 때면, 나는 그들의 빗나간 대화를 다시
바로잡을 수 있게끔 돕는다. 그들의 대화는 영락없이 한쪽 극단으로
치우쳐 있다. 가령 '내 생각을 맞춰봐.' '내 속마음을 읽어봐.' 같은 게
임에서 하는 것처럼 반쪽짜리 대화를 하고 있다. 아니면 반대로 상대
를 고발하고 비난하는 말을 내뱉으며 정중하지 않게 행동하고 있다.

어느 쪽이든 상대에게 전하고자 하는 메시지 자체는 문제가 되지
않는다. 전달 방식이 문제다. 대화 능력을 50%만이라도 향상한다면
완벽하지 않은 전달로도 자신감과 커리어를 쌓을 수 있다.

혀 밑에 선의를 깔아라

주위의 모든 사람과 신뢰를 주고받고 안전감을 조성하는 것은 중요
하다. 다시 한번 강조하지만, 당신이 하는 **모든 말**이 상대에 대한 좋
은 의도를 가정해야 한다. 그러면 상대는 문제점을 넌지시 알려주려
는 당신의 의도를 알아차릴 것이다. "저는 당신의 생각을 이해하므로
대화의 문을 열어두겠습니다." 또는 "우리의 의견이 결국에는 다르
더라도 저는 당신을 믿습니다."라고 말하는 것과 같다. 우리 입에서

흘러나오는 모든 말에는 상대가 나와 같은 편, 같은 팀이라는 사실이 반드시 깔려 있어야 한다.

그렇지 않으면 어떤 결과가 벌어질까? 상대의 동기를 추궁하면서, 이를테면 관리자가 연봉을 올려주지도 않고 자신을 부려 먹는다는 식으로 관리자를 궁지에 몰아넣는 순간 긍정적 결말로 이어질 확률은 희박하다. 문제 해결의 과정에서 진정한 파트너답게 처신할 기회를 잃게 된다.

선의로 느껴지는 말은 무엇이 있을까? 예를 들어 "일정을 왜 변경한 겁니까? 2주 앞당겨 프로젝트 결과를 내는 건 불가능해요. 이 사실을 저만 모르고 있었나 보네요."라고 말하는 대신 "프로젝트 일정이 2주 앞당겨졌다는 사실을 알고 놀랐습니다. 이게 사실이라면 몇 가지 논의하고 싶은 부분이 있는데요. 특별한 이유가 있으셔서 일정을 바꾸신 건가요? 만약 그런 거면 어떻게 그런 결정이 내려졌는지 설명을 해주시겠어요?"라고 말해보는 게 방법이 된다.

나는 거친 숨을 몰아쉬는 전화를 숱하게 받는다. 상대방은 어찌할 바를 모르면서 "커리어를 제 손으로 망쳤지만 그래도 전문가의 조언을 듣고 싶어서요."라는 말로 대화를 시작한다. 한 의뢰인은 회사 전략에 큰 변화가 생겼다는 이야기를 듣자 다음과 같이 격하게 반응해버렸다고 했다. "최악의 계획이에요. 분명 효과 없을 거예요. 이게 지난 반년 동안 했던 노력을 물거품으로 만들겠다는 것이 아니고 뭔가요?"

그녀는 다음과 같은 '다시 되돌릴 수 있다면 주워 담고 싶은 말'도 덧붙였다고 한다.

- "뭘 알고 말씀하시는 건지 의심이 되네요."
- "이해가 잘 안 되나 봅니다. 지금 시스템으로는 설계조차 할 수 없어요."
- "터무니없는 계획이에요. 효과도 없을 겁니다."
- "방향을 정하는 문제에 저도 참여할 권리가 있다고 생각했는데, 제 의견은 신경도 쓰지 않으시는군요."

글로 써보면 그 말이 얼마나 불쾌하게 들리는지 단번에 알 수 있다. 당신이 이 말을 듣고 있는 관리자라면 당연히 방어 태세를 취하지 않겠는가? 나는 의뢰인에게 개선할 노력이 필요하다는 달갑지 않은 조언을 전해야 했다. 여기서 소개하는 더 나은 표현을 사용했더라면 상황이 한결 수월했을 것이다. 그녀가 선의를 내비쳤다면 다음과 같이 표현했을 것이다.

- "조금 우려되는 부분이 있습니다. 어떻게 그 결론이 나오게 되었는지 설명해주실 수 있나요?"
- "저에게 이야기하지 않고 이미 그렇게 하기로 결정했다니 무척 당황스럽습니다. 제 의사를 묻지도 않고 중요한 결정을 내리는 것이 팀장님답지 않습니다. 제가 이해하지 못하는 무슨 문제가 있는 건가요?"
- "한계가 있습니다. 다른 대안을 찾아볼 의사는 없나요?"

앞으로 당신이 하게 될 대화에 대비하기 위해서 자신에게 맞는 대사를 직접 써서 연습하기를 추천한다. 당신이 사용하는 말 중에서 대화에 지장을 줄 수 있는 표현이 얼마나 많은지 알면 깜짝 놀랄 것이다. 만약 진행 중인 대화에서 예기치 못한 기습을 당했는데 아무런 준비도 되어 있지 않은 상태라면, 당신의 태도 설정에 도움을 주는 다음의 질문을 던져라.

하면 안 될 말	대신 이렇게 말하라
• 이 일은 당신보다 저에게 더 중요합니다. • ○○에 대해서는 신경 쓰지 않으시네요. • 왜 ○○을 하려고 했습니까? • ○○을 알고 있었어야 합니다. • ○○ 때문에 이렇게 하셨던 거죠? • 저에게 미리 공유해줄 수 있었을 텐데. • 다른 방법은 없습니다. • ○○을 이해하지 못하는 것 같습니다.	• 이 일은 우리 모두에게 중요합니다. • 제가 이해할 수 있게 설명해주셔서 감사합니다. • 우리 모두 좋은 결과를 바라고 있어요. • 입장을 바꿔서 생각해볼까요. • 생각하시는 이유를 제가 이해할 수 있도록 설명해주세요. • 당신에게 가장 중요한 우선순위는 무엇입니까? • 이 문제를 어떻게 바라보시나요?

마법의 표현 세 가지

마법의 표현 세 가지가 있다. 이 질문들은 다른 어떤 기술이나 전략보다 많은 역할을 한다. 상대가 의견을 말할 수 있도록 대화에 틈을 주면서도, 상대의 잘못을 비난하는 태도를 내비치지 않을 수 있는 비판단적 방식이다. 대화를 하다가 다른 것이 삐끗하더라도 이 세 가지

표현을 사용하면 갈등 해결의 첫 단추를 끼울 수 있다.

1. "혹시 의도하신 바가 이게 맞나요?"
2. "이 부분에 대해 다르게 생각하시나요?"
3. "제가 놓치고 있는 게 있을까요?"

긴요한 대화를 할 때 위기의 순간에서 벗어날 수 있게 해줄 질문들이니 머릿속에 꼭꼭 담아두자. 대화의 주제가 아무리 무겁더라도 이러한 질문은 대화가 잘 마무리될 수 있는 분위기를 만든다. 나의 팀원 중 이렇게 질문하는 친구가 있어서 잘 알고 있다. 하마터면 참담하게 끝날 수도 있는 대화였는데, 그 계기로 그는 나에게 가장 신임 받는 조언자로 굳건히 자리 잡았다.

사례 연구: 어려운 대화를 올바른 방식으로

고위 리더 한 명이 내 방을 찾아와 다음과 같은 폭탄 발언을 던졌다면 어땠을까? "이봐, 다들 하는 얘기야. 자네, 마이크로매니저처럼 통제하는 행동을 당장 멈추지 않으면 팀 전체가 무너질 거야."

이것이 아마 그가 하고 싶은 말이었을 것이다. 하지만 그는 아주 중요한 개념을 이해하고 있었다. 그는 상대가 듣고 싶은 방식으로 이야기했다. 껄끄러운 이야기도 용기와 배려가 균형 잡힌 채로 나눈다면 건강한 갈등이 될 수 있음을 깨달았던 것이다. 그는 나를 문제 직원이 아닌 협력자로 대했다.

그의 접근 방식은 위와 상당히 달랐다. "꺼내기 어려운 얘기이긴 한데, 자네와 대화를 좀 나누고 싶어. 우리가 한 팀으로서 함께 잘해 나가기 바라는 마음이야. 우리 둘 다 지금 진행하는 일에 큰 자부심이 있고, 나는 자네가 회사를 위해 세우고 싶어 하는 비전을 100% 지지해. 그런데 요즘 우리가 서로 조금 무심했던 것 같아. 만약 내가 자네였다면 듣고 싶을 것 같은 피드백이 있는데, 한번 들어보겠나?"

그는 자신이 최근 목격한 것을 설명한 뒤 나를 보며 마법의 질문을 던졌다. "혹시 자네가 의도한 바가 이게 맞나?"

이와 같은 접근 방식으로 우리는 각자 자신을 방어하지 않고 신뢰를 쌓을 수 있는 발판 위에서 대화를 이어나갔다. 하나의 질문을 시작으로, 현재 진행 중인 직원 몰입도 캠페인을 어떻게 바라보고 느끼는지에 대해서도 유익한 대화를 나누었다. 이 시간을 통해 우리는 단순히 매주 할 일을 수정하거나 추가하기보다는, 팀원들의 창의력을 어떻게 끌어올릴 것이며 캠페인에서 얻고자 하는 성과를 명료하게 규정하기 위해서는 어떻게 해야 할지 브레인스토밍할 수 있었다.

더 의미 있는 수확은 우리 두 사람 사이의 신뢰가 두터워진 것이다. 그가 이 문제를 논의하기 위해 나를 찾아왔기에 그에게 상처를 주지 않는 태도를 취할 수 있었다. 그리고 앞으로 상의하기 어려운 얘기나 의견 차가 있을 때 그가 솔직한 생각을 터놓을 수 있을 거라고 기대할 수 있게 되었다. 이 덕에 한층 발전된 모습을 서로에게 보일 수 있었던 것 같다.

소통을 위한 간극 모델

적절한 언어의 토대를 다졌으니 이제부터는 그러한 언어를 사용할 수 있는 적합한 모델을 알려주고 싶다. 나는 오랫동안 간극 모델(그림 5-1 참조)을 이용해왔다. 간극 모델은 이 주제에 대해 쓰인 훌륭한 서적들과 논문들을 조합한 결과물이다. 가르치기도 실행하기도 쉬운 간단명료한 모델을 발명하기 위해 나는 수년간 배운 것을 활용했다.

간극 모델은 충족되지 않은 기대에서 발생하는 갈등을 해결하기 위한 4단계를 보여준다. 우리는 충돌의 여지가 많은 대화에서 필요 이상의 감정을 불러들이곤 하는데, 이 모델은 감정적 요소 없이 사실에 기반한 대화를 가능하게 한다. 그래서 내가 이 모델을 좋아한다.

기대의 간극은 식별하기가 어렵지만 모든 갈등의 원인이 된다. 〈그림 5-1〉은 그 간극을 좁히는 단계를 보여준다. 우선 첫 번째 질문으로 자신이 기대한 것을 명확히 하고 관찰한 것을 논의한 뒤, 그것이 어떤 결과를 초래했는지 확인하고, 문제 해결을 위한 행동 계획을 세우기 위해 대화의 주도권을 관리자나 다른 이해관계자에게 넘긴다.

현실과 기대의 간극을 설명하기

어조의 중요성에 대해서는 충분히 인지하고 있으므로 이제부터는 대화의 틀을 잡아보자. 그 시작은 일어난 일과 일어났어야 한다고 생각하는 일의 간극을 명확히 하는 것이다. 가장 효과적으로 간극을 설명하기 위해서는 사례와 데이터를 활용하고 감정과 판단을 철저히

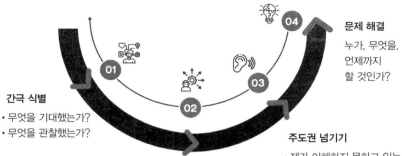

간극 식별
• 무엇을 기대했는가?
• 무엇을 관찰했는가?

간극에서 초래된 결과 파악
• 당신에게 초래된 결과
• 프로젝트에 초래된 결과
• 다른 사람들에게 초래된 결과

문제 해결
누가, 무엇을, 언제까지 할 것인가?

주도권 넘기기
• 제가 이해하지 못하고 있는 부분이 있을까요?
• 혹시 의도하신 바가 이게 맞나요?
• 이것을 어떻게 생각하시나요?

〈그림 5-1〉 간극 모델(갈등 해결)

배제해야 한다. 채워지지 않은 기대가 무엇인지 설명하지 못하면 문제를 해결할 수 없다. 두 질문에 답해보자.

1. 나는 무엇을 기대했는가(무슨 일이 발생할 거라 생각했는가)?
2. 나는 무엇을 관찰했는가(실제 무슨 일이 발생했는가)?

간단해 보여도 답하기가 쉽지 않다. 사람들은 판단이나 감정에서 벗어나 간극을 명시하는 것을 어려워한다. 기대와의 간극과 실제 관찰한 것을 설명할 때 길을 잃지 않도록 도와줄 가이드라인이 있다. 초과근무를 한동안 요구받아 왔다고 가정해보자. 당신이 할 수 있는 말은 이렇다.

- "처음 입사했을 때만 해도 초과근무는 가끔 있을 거라고 말씀하셔서 그런 줄 알았어요."(내가 기대한 것)
- "그런데 지난 15일 중 12일을 늦게까지 근무했습니다. 초과근무가 기본이 되어버렸습니다."(내가 관찰한 것)
- "저는 현재 진행 중인 일을 팀원들과 함께 하게 될 거라고 생각했습니다."(내가 기대한 것)
- "최근에 고객 데이터베이스로 보고서를 쓴 적이 네 번 있었는데, 그때마다 데이터 정리를 담당해달라는 요청을 받았습니다." (내가 관찰한 것)
- "저를 신뢰하시는 건 감사하지만 한편으로는 갑자기 생긴 이 업무를 다른 팀원들도 함께 도울 수 있을 거라고 생각했습니다." (내가 기대한 것)

간극에서 초래된 결과를 파악하기

'나는 ~라고 느낀다.' 같은 말로 감정을 표현할 수 있는 유일한 단계다. 간극이 당신과 프로젝트, 유관 부서, 필요한 경우 당신의 관리자나 타 부서 등에 어떤 결과를 일으켰는지 설명하자. 대개 일하면서 발생하는 갈등은 방금 언급한 모든 영역에 영향을 미친다. 이렇게 말해보자.

- "업무를 대하는 마음가짐에 영향을 받고 있는 것 같습니다. 번아웃이 오기 시작했고 더 이상 열정이 솟지 않습니다." (나에게 초래된 결과)

- "가족과 함께 할 시간이 없어요. 가정생활에 지장이 생기고 있습니다."(다른 사람에게 초래된 결과)
- "○○씨가 제 책상으로 다가올 때마다 불안해져요. 늦게까지 남아달라고 부탁할 때가 많아서요. 이건 제가 원하는 관계의 모습이 아닙니다."(업무 관계에 초래된 결과)

주도권을 넘기기

간극 모델에서 가장 강력한 부분이며, 앞서 언급한 세 가지 마법의 질문을 바로 이 단계에서 사용할 수 있다. 상대에게 말할 기회를 주지 않는다면 진정한 대화라 할 수 없다. 첫 번째 단계를 올바로 수행했다면 간극과 그로 인해 본인이나 팀, 프로젝트에 야기된 결과를 정확하게 설명한 것이다. 이제부터는 진정한 파트너를 대하는 태도로 다음의 세 질문 중 하나를 던져, 상대가 방어 태세를 취하지 않고 대화를 이어갈 수 있도록 하자. 세 질문 모두 판단이 전혀 필요 없다는 점을 기억하자.

1. "혹시 의도하신 바가 이게 맞나요?"
2. "이 부분에 대해 다르게 생각하시나요?"
3. "제가 놓치고 있는 부분이 있을까요?"

질문한 후 상대의 대답을 경청하고 또 경청하자. 정확한 의미 파악이 필요한 경우 다시 질문을 하되 대답을 들으면서 당신이 뭐라고 말할지 속으로 생각하지 말고 상대의 말에만 철저히 집중하자. 상대의 답변을 충분히 이해했다고 판단될 때 그 이해한 내용을 상대방에게 다시 반복해서 말하자.

- "방금 말씀하신 내용을 제가 한 번 더 말씀드려도 될까요?"
- "제가 이해한 내용이 맞나요?"

문제를 해결하기

상대방이 의견 표명의 기회를 얻은 후에야 비로소 성공적인 문제 해결이나 해결책 제시 단계로 진입할 수 있다. 나는 당신이 가능성 있는 해결책에 대한 아이디어를 준비한 상태로 대화를 시작하기를 바란다. 또, 당신이 생각지도 못했던 정답을 찾는 데 도움이 될 새로운 사실들을 배우는 데에도 열린 마음이어야 한다고 생각한다. 그 외에 문제 해결을 위해 건넬 수 있는 말들은 다음과 같다.

- "저에게 몇 가지 아이디어가 있는데 당신의 아이디어도 들어보고 싶습니다."
- "이렇게 대화를 할 수 있어서 감사한 마음입니다. 덕분에 제가 다른 관점으로 상황을 바라볼 수 있게 되었습니다. 만약 우리가 ○○를 해보면 어떨까요?
- "우리가 아직 탐색하지 않은 대안이 있을까요?"
- "당신의 아이디어나 의견을 받아들일 준비가 되어 있습니다."
- "최종 결정을 내리기 전에 이 견해를 또 하나의 관점으로 고려했으면 합니다."

- "저는 다른 생각을 갖고 있습니다. 한번 들어보시겠어요?"
- "당신의 관점을 제가 잘 이해할 수 있게 설명해주세요."
- "제가 들은 내용을 다시 한번 말씀드리겠습니다."
- "우리 모두 성공을 바라고 있습니다. 분명 이상적인 해결책을 찾을 수 있을 겁니다."

어떻게 조치해야 할지 결정했다면, 누가 무엇을 언제까지 수행할지 결정하는 것으로 단계를 마무리하자. 진정한 갈등 해결은 각자의 책임을 명확히 하는 것이다.

하지 말아야 할 말과 해도 될 말

이 장에 등장한 의사소통 전략이 어떻게 대화의 어조를 바꾸는지를 보여주는 추가 예시가 있다. '하지 말아야 할 말'과 대화의 문을 열고 더 나은 대화를 이끌며 좋은 해결책을 찾을 수 있는 '고쳐 말하는 법'을 살펴보자.

예시 1: 팀 결과물
이렇게 말하지 말라: 제스는 회의에 있던 사람들에게 화를 내기 시작하면서 팀원들에게 "이 일을 성공적으로 마칠 생각이 없으신 것 같네요. 그게 아니라면 다른 방식으로 문제에 접근하지 않았을까요."라고 말한다.

대신 이렇게 말하라: 제스는 프로젝트에서 달성했으면 하는 바를 설명하고, 이러한 자신의 기대를 지금까지 수행된 일들과 비교하며 간극을 극명하게 보여준다. 팀원들이 프로젝트 실패를 원하고 있다고 가정하기보다는 "어떻게 해야 이 상황을 다시 정상 궤도로 올릴 수 있다고 생각하십니까?"라고 질문한다.

예시 2: 업무 과중과 제자리 연봉

이렇게 말하지 말라: 레이철은 면담 자리에서 관리자에게 이렇게 말한다. "연봉 인상도 없이 계속 저에게 더 많은 일을 기대하면서 저를 이용하고 있는 것 같습니다. 연봉 인상이 필요합니다. 그렇지 않으면 다른 일자리를 찾을 수밖에요."

대신 이렇게 말하라: "저는 프로젝트 두 개를 추가로 맡은 데다 제이미 씨가 퇴사하고 나서 그의 업무까지 담당하고 있습니다. 업무량이 전보다 25%가량 늘어났습니다. 저는 앞으로 계속 성장하고 싶고 새로운 기술도 익히고 싶습니다. 하지만 그 전에 팀장님이 제 경력 성장 계획을 어떻게 생각하시는지 궁금해요. 특히 추가로 맡게 된 책임이 영구적이라는 사실을 따져볼 때 연봉이 인상될 수 있는 시점도 알고 싶습니다. 저는 팀에 보탬이 되고 팀장님도 신뢰할 수 있는 팀원이 되고 싶지만, 이곳에서 저의 가치를 제대로 평가받고 싶은 마음도 있습니다. 예전에는 팀장님과 이 문제를 논의한 적이 없었기 때문에 저는 팀장님의 시각을 이해하고 싶습니다. 팀장님은 어떻게 생각하시나요?"

직장에서 자주 발생하는 대화와 이를 대체할 수 있는 더 나은 대화를 살펴보자. '이렇게 말하지 말라.'에 나오는 예시에는 '당신은 나에게 잘못했어.'와 같은 태도가 반영되어 있다. 각각의 경우 모두 이상적인 결과를 전혀 예측할 수 없다. 반면 '대신 이렇게 말하라.' 접근 방법은 함께 일하는 사람들이 좋은 결과를 원하는 합리적인 사람들임을 전제로 한다. 그 결과가 승패로 끝나기보다는 부족한 부분을 채울 수 있는 기회를 상대에게 주는 것과 양측 모두에게 유효한 솔루션을 찾는 것을 목표로 한다.

직장 생활을 하는 사람이라면 반드시 갈등을 경험한다. 그리고 아무리 의사소통 간극 모델을 활용한다 해도 그 결말이 매번 완벽한 건 아니다. 하지만 간극 모델은 상대가 그러한 결정을 내리게 된 이유를 마음 놓고 말할 수 있는 마음의 여유를 갖게 한다. 그럼 당신도 납득이 가지 않았던 부분에 대한 이유를 알 수 있게 된다. 당신이 마음속에 이미 내렸을 결론 말고 다른 대안을 찾는 일도 가능하다. 상대의 관점에서 나온 이유와 의도를 이해하지 못한다면 상대의 결론을 터무니없거나 근시안적이라고 치부할 수 있다.

타인의 의중을 헤아리면 인간미를 발휘할 수 있다. 나는 이런 방식으로 대화를 주도했을 때 상대방 세계에서의 압박감과 문제점을 잠시 들여다보게 된다는 것을 깨달았다. 여전히 상대와 생각이 달라도 상대에게 좋은 감정을 간직할 수 있다. 상대의 선한 의도를 상정할 때 어려운 대화가 한결 쉬워진다.

당신에게 남은 과제는 악의가 아닌 선의를 갖고 대화에 임하는 것이다.

6장.
연봉에 얽힌 거짓

거짓	열심히 일한 만큼 보상받을 것이다.
진실	돈은 기다리는 자가 아닌 요구하는 자에게 온다.

나는 전 CFO(최고재무관리자)에게 중요한 비즈니스 법칙을 하나 배웠다. "당신이 회사에서 손댈 수 있는 부분은 많습니다. 방향을 전환할 수도 있고, 부서를 재편성할 수도 있고, 직원들의 근무지를 변경할 수도 있습니다. 그러나 누군가의 연봉은 절대 건드릴 수 없습니다." 회사에서 연봉은 성역이며, 우리에게 안정과 행복을 가져다주기 때문에 가능하다면 싸워서 쟁취할 수 있어야 한다.

내가 스물두 살 때 처음 한 일은 사무실 안내 데스크 업무를 보는 일이었다. 태어나 처음으로 급여 인상을 요구했던 순간을 생생히 기억한다. 나는 진료 시작 전 사전 작업을 하는 법, 환자의 이력을 수집하는 법, 고급 장비로 녹내장 검사를 진행하는 법 등 몇 가지 새로운 기술을 익힌 상태여서 의사는 검사실로 들어와 곧바로 진료를 시작하면 되었다. 그래서 급여를 더 받아도 되겠다는 생각을 했다. 어떤 방식으로 요구할지 연습했고, 진료가 끝나고 직원들이 퇴근했을 때 의사에게 다가갔다. 그는 어안이 벙벙한 눈치로 더듬더듬 무슨 말들을 늘어놓더니, 의외로 알겠다는 답을 주었다.

그날 밤 퇴근길에 나는 방방 뛰며 기뻐했다. 말이 통했다는 사실이 믿기지 않았다. 이 경험으로 '직접 요구하지 않은 건 얻어낼 수 없다.'라는 교훈을 일찍이 깨달았다. 그리고 20년의 세월이 흘러 아래와 같은 연봉 법칙을 터득했다. 조금 더 빨리 알았다면 좋았을 텐데 말이다.

- 돈은 기다리는 사람이 아닌 요구하는 사람에게 온다.
- 당신만큼 당신의 연봉을 신경 쓸 사람은 없다.
- 진정한 이익은 연봉 자체가 아니라 시간이 흐르면서 인상액이 주는 복리 효과에 있다.

급여가 전부는 아니지만, 전부에 가깝다. 월급명세서는 당신의 점수판이다. 월급명세서 하단에 적힌 액수를 보면서 급여를 시간 및 에너지와 잘 교환했다는 생각이 들 수 있다. 혹은 그 반대일 수도 있는데, 이 경우 회사가 강요한 희생을 따져볼 때 자신이 부당한 거래를 했음을 알아차리게 된다.

급여를 거래 공식으로 따져보라. 당신이 들인 시간과 노력은 집에 가져오는 월급과 동등하게 느껴져야 한다.

균형 잡힌 거래였다는 느낌이 들지 않는다면 무언가 잘못된 것이
다. 받는 급여에 비해 너무 많은 일을 하는 불균형한 거래라는 생각
이 든다면 조치가 필요하다.

연봉 협상을 하지 않고, 자신이 포기하고 있는 것이 무엇인지 모
르는 사람이 너무 많아 나는 할 말을 잃었다. 연봉 협상이 당신의 삶
에 미치는 영향은 어마어마하다! 투자에서 복리 이자가 중요하듯 연
봉의 복리 수익도 중요하다. 투자와 저축을 빨리 시작할수록 마지막
에 가서 더 큰 수익을 얻을 수 있다.

첫 연봉이 가져오는 나비 효과

줄곧 이 법칙을 '절대로 잊지 말아야 할 법칙'으로 여기게 된 건, 백
만장자를 만들자는 모토로 금융 지식을 제공하는 웹사이트인 벤 르
포르Ben LeFort를 발견하고부터였다. 입사할 때든 재직 중이든 관계없
이, 연봉 인상에 관심을 가져야 하는 이유를 말해주겠다.

5,000달러가 전체 직장 생활에 걸쳐 만들 수 있는 차이는 다음
과 같다.(《젊은 직장인이 돈을 관리하는 법》[1]을 참고했다.) 25세 직장인
두 명의 평생 수입을 비교해보자. 직원 A의 연봉은 5만 달러다. 직원
B의 연봉은 5만 5,000달러다. 만약 이들의 연봉이 매년 3%씩 40년
동안 인상된다고 할 때, 초봉 5만 5,000달러의 B는 초봉 5만 달러의

A보다 평생에 걸쳐 37만 7,000달러를 더 번다.

5,000달러의 차이가 40년이 지나면 20만 달러가 된다. 우리는 이것을 '단일 차이'라 부른다. 나머지 17만 7,000달러는 복리 수익에서 나온다. 37만 7,000달러는 평생 수입에 있어 거대한 차이다. 집을 살 수도 있는 돈이다. 르포르 웹사이트에서는 전적으로 공감되는 결론을 내렸다. **"사회초년생부터 연봉을 올리는 작업에 집중할수록 경제적으로 이득이다."**

사회초년생이 아니더라도 연봉의 소액 인상은 평생에 걸친 수입 측면에서 엄청난 차이를 불러온다. '인상된 금액이 월 예산을 충족하는 데 얼마나 보탬이 될까?'처럼 1차원적으로 연봉 인상을 바라보는 건 방정식의 시작에 불과하다. 5,000달러가 올랐다는 사실도 물론 대단하지만, 이로써 앞으로 연봉 인상이 더 높은 출발선상에서 이루어질 수 있다는 사실이 훨씬 중요하다. 사회초년생 때 더 높게 협상한 연봉에서 20, 30, 40년의 인상 가치를 누적하면 평생 수입은 다단계 마케팅처럼 강력하게 불어난다.

만약 이러한 충고를 나중에 '더 자리를 잡을' 때까지 외면하는 것은 지폐를 불에 태워버리는 행위나 다름없다. 나중에 만회하려고 애쓰는 것보다 처음부터 제대로 하는 게 낫다.

연봉 문제처럼 사람들이 공격적으로 접근하지 않고 순응하는 경향을 보이는 영역이 또 있다. 바로 연간 성과평가다. 예를 들어 연봉 인상을 매년 성과평가 때까지 기다리는 서투른 전략을 취한 폴이 평균 성과자들의 인상률인 2%를 받았다고 치자. 그리고 이 직원을, 해마다 적극적으로 요구해 5% 인상률을 얻어낸 애니와 비교해보자.

예시 인물: 폴과 애니	안일한 폴	추진력 강한 애니
시작 나이	28세	28세
은퇴 나이	65세	65세
일한 기간	37년	37년
초봉	4만 달러	4만 달러
평균 연봉 인상률	2%	5%
평생 수입 총계	216만 1,370달러	406만 5,126달러

〈그림 6-1〉

(이는 매우 보수적인 비율이며 현실에서는 증가폭이 그렇게 균등하지 않다. 증가폭이 큰 해도 있고 작은 해도 있다.)

홍미로운 비교를 위해 두 사람이 대학 졸업 직후 받았던 낮은 초임이 동일한 수준이라고 가정하자. 고임금 직업을 예시로 삼지 않은 것을 보통의 시나리오에서 의미하는 것을 설명하기 위해서다. 어떤 사람이 28세에 초봉 4만 달러로 직장에 들어간다고 가정하고 시작하자.(그림 6-1 참조)

애니가 몇 번 이직하면서 큰 폭의 연봉 인상을 얻으면 평생 벌어들일 총 수입을 200만 달러 가까이 늘릴 수 있다.

위 예시에서 추가로 얻을 수 있는 평생 수입은 엄청난 금액이다.

참고로 이것은 단순히 기본급 인상만 포함한 계산이며, 한 사람이 일을 하는 동안 필연적으로 하게 될 수 있는 큰 폭의 승진과 그에 따른 연봉 점프는 고려하지 않았다.

> 은퇴 시점에 100만 달러 이상을 '덜' 가지는 것이 왜 좋은지 설명할 수 있는가? 그것이 아니라면 연봉 협상이 너무 어렵다고 투덜대지 마라.

회사가 제시하는 연봉을 덥석 받아들이고 싶은 마음이 들겠지만, 회사가 생각하는 협상은 거래를 파기할 수 있는 요인이 아니라 입사 과정의 일부다. 이미 입사 제안을 받은 상태라면 연봉 협상을 해보려는 용기를 내기 어려울 수 있다. 하지만 최초의 제안을 협상하지 않는 건 실수다.

아마 당신의 머릿속에는 앞으로 발생할 상황에 대한 가상의 시나리오가 한가득 있지 않을까 싶다.

- "회사는 입사 제안을 철회하고 말 거야."
- "입사하기도 전에 골칫덩어리 직원으로 낙인찍힐 게 분명해."
- "내 말이 이기적으로 들리겠지."
- "일단 들어가고 나서 연봉을 더 요구하자."
- "일만 잘하면 노력에 대한 보상을 회사가 알아서 해줄 거야."

그렇다면 이렇게 물어보고 싶다. "자신을 옹호하고 이익을 얻는 것인데 때로 불편함을 감수할 가치가 있지 않을까?" 회사의 기준을 넘어서서 더 많은 보상을 받는 일은 저절로 일어나지 않는다. 더 많은 것을 얻으려면 특별한 행동을 취하거나 자신의 이익을 주장해야만 한다. 회사가 알아서 해줄 때까지 기다리면서 가만히 앉아 아무 말도 하지 않는다면 미래의 안전성을 내버리고 있는 것이나 다름없다.

아무리 돈에 연연하지 않는 사람이라도, 최소한 그다음 제안에서는 연봉 협상을 시도할 수 있을 만큼 자신의 재정적 미래에 충분한 관심을 두고 있어야 한다. 연봉이라는 중대한 문제를 결코 다른 누군가가 결정하도록 내버려둬선 안 된다.

노력에 상응하는 보상을 받고, 자신의 원칙을 포기하지 않고도 필요를 충족시킬 수 있는 적절한 균형점이 있다. 더 많은 것을 얻기 위해 더 큰 노력을 기울일지는 개인의 선택에 달렸다. 현재 어떤 위치에 있든 자신의 이익을 대변하지 않는다면 큰 손실이 따른다.

> 나 자신만큼 나를 신경 쓰고 지지할 사람은 없다. 연봉 인상의 기회를 잡기 위해 적극적으로 행동하지 않으면 다른 사람이 그 기회를 차지할 것이다.

누가 연봉을 더 받고 있나?

내 일만 잘하면 연말 고과 시즌에 마법 같은 일이 발생할 거라고 흔히들 믿고 있다. 모두가 똑같은 줄에 서서 똑같은 마법을 기다리는 것이다. 누가 연봉 인상을 받아내는지, 어떻게 이를 추진하는지 안다면 당신의 연봉 인상 전략은 앞으로 달라질 것이다.

자신의 연봉에 적극적으로 개입하지 않는다면 원하는 수준의 보상을 받지 못한다. 받을 수도 있었을 보상도 얻지 못한다. 기업이 우수 인재를 알아보는 눈이 없어서 적절한 보상을 제공하지 못하는 게 아니다. 기업들은 특히 오늘날의 환경에서 보상 문제를 신중하게 고려하고 있다. 여기서 말하는 대상은 상위 5%의 인재가 아니라, 임원들의 시야에서 눈에 띄지 않게 자리를 지키며 성실하고 훌륭하게 업무를 수행하는 직원 또는 적극적으로 자신의 이익을 지켜주는 상사가 없는 직원이다. 회사의 일들을 잘 처리하기는 하지만, 자신의 일과 그 일을 통해 나타나는 변화에 사람들의 관심을 어떻게 끌어모아야 하는지는 잘 모르는 그런 직원이다.

만약 당신이 이러한 유형에 속한다면, 연간 고과 시즌 때마다 공로를 인정받고 보상받기를 기다리고 있을 듯하다. 나는 당신이 모르는 사실, 즉 "사람들은 1년 내내 연봉 인상을 위해 로비 활동을 하고 있다."라는 것을 말해주고 싶다. 그러나 인사부와 관리자 측에서는 직원들의 이런 행동을 달갑게 여기지 않기 때문에, 연봉 인상이 고과 시즌 내에 이루어질 수 있는 방향으로 당신을 유도할 것이다.

나는 인사부 책임자로 있는 동안, 연봉 인상을 논의하려면 연말까지 기다려야 한다고 직원들에게 말해왔다. 그럼에도 회사 제도로 정해진 기간이 아니어도 연봉 인상을 받을 수 있다는 사실은 변하지 않는다. 지금의 나는 회사가 아닌 직원을 위해 일하고 있으므로 물밑에 감춰진 연봉 운영 방식을 알려주려 한다.

연봉 인상의 숨겨진 진실

의미 있는 연봉 인상을 얻기 위한 방법은 기본적으로 세 가지다.

1. 새 직장으로 이직한다.
2. 다른 회사의 제안을 현재 회사에 레버리지로 활용한다.
3. 공식적인 기간이 아닌 때 설득력 있는 연봉 인상 제안을 한다.

위의 방법을 실행하는 데 방해되는 장애물이 있다면 바로 '불편함'이다. 불편함을 없앨 방법은 없다. 새 직장을 구하는 과정은 내내 마음이 편치 않다. 연봉 인상을 위해 관리자와 물밑 작업을 벌이는 일도 여간 신경 쓰이는 게 아니다. 인상 요구를 1년에 한 번만 해야 한다는 것이 사내의 암묵적 규칙이라면 더더욱 그렇다.

불편함은 불가피하고 필연적이다. 다른 직장을 구할 때 그곳이 본인에게 적합하거나 마음에 들지 알아보는 일에는 위험이 따라온다. 다른 회사로부터 받은 제안을 지금의 회사에 제시하여 협상한다면 최종적으로 선택하지 않은 회사와의 관계는 돌이킬 수 없게 될 것이다. 하지만 이것은 높은 연봉 인상률을 실현하고 싶다면 필요한 전략이다.

당신의 관리자는 최대한 적은 비용으로 부서를 운영하기로 진작부터 회사와 합의를 보았다는 사실을 기억하자. 관리자는 필요 이상으로 당신에게 돈을 쓰지 않을 것이다. 다시 말해 앞으로 낼 수 있는 성과에 중점을 두어 당신이 얼마나 매력적인 제안을 할 수 있는지에 달려 있다.

연봉 인상을 요구하는 과정은 거북하기 때문에 자신의 이익을 극대화하고 위험을 최소화하는 방식으로 실행하는 것이 상당히 중요하다. 이 사실을 잊지 말라. "올바른 요소를 갖춘 제안서를 철저히 준비하고 실제로 관리자에게 연봉 인상을 요구한 뒤 관리자의 대답을 듣기 위해 계속해서 확인하고 소통하는 사람만이 더 좋은 결실을 얻는다." 매번 좋은 결과로 이어진다고는 말하기 어렵지만, 거절당한 요구는 나중에 연봉 인상이나 승진의 씨앗이 된다.

'거절' 답변을 받았다고 해서 '실패'한 건 아니다!

회사가 당신의 요구를 받아들이지 않았더라도 당신은 의사를 밝힘으로써 목표 달성의 방향으로 다가간 셈이다. 관리자와 대화하면서 당신이 기대하는 바와 그 근거가 명확해졌다. 이 중요한 대화의 내용이 관리자의 잠재의식 속에만 남아도 관리자의 판단에 계속 영향을 줄 수 있는 힘이 있다. 암묵적으로 당신이 연봉 인상 대기열에 서게 되었다는 점에서 그렇다. 사실상 연봉 인상에 관한 미래의 의사결정과 우선순위에 영향을 미친 것이다. 인재 확보가 중요한 노동시장에서 특히 더 맞는 이야기다. 목표를 실현하는 방향으로 나아가기 위해서는 계기와 약간의 추진력이 필요하다. 당신은 그 첫걸음을 내디뎠다. 최초의 요구는 생명을 유지하는 산소와도 같다. 연봉 인상을 효과적으로 요구하는 방법은 다음 장에서 살펴보자.

잠재적 갈등을 걱정하는가

예전에 근무한 회사에서 나는 연간 고과 시즌에 이루어진 2년 치의 연봉 인상을 검토하고, 이것을 고과 시즌 외에 발생한 연봉 인상 건과 비교하는 작업을 했다. 여기서 인상이라 함은 보너스 지급, 기본급 인상, 시간당 임금 인상을 의미했고, 때에 따라서는 비정기적 스톡옵션 지급을 뜻하기도 했다. 결과 수치는 내가 평소에 믿고 있던 생각이 사실임을 증명했다. 가장 큰 폭의 연봉 인상은 비공식적인 인상 기간에 발생했고, 대부분의 인상은 직접적으로 그것을 요구한 직원의 주도로 이루어졌다.

> 공식적인 연봉 인상 기간이 아닌 때에 요구한 직원들은 더 큰 인상액을 쟁취했다.

이들 가운데 약 80%는 연봉 인상률 5%를 넘겼다. 그다음으로는 모든 직원이 보상을 받으려고 조용히 자기 차례를 기다리고 있는 고과 시즌에 발생한 연봉 인상을 비교했다. 가장 규모 있는 부서, 즉 관리자가 예산을 이동 및 조정할 수 있는 유연성을 가장 많이 갖춘 부서에서조차 소수의 경우를 제외한 대부분 직원의 연봉 인상액은 표준에 그쳤다.

> 고과 시즌에 연봉 인상을 얻은 직원들은 더 작은 폭의 인상액을 얻었다. 이들의 약 80%는 인상률이 5%에 못 미친다.

이러한 결과를 보고 잠깐 생각해보자. 공식적인 기간 외에 더 큰 인상액을 끌어낼 수 있다는 사실은 논쟁의 여지가 없다. 연봉이 인상되었다는 사실만이 아니라 얼마나 인상되었는지도 무척 중요하다. 나는 연중에 연봉 인상을 3% 요구했다는 얘기는 들어본 적이 없다. 이 정도 수준의 평균 인상률은 고과 시즌에 비일비재하다.

비공식적 기간에 요구한 연봉의 인상률은 대개 10%나 그 이상이다.

자신의 이익을 자발적으로 찾아나서는 사람에게는 상황이 유리하게 돌아갈 가능성이 있지만, 흥미롭게도 연봉 인상을 평상시에 요구하는 사람은 극히 드물다. 변화하는 비즈니스 환경에서 예전보다 더 많은 사람이 연봉 인상을 외치지만, 애초에 그런 시도를 하지 않는 이들이 여전히 대다수다. 잠재적 갈등을 피하고 싶은 심리와 연관되어 있다고 본다. 그러나 앞서 언급했듯 상황이 유리하게 돌아갈 가능성이 있기 때문에, 성과 기반의 매력적인 제안을 한다면 연봉 인상 요구는 해볼 만한 베팅이다. (인사부는 공식 기간 외에 발생하는 연봉 인상을 꺼려 늘 연말까지 기다리라는 쪽으로 몰고간다.)

이러한 결과가 과학적 근거에서 나온 건 아니다. 하지만 지난 20년간 인사부 조직을 운영했던 경험을 떠올리면, 앞서 나온 연봉 인상률이 방향적으로는 옳다. 당신은 몇 번이나 연봉 인상을 요구해 보았는지 곰곰이 생각했으면 한다.

'비공식적 기간에' 연봉 인상을 요구하는 것

그렇다면 연봉 인상 요구에 사람들은 모두 성공할까? 그들은 누구이며 어떻게 성공했을까? 물론 '그냥' 인상을 원했기 때문은 아니다. 그런 전략은 없다. 그들은 다음에 등장하는 요소들을 바탕으로 요구했다.

- 경쟁사의 입사 제안을 받았다.
- 중요한 업무 책임을 추가로 맡았으며 그 책임이 지속되고 있다.
- 동일한 직무의 다른 직원의 연봉보다 자신의 연봉이 심각하게 낮다는 사실을 보여주는 정보를 입수했다(이는 인사부에 차별 관련 리스크를 초래함).
- 직무와 보상 범위에 재조정이 필요하다.
- 측정 가능한 특별한 성과를 달성했다.

입사 제안을 받기 위해 직접 발로 뛰며 노력하는 일이 성가시기는 하지만, 개인의 경우 이것이 왜 그토록 효과적인 전략인지 설명하고자 한다. 직장에서 개인의 가치를 평가하는 건 몹시 난해한 문제다. 특정 직책에 지불해야 하는 보편적으로 공정하고 정확한 금액이란 없다. 변수가 너무 많다. 회사는 연봉 조사나 기타 데이터를 통해 경쟁력 있는 연봉을 책정하기 위해 최선을 다하지만, 사실 이것은 과학보다 예술에 가깝다. 개인의 가치를 평가하는 가장 좋은 방법은 주택 가치를 평가하는 방법과 비슷하다. 주택 가치를 가장 정확히 측정하려면 다른 주택 가격을 확인해야 한다. 한 주택에 대해 다른 경쟁 제안이나 입찰이 있다면 그 주택 가치는 시장에서 정해진다. 다른 주택과 다를수록 그 가치를 평가하기가 어려워진다. 직원들 개인의 가치도 이와 마찬가지다. 자신의 가치를 설정하는 가장 효과적인 방법은 경쟁 제안을 참고하는 것이다.

안타깝게도 직원들이 외부 평가를 기다릴 때 회사의 입장은 불리해진다. 직원들은 다른 회사의 제안을 받으려 노력하는 과정에서 퇴사를 결심하는 경우가 잦은데, 자신이 특별한 노력을 기울이지 않는 한 회사가 그만큼 연봉을 지불하지 않으리라는 것을 이미 알았기 때문이다. 참으로 분한 현실이다. 하지만 개인에게 이 전략은 확실히 효과적이다.

다른 회사가 좀처럼 연봉을 더 주지 않으려 할 수도 있고, 현재 회사에서 자신이 경쟁력 있는 연봉을 받고 있다는 것을 깨닫게 될 수도 있다. 이 경우 어느 쪽이 됐든 개인에게는 이롭다. 경쟁사의 제안을 받으면 레버리지를 확보할 수 있다. 경쟁사로부터 만족스러운 제안을 받지 못하더라도 자신이 공정한 임금을 받고 있다는 확신을 갖고 더 편안한 마음으로 근무할 수 있으며 직장 만족도도 올라갈 것이다.

연봉 인상을 마냥 기다릴 필요가 없다는 것, 또 다른 길이 있다는 것을 이제 깨달았으니 다시 현실을 직시하자. 그저 원한다는 이유만으로 연봉 인상을 얻을 수는 없다. 몇 년 동안 연봉이 제자리걸음이라고 해서, 또는 열심히 일했다고 해서 무조건 연봉이 인상되는 건 아니다. 연봉이 오를 만큼 충분한 성과를 냈다는 사실을 자신 있게 말할 수 있을 때 연봉 인상을 쟁취할 수 있다. 성과를 창출하면 레버리지가 생긴다. 그리고 레버리지가 전부다.

남아 있는 과제

처음 입사 제안을 받았을 때든 재직 중이든 관계없이 실제로 연봉 협상을 몇 번이나 해봤는지 떠올려보라. 당신은 회사가 당신의 연봉에 결정권을 갖도록 내버려두는 사람인가? 아니면 자신의 이익을 위해 협상에 뛰어드는 사람인가?

- 가장 마지막에 있었던 연봉 인상 두 건을 적어보자.
- 각 제안에 대해 본인이 이의를 제기했는지 적어보자. 만약 그랬다면 무엇을 요구했는가?
- 지금 와서 생각해본다면 무엇을 요구했을 것 같은가? 놓친 기회가 있었는가?

7장.
레버리지의 거짓말

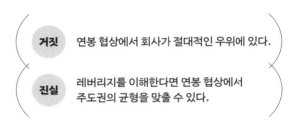

거짓 연봉 협상에서 회사가 절대적인 우위에 있다.

진실 레버리지를 이해한다면 연봉 협상에서 주도권의 균형을 맞출 수 있다.

사람들이 연봉 인상을 요구하거나 연봉 협상을 진행하는 방식은 나의 10대 때 모습과 상당히 닮았다. 열여섯 살 때 나는 왜 부모님이 자동차 운전을 더 자주 허락하지 않는지 도무지 이해할 수 없었다. 운전해서 가고 싶은 곳이 너무나 많았는데도 차는 차고에 가만히 놓여 있었다. 차가 차고에 있든 없든 차를 사용해도 되냐고 다섯 번을 물으면 허락이 떨어진 건 한 번 정도였다. '누가 사용하고 있는 게 아니면 당연히 차를 몰 수 있어야 하지 않나?'라고 생각했다. 면허증도 있고 운전할 줄도 알았으니까. 이밖에 뭐가 중요했을까?

말이 통하지 않는다고 생각했던 부모님은 내가 너무 쉽게 운전대를 잡아 부주의해질 것을 염려했다. 부모님은 리스크를 최소화하기 위해 내가 어디로 가는지, 얼마나 멀리까지 운전하는지, 누구와 함께 있는지 통제하고 싶어 했다. 날이 컴컴할 때, 도로 합류 구간을 만났을 때, 친구들과 함께 있어 산만할 때도 운전을 능숙하게 할 수 있을 만큼 실력이 향상되어야 내가 안전할 것이었다. 부모님은 내가 운전량을 천천히 늘려가기를 바랐다.

당시 나는 흔한 협상 실수를 저질렀다. 줄곧 내 관점에서 부모님을 설득했던 것이다. "그건 공평하지 않아요. 저는 이 차를 탈 자격이 있어요. 베스트 드라이버라니까요."

부모님의 입장을 고려해 주장을 폈다면 허락을 얻을 가능성이 훨씬 컸을 것이다. 나의 관점을 부모님 관점에 맞췄다면 좋았을 것이다. 허락을 구할 때 어디로 갈 건지, 얼마나 오래 외출할 건지, 선택한 경로가 왜 안전한지 설명했을 것이다. 내가 밖에 나가 있는 동안 부모님을 위해 심부름을 하겠다는 제안을 했을 수도 있겠다. 이렇게 한다고 갈등이 전부 해소되지는 않았겠지만, 운전을 더 자주 했을 거라는 사실만큼은 분명하다.

10대의 나는 레버리지가 무엇인지 몰랐다. 일방적인 주장이나 협박, 징징거리기, 버티기 등 비효율적인 기술만 고집했다. 안타깝게도 이런 기술들이 다 자란 성인에게 조금도 통하지 않음에도 불구하고 대부분 우리는 이 접근 방식에서 벗어나지 못한다.

다행히도 유리한 조건을 형성해 직장에서 원하는 것을 얻을 수 있는 연봉 협상(또는 그 밖의 요구) 원칙들이 존재한다. '레버리지' 개념을 활용한다면 자신에게 유리한 조건을 구별할 수 있고 더욱 설득력 있는 요구를 할 수 있다.

이 장에서는 신입직원부터 CEO까지 전 직급에서 어떻게 연봉 협상을 진행하는지 보여줄 것이다. 목적은 회사에서 자신이 원하는 바를 자신감 있게 협상하는 방법을 알기 위함이다.

레버리지가 무엇인가

레버리지는 회사로부터 최대한 많은 보상을 받고 싶다면 이해해야 하는 중요한 개념이다. 쉽게 말해 상대에게 도움을 주거나 해를 끼칠 수 있는 능력이다.

> 레버리지는 "나는 당신이 필요한 것을 가지고 있어."를 의미한다.

스스로에게 이렇게 물어보자. "당신은 상대방이 원하는 것을 가지고 있는가?" 만약 가지고 있다면 당신에겐 레버리지가 있는 것이다. 예시를 살펴보자.

- 당신은 연봉과 일자리를 원한다. 회사는 둘 다 줄 수 있다. 이 경우 회사가 레버리지를 갖고 있다.
- 회사는 연봉 범위와 최대로 지급할 수 있는 연봉 수준을 알고 있지만 당신은 모른다. 이 경우 회사가 레버리지를 갖고 있다. 회사는 당신에게 이익을 주거나 손해를 끼칠 수 있기 때문이다.

- 회사는 면접에 참여하는 다른 후보자들과 그중 누가 경쟁력 있는 인물인지 알고 있다. 이것은 당신에게 없는 정보다. 회사의 레버리지가 하나 더 추가된다.

나는 하루 종일 예시를 읊을 수 있다. 회사는 레버리지를 잔뜩 보유한 채 다양한 방법으로 협상에 임할 것이다. 이것만 보면 레버리지가 회사에만 있는 것 아니냐고 생각할지도 모르겠지만, 실은 그렇지 않다. 당신은 스스로 인식하지 못하는 여러 가지 레버리지를 갖고 있다. 예를 들면 이렇다.

- 회사는 매출을 20% 늘려야 한다. 당신은 이전에 근무했던 세 회사에서 판매 할당량의 120%를 달성한 실적을 보여주었다. 당신은 레버리지를 갖고 있다.
- 소셜미디어 기업은 플랫폼에 숏폼 영상 서비스를 도입하려고 하는데, 당신은 전문가다. 당신은 레버리지를 갖고 있다.
- 세 명의 팀원이 얼마 전 팀을 떠났고 그 직무를 수행하는 데 필요한 지식과 노하우를 갖추고 있는 팀원은 이제 당신까지 두 명밖에 없다. 당신은 굉장한 레버리지를 갖고 있다.

당신이 활용할 레버리지의 대부분은 '긍정적 레버리지'이며, 이것은 적절한 타이밍에 적절한 당근을 매달아두는 것이다. 상대가 누릴 긍정적 효과를 강조하는 건 대개 연봉 협상에서 가장 좋은 접근법이다. 최고의 협상에서는 승자와 패자가 없다.

또 다른 방법인 부정적 레버리지는 당근을 주는 대신 채찍을 휘두르는 것이다. "나는 당신에게 곤란한 상황을 일으킬 수 있어."라는 경고다. 하지만 상대를 궁지로 몰아넣으며 협상을 시작한다면 상황이 자칫 난해해질 수 있으므로 부정적 레버리지를 사용할 때는 각별히 주의를 기울여야 한다.

회사 입장에서 행사할 수 있는 부정적 레버리지의 예는 이렇다. 퇴직금을 받고 나가기를 원하는 직원에게 회사는 조작된 지출품의서들을 꺼내들면서 "당신의 퇴직금은 없습니다. 우리가 당신을 고소하지 않은 것만 해도 다행이라고 생각하세요."라고 말한다.

부정적인 레버리지는 개인도 활용할 수 있다. 경영진 가운데 유일한 여성 임원이 연봉 인상을 거부당했다고 치자. 나중에 그녀는 "해당 임직원은 가족의 생계를 책임지는 가장이 아니기 때문에 우리는 그녀에게 다른 임원들만큼 높은 연봉을 지불할 수 없다."라는 내용의 이메일을 꺼내 보이며 이를 부정적 레버리지로 활용할 수 있을 것이다. 부정적 레버리지는 은행을 상대로도 사용할 수 있다.

협상에서는 긍정적 레버리지나 부정적 레버리지를 모두 사용할 수 있지만 '최고의 협상은 쌍방에 이로운 거래'라는 원칙을 절대 잊어서는 안 된다. 레버리지를 효과적으로 사용하기 위해서는 어디에서 레버리지를 찾을 수 있는지를 알아야 한다. 레버리지를 찾는 가장 일반적인 방법들을 살펴보자. 다시 한번 언급하지만 이 모든 건 "상대가 원하는 것이 무엇이며, 내가 어떻게 상대를 도울 수 있을까 혹은 피해를 줄 수 있을까?"라는 질문에서 출발한다.

입증할 수 있는 결과

당신은 회사 실적에 기여한 사실을 증명할 수 있는가? 비용 절감이나 프로세스 개선, 상당한 매출을 발생시킨 경험이 있다면 회사의 최우선 목표인 수익 창출을 이루는 데 큰 보탬이 된다. 성과 지표 추적이 중요한 이유가 바로 여기에 있다. 당신의 업무가 실질적 변화를 일으켰음을 입증하는 데이터가 곧 레버리지다.

경쟁사의 잡오퍼

가장 강력한 레버리지 포인트다. 개인의 시장 가치를 명확한 숫자로 바꿔주는 반박할 수 없는 증거인 셈이다. 잡오퍼를 통해 경쟁 회사는 당신을 영입해 기술을 취할 수 있고, 현재 회사는 신입 직원에게 그만큼 더 높은 연봉을 지급해야 한다는 사실을 깨닫게 될 것이다.

전문 지식이나 노하우

희소한 전문 기술을 보유하고 있는가? 다른 사람들이 얻지 못한 운영법을 알고 있는가? 예를 들어 판매 리드를 추적하는 CRM 소프트웨어를 익숙하게 다루는 직원이 회사에 한 명뿐인 경우가 있다. 이 직원이 퇴사하면 회사는 당장 심각한 문제에 직면하게 된다. 이 직원은 레버리지를 갖추고 있다.

설득력 있는 가치 제안

면접 보는 사람들에게 가치 제안은 특히 중요하다. 이것은 회사에 자기 자신을 마케팅하는 방법이다. 당신(제품)이 줄 수 있는 가치를 명확히 제안하고 회사가 해결하려는 문제를 당신이 어떻게 해결할지 알린다면 레버리지를 갖추게 된다. '나 자신'을 매력적으로 포장할 수 없으면 레버리지를 가질 수 없다. 이 레버리지는 회사가 제공하는 오퍼 내용을 최저 수준에서 최고 수준으로 끌어올릴 수 있는 가능성이 있다.

인력자원의 부족

당신의 업무에 지원하는 사람 수가 부족한가? 인재를 구하기 어려운 노동시장에서는 레버리지를 갖춘 대상이 회사가 아닌 개인이 될 것이다. 최근 몇 년간 간호계에서 일어난 일을 보라. 가용 인력이 없으니 기업에서는 이러한 전문 인력들이 꾸준히 일할 수 있도록 막대한 초과근무 수당을 지급하기 시작했다.

긴급성

회사에 향후 있을 합병이나 인수에서 특정 작업을 긴박하게 완료해야 하는가? 주요 거래처와의 계약 마감일이 다가오는 문제는 어떠한가? 이런 상황에서 개인은 연봉을 더 받을 수 있는 레버리지를 갖는다. 이런 업무를 처리하는 대가로 보너스도 받을 수 있다.

위험 요인

회사가 무언가를 하거나 하지 않음으로써 추가적인 위험을 초래하는가? 추가적인 위험은 차별받았다는 직원의 항의, 회사를 위기로 내몰 수 있는 관리자의 악행, 핵심 영업직원의 퇴사로 인해 회사가 해당 분기에 실적을 내지 못하는 사태가 될 수도 있다. 새로운 위험이 떠오르는 상황에서 당신이 긍정적 또는 부정적 영향을 미친다면 레버리지를 보유하게 된다.

성공하는 레버리지, 실패하는 레버리지

상대측에 필요한 것을 많이 알고 있을수록 좋다. 내가 레버리지를 가지고 있는지 알아내려면, 상대가 중요하게 여기는 것이 무엇인지를 최대한 구체적으로 파악해야 한다. 회사의 최우선 목표는 수익 창출이고, 관리자의 최우선 임무는 목표 성과를 얻기 위한 예산 관리와 팀 관리다. 이것은 출발점이기는 하나 분석의 끝은 아니다.

> 상대측의 니즈를 더 구체적으로 파악할수록 협상에 적합한 상황적 레버리지를 효과적으로 정할 수 있다.

바로 앞에 등장한 키워드를 포착했는가? '상황적'이라는 용어다. 그렇다. 당신의 레버리지는 바뀔 수 있다. 최고 성과자라고 해서 반드시 레버리지를 갖는 건 아니다. 회사가 당신이 원하는 자리를 정리할 계획을 세우고 있다면 당신에게 레버리지는 없다! 내가 고객들과 연봉 협상 전략을 짤 때 그들에게 수많은 질문을 던지는 이유다. 무언가를 원할 때 최상의 방식으로 주장을 펴고 싶다면, 회사나 부서에 가장 중요한 것이 무엇이며 왜 그것이 중요한지를 깊이 있게 분석하

자. 회사의 자금 조달, 예정된 해고, 현재 진행 중인 소송은 당신이 가지고 있다고 생각한 레버리지를 무용지물로 만들지도 모른다!

사례 연구 1. 예산에 여유가 없다

유수의 컨설팅 기업에서 일하는 고위급 컨설턴트 이야기를 해보겠다. 그녀는 주 고객사와 진행하는 프로젝트의 내년도 예산이 이미 정해졌다는 사실을 알았다. 그녀는 프로젝트의 리더였고 3년 동안 거기에 참여하고 있었다. 고객사는 결과물에 대한 일정 단축안을 요구했고, 그녀는 그것을 이행할 수 있는 자신감이 있었다. 동시에 프로젝트 예산이 자신의 연봉 증액을 수용할 수 있다는 걸 알았기 때문에 그녀는 지금이 연봉 인상을 요구할 시점이라고 판단했다. 자신에게 충분한 레버리지가 있다고 생각했다. 팀에 몇몇 다른 동료들도 연봉 인상을 요구했다는 것, 그리고 그들의 연봉이 자신보다 더 오랫동안 인상되지 않고 있었다는 것을 알게 되기 전까지는 말이다. 이로써 그녀의 레버리지는 사라졌다.

하지만 이것이 끝은 아니었다. 이후에 일어난 일은 레버리지를 확보하기 위한 철저한 노력이 새로운 기회를 얻는 데 어떻게 도움이 되는지를 보여준다. 그녀는 자신의 관리자가 연봉을 인상해주고 싶어한다고는 생각했지만, 다른 팀원들의 연봉이 먼저 인상되면 남아 있는 예산이 없을 거라고 계산했다. 그녀는 예산을 샅샅이 살펴보고는 다음과 같은 해결책을 찾았다. "만약 내가 연중에 연봉 인상을 받는다면, 회사는 현금 지출의 절반을 계산에서 제외할 수 있어. 그러면 나는 예산에서 8,000달러만 찾아내면 되는 거지.”

그녀는 프로젝트 리더여서 숫자에 밝았다. 프로젝트를 더 철저히 관리해 1만 2,000달러를 절약할 수 있는 방법을 발견했다. 지금은 총 인상액의 절반만 받고, 만약 자신이 눈여겨본 예산을 절약할 수 있다면 나머지 절반은 6개월 후에 받게 해달라고 매니저에게 제안했다. 예산을 초과할 필요가 없었기 때문에 관리자의 최우선 임무인 예산 관리에도 피해를 주지 않았다. 동료들의 연봉도 인상되었으므로 그들이 불이익도 받지 않았다. 회사는 유능한 프로젝트 관리자를 계속 둘 수 있었다. 다소 늦어지기는 했지만 그녀는 원하는 연봉 인상을 얻어냈다.

이 사례에 등장한 컨설턴트가 연봉 인상 요구의 수락을 얻어낼 수 있었던 두 번째 원칙이 있다. 그녀는 **관리자가 그 윗선에 보고할 수 있을 만한 설득력 있는 논거**를 찾았다. 이 개념은 반복적으로 언급할 가치가 있을 만큼 대단히 중요하다.

관리자의 관리자까지 설득할 수 있는 논거를 마련하라.

당신이 똑바로 읽은 게 맞다. 관리자의 관리자. 공식적인 연봉 인상 기간이 아닌 때 인상을 요구한다거나 전에 한 번도 시도해본 적 없는 신규 프로그램을 승인받는 등 결과가 보장되지 않은 무언가를 요구할 때마다, 곤혹스러운 입장에 있는 사람은 관리자라는 사실을 기억하자.

관리자는 직원들의 요구 사항을 전부 들어주지 못한다. 당신만큼이나 관리자도 안 좋은 이미지를 남기고 싶어 하지 않는다. 만약 당신이 10대 때의 나처럼 자기중심적으로 요구한다면("한동안 연봉 인상이 된 적이 없으니 인상해주시죠.") 백이면 백 관리자는 그것을 윗선에 보고하지 않을 것이다. 하지만 시간을 투자하여 당신의 관리자가 관리자를 설득할 강력하고 논리적인 주장을 준비한다면 그것을 고민하고 구성하는 시간을 할애할 것이다.

지금까지 연봉 인상을 요구할 때 필요한 레버리지를 알아보았다. 하지만 퇴사할 때도 레버리지를 활용할 수 있다.

사례 연구 2. 새로 온 관리자는 나를 밀어내고 있다

"지금 당장 나가지 않더라도 제 입에서 욕설이 안 나오고는 배길 수 없을 것 같네요. 어차피 해고될 텐데요, 뭐!"

관리자와의 통화는 이렇게 시작되었다. 그녀는 최고 성과자였다. 그녀의 관리자가 승진한 뒤 새 관리자가 오기 전까지는 말이다. 지난 5년간 고과평가 1등 자리를 놓치지 않았던 그녀는 언제부턴가 이 신임 관리자와 사이가 틀어졌고 어떻게 이 문제를 다루어야 할지 잘 몰랐다. "이미 결과는 정해졌어요. 저의 성과가 해고를 막아주고 있습니다. 그 사람과 저는 어떻게 해도 잘 지낼 수 없는 관계입니다."

그녀는 나에게 당장에라도 회사를 그만두는 게 좋을지, 인사부에 도움을 청하는 장문의 글을 전달하는 게 좋을지 물었다. 하지만 상황의 미묘한 구석에 대해 이야기하고 나자 몇 가지 사실이 명확해졌다.

- 그녀가 지금 회사를 나가면 회사는 목표를 달성하지 못한다.
- 새 매니저가 그 일을 홀로 감당할 수 있을 만큼 그 자리에서 오래 일하지 않았다.
- 그녀는 조직 내에 아군을 두었다.

그녀에게는 레버리지가 있었다. 전문 지식(매니저는 직무를 완전히 배우지 못한 상태), 회사의 인재 풀 부족, 회사의 잠재적 위협, 그녀의 입증 가능한 실적이 레버리지였다.

자신에게 레버리지가 있다는 사실을 알게 된 그녀는 방아쇠를 당기려다 풀었다. 그냥 퇴사해버리는 대신 윗선과 인사부에 대화를 시도한다면 더 나은 방안을 얻을 수도 있다는 생각에 그들과 이야기를 나눴다.

회사 측에서도 갈등이 해소되기를 바랐지만 어떻게 해결해야 할지 몰랐다. 그녀를 해고하고 소송을 당하는 것도 원하지 않았지만 사업의 분기 성과가 위태로워지는 것도 바라지 않았다. 그녀는 새로운 직장을 구하지 않은 채 당장 떠나기보다는 회사에 3개월의 준비 기간을 보장해달라고 양해를 구했다. 그녀는 재직 중에도 회사의 배려를 받아 새 직장을 구하고 자신의 페이스대로 퇴사할 수 있었다. 이와 함께 3개월 치 퇴직금을 요구했다. 그녀는 양측에게 모두 득이 되는 아름다운 이별이라는 점을 표현하며 이와 같은 제안을 했다. 그 덕에 새로운 매니저는 갈등의 끝이 보이는 상황 속에서 팀을 계속 이끌 수 있었다. 그리고 그녀는 두둑한 퇴직금을 챙기고 새 직장에 들어갈 수 있었다. 모두에게 이득이었다. 회사는 흔쾌히 응했다.

인상을 요구할 때

2000년대 초반에는 면접 기법이 대부분 비슷했다. 영업직 면접에 들어온 면접자에게 펜을 쥐어주며 "이 펜을 팔아보시겠어요?"라고 한다. 면접자에게는 어떤 지침도 없이 몇 분만 주어졌다. 대부분은 종이 위의 부드러운 촉감이나 세련되고 사용성이 편리한 디자인, 잉크 색상 등 펜의 특징에 집중해 대답했다.

이들은 '고객 니즈를 이해해야 한다.'라는 가장 중요한 사실을 놓쳤다! 고객이 왜 이 펜을 필요로 하는지, 고객에게 어떤 점이 중요한지 등 펜에 관한 경험을 묻지 않았던 것이다. 대신 구매자에게 아무런 가치도 주지 못하는 특징들만 잔뜩 늘어놓았다. 그러고는 구매 의사를 묻는 것으로 답변을 마무리했다. "이 펜을 사시겠어요?" 결국 고객의 어떤 호응도 얻지 못한다. 면접자는 면접관의 요구에 기반한 가치 제안을 실제로 만들어본 적이 없기 때문이다.

이 모의 영업에 올바르게 접근하는 방법이 있다. 중요한 요구를 해야 할 때면, 최고의 영업사원이 사용한 모델을 따라야 할 것이다.

1. 가장 먼저 구매자의 니즈를 이해한다.
2. 제품의 특징들이 어떻게 이 니즈를 충족시키는지 논의한다.
3. 자사 제품과 경쟁사 제품을 비교해 자사 제품의 가치가 무엇인지 고민한다.
4. 고객에게 구매를 권유하고 거래 진행의 동의를 얻는다.

위 영업 단계를 연봉 인상을 요구하는 단계로 변환하면 다음과 같다.

- **회사의 니즈에 대응한다:** 회사를 이해하고 있고 회사가 필요로 하는 것이 무엇인지 간파하고 있음을 표현하라.
- **제공할 수 있는 가치를 확실히 한다:** 본인이 보유한 기술과 달성한 성과를 알려라. 본인이 가진 모든 레버리지에 대한 내용을 포함하라. 예를 들면 이렇다. "저는 시스템 운영법을 알고 있는 유일한 직원입니다."
- **참고할 만한 경쟁사 데이터를 공유한다:** 당신의 역할이 어느 정도의 가치가 있는지를 인지하자. 내부 동료들의 급여나 타 회사의 입사 제안 또는 직접 수행한 연봉 조사 등을 활용할 수 있다. 이런 정보는 당신의 요구에 신빙성을 더해준다.
- **구체적으로 요구한다:** 당신에게 중요한 두세 가지 요소(155쪽의 전체 목록 참조)를 언급하고 그것들이 왜 중요한지를 명확히 설명

하라. 그리고 스스로 수용할 수 있는 두 가지 서로 다른 제안을 하자. 이를테면 6만 달러 기본급에 4,000달러 보너스, 5만 8,000달러 기본급에 1만 달러 보너스처럼 두 가지 안을 내놓는 것이다.

- **확약을 얻어낸다:** 노력을 기울여 연봉 인상을 요구하고는 직접 나서지 않고 관리자가 알아서 답을 주기를 바라는 이들이 의외로 많다. 영업에서는 시간이 지체되면 거래가 무산되기 일쑤다. 따라서 당신이 요구를 한 이후에 합리적인 기간 안에 대화를 마무리하려 애쓰지 않는다면, 협상은 불발될 것이다.

실제로 연봉을 요구하는 대목은 예상과 달리 대화의 가장 마지막에 등장하는 게 좋다. 면접 초반부터 연봉 얘기를 하고 싶어 입이 근질근질하겠지만, 기다리면 더 나은 제안을 받을 수 있다. 다음의 내용을 집중해서 들어보자. 면접에서 당신의 역할은 단 하나다. 고용주가 될 회사가 당신을 뽑고 싶어 안달하게 만드는 것. 다른 후보자들이 걸러지고 면접이 심층적으로 진행되면 면접관들은 당신에게 더 많은 투자를 하고 싶어 하고, 줄 수 있는 연봉 범위 중 가장 높은 액수를 제안할 가능성이 훨씬 크다.

더 높은 연봉을 원한다면 연봉 이야기는 가장 나중에 꺼내라.

연봉 협상의 8가지 원칙

연봉 인상을 요구하는 방법에 관한 좋은 아이디어가 머릿속에 떠오를 수 있겠지만, 우선 무엇을 요구하고 얼마나 세게 협상을 밀어붙일지 알아야 할 차례다. 협상 상황에서 회사는 후보자보다 우위를 점하고 있다. 하지만 다음에 등장하는 협상 요소와 협상 원칙을 숙지한다면 잃어버린 위치를 되찾을 수 있다.

첫째, **최후통첩을 피하라.** 궁지에 몰리기를 원하는 사람은 없다. 최후통첩을 날리면 당신의 주장은 힘을 잃는다. 이상적인 협상은 상대에 끌려가는 것이 아니라 내가 끌어당기는 것이다. 게다가 합리적 근거가 뒷받침된 주장은 감정적 주장보다 강력하다. 당신의 관리자는 당신의 요구를 상부에 전달해야 하는데, 이것이 가장 효과적으로 수행될 수 있는 최고의 방법은 논리적 접근을 취하는 것이다.

둘째, **요구 내용을 바꾸지 마라.** 협상에 들어갈 때는 자신에게 중요한 것이 무엇인지 명확히 해두자. 한두 차례 협상 안에 의견 차를 좁히고 협상을 타결할 수 있어야 한다. 그렇지 않으면 회사는 빈틈을 파고들어 다른 제안을 던질 것이다. 그것은 내키지 않는 제안일 것이다. 원하는 연봉 수준을 말한 뒤에는 마음을 바꾸거나 더 많은 요구를 하면 안 된다. 적어도 협상을 위기에 빠뜨리고 싶지 않다면.

셋째, **레버리지를 파악하라.** 레버리지는 무엇을 요구할 수 있는지와 얼마나 공격적으로 원하는 바를 밀어붙일 수 있는지를 결정한다. 중요한 레버리지의 순서는 언제나 다음과 같을 것이다. 당신이 달성한 결과나 성과, 다른 회사로부터 서면 입사 제안을 받아 당신이 이

직할지도 모르는 상황에 대한 회사의 위험, 그다음으로는 회사의 목표를 위협하는 자원의 부족이다. 이 장에 나온 레버리지 목록을 복습하고 협상에 들어갈 때 본인이 레버리지를 얼마나 많이 갖추고 있는지 파악하라.

넷째, **두 가지 안을 제시하라.** 우리는 선택을 좋아하는 사회에 살고 있다. 편안한 마음으로 받아들일 수 있는 두 가지 선택지를 내놓을 때 요구한 바를 얻을 수 있는 확률은 높아진다. 이는 영업에서도 흔히 사용되는 전술이다. 회사가 한 가지 안에 대해서 '예.' 또는 '아니오.'로 대답하게 하기보다는 여러 선택지 중 하나를 고르도록 하는 게 좋은 방법이다.

다섯째, **의문을 가져라.** 연봉 상승을 영리하게 요구하려면 회사의 철학과 복리후생 요소를 최대한 많이 이해하고 있어야 한다. 보너스 계획은 어떻게 세워지고 과거에 보너스 지급은 어떤 방식으로 이루어졌는지, 개인의 성과가 회사의 실적에 어느 정도로 영향을 미쳐야 하는지 파악할 필요가 있다. 그러지 않으면 과거에 지급된 보너스의 50%만 지급하겠다는 보너스 계획에 사인하고서는 협상 끝에 얻은 연봉 인상이 도리어 삭감에 가까웠다는 사실을 깨닫게 될지도 모른다.

여섯째, **비용이 들지 않으면 더 쉽다.** 직함 변경이나 유연 근무, 보너스 계획 등 회사가 비용을 미리 지출하지 않아도 되는 일이라면 목표 달성이 더 쉬울 것이다. 성과 지표와 묶여 있는 보너스 계획과 같이 무언가를 얻고 나서 그 대가로 비용을 지불해도 되는 제도가 있다면 회사는 더 이끌린다.

일곱째, **정보를 활용하라.** 가장 설득력 있는 주장은 사실과 정보에 바탕을 둔다. 회사에서 나와 같은 직무를 수행하는 사람들이 연봉을 얼마나 받고 있는지, 또는 나와 유사한 직무에 유사한 역량과 직책을 가진 사람들이 연봉을 얼마나 받고 있는지를 보여주는 데이터를 확보하라. 데이터를 당신의 요구에 힘을 실어준다.

여덟째, **조건부 제안을 하라.** 이사회에서는 바라던 일이 성사될 때까지 비용 지불을 연기할 수 있기 때문에 조건부 제안을 좋아한다. 이를테면 "만약 90일 안에 X, Y, Z를 수행하면 합의한 연봉 인상분을 2차로 받을 수 있습니까?"와 같은 제안을 선호한다. 특히 회사에 현금이 부족한 경우 이런 구조의 질문은 괜찮은 선택인데, 회사 입장에서는 돈을 투자하기 전에 결과를 보장받기 때문이다. 비록 연봉 인상 시기가 약간 뒤로 밀리더라도 회사의 대답이 '아니오.'에서 '예.'로 바뀔 수 있으므로 당신에게는 이득이다.

협상할 수 있는 내용

요구 사항을 제시하는 법을 이해했으니 이제 무엇을 요구할 수 있는지 알아볼 차례다. 다행히도 협상 안건은 매우 다양하다. 다음은 보상 관련 협상에서 요구할 수 있는 내용들이다.

먼저 **기본급**이다. 기본급 인상율도 협상 가능하지만 인상이 이루어지는 방식에도 창의력을 발휘할 수 있다. 많은 경우 회사는 연봉 인상액에 상한선을 둔다(대기업의 경우 약 10%). 그러나 원하는 인상액을 두 가지로 쪼개어 제안할 수도 있다. 이를테면 지금 10% 인상을 받고, 합의한 특정 기간이나 성과 지표를 달성한 후에 추가 10%를 또 받는 식이다. 인상을 받는 시기는 조금 늦어지더라도, 원하는 만큼의 인상을 받을 수 있다.

유연근무 또는 재택근무도 협상 대상이다. 특히 집에 자녀가 있다면 며칠 또는 매일 재택근무를 하거나, 유연근무제를 이용하거나, 이 둘을 혼용해도 되는지 요청할 수 있다. **교육 또는 훈련**도 해당한다. 훈련을 위한 제도나 예산이 아직 미흡한 회사가 많지만 직무와 관련성이 있다면 회사는 자금을 투자할 것이다. 매년 특정 금액을 지속적으로 보조해달라고 하거나, 직무 관련 전문가 그룹의 연회비 혹은 갱신이 필요한 자격증 비용을 부담해달라고 요청하라. **재택 근무**의 경우 임시로 어설프게 재택할 방을 꾸미기보다는 재택근무의 생산성을 높이는 물품 구매비를 지원받자. 책상, 컴퓨터, 의자, 프린터, 스캐너, 복사기 등이 있다.

보너스 목표 비율 일반적으로 회사는 보너스 지급 범위를 기본급의 일정 비율로 정한다. 그리고 대개 보너스에는 직급에 따른 목표 범위가 있다. 특히 연봉이 10만 달러 이상인 경우 그 비율을 더 높게 협상할 여지가 있다. 더불어 **보너스 전액 지급**을 요청할 수도 있다. 만약 연중에 입사하는 경우라면 직전 회사에서 보너스를 받지 못하고 나왔을 것이다. 입사자 대부분이 보너스 비율은 협상해도, 채용일 기준으로 근무일 수에 비례해 보너스 금액이 결정될 수도 있다는 사실은 놓친다. 입사 첫해에 보너스를 온전히 다 받을 수 있도록 회사에 요청하고, 채용 제안서상에 보너스 비례 감액이 적용될 수 없다는 문구를 추가하는 것을 잊지 말자. 합당한 근거를 제시하면 회사 측에서는 십중팔구 양보할 것이다.

미리 계획한 휴가를 조정할 수 있다. 이미 계획한 휴가를 승인받아야 하는 시점은 채용계약서에 서명하기 전이다. 근무를 시작하고 나서 승인받으려고 한다면, 유급휴가가 쌓일 때까지 기다려야 한다는 답변을 듣게 될 것이다. 휴가는 협상할 때 양해를 구하는 게 가장 좋은 방법이다.

다음번 연봉 인상 시기는 입사 제안을 받을 때 원하는 수준의 기본급을 얻지 못하는 경우, 가능한 차기 연봉 인상 시점에 대한 문구를 채용 제안서에 남긴다면 불만을 덜 수 있다. 채용되는 상황에서 제시하는 절충안은 수용될 때가 많다.

그럴듯한 직함이다. 직함을 바꾸는 데는 돈이 들지 않는 데다 이력서에 큰 변화를 불어넣는다. 사원, 주임, 대리, 과장, 차장, 부장, 이사, 수석 이사, 부사장, 수석 부사장 등 일반적인 직함 체계를 참고하자. 당장에는 있어 보이는 직함이 큰 가치가 없을 수도 있지만, 다음에 구직 활동을 시작하게 되면 바로 쓸모가 생길 것이다.

사인온 보너스 Sign-on bonus(입사하는 대가로 지급하는 일회성 보너스—옮긴이)를 요청할 수도 있다. 당신이 이전 회사에서 포기하고 온 혜택을 보상하고 손해를 복구할 수 있는 또 다른 좋은 방법이다. 매년 지급하지 않아도 되는 일회성 수당이기 때문에 고용주들은 기본급보다 이런 유형의 보너스를 선호한다. 통상적으로 사인온 보너스를 주는 것은 회사가 당신을 고용하지 못할 것 같다고 판단할 때 구미를 당기게 하는 제안을 한다거나 직전 회사에서 받지 못하고 온 주식이나 보너스를 보상할 때다.

주식을 보상으로 받아라. 모든 회사가 이를 제공하진 못한다. 주식 보상이 사람들에게 부를 안겨주는 길이라는 사실을 고려한다면, 회사 측에 해볼 만한 제안이다. 특정 결과에 대한 보상 차원으로 지급되는 다른 어떤 보너스 요소보다 나을 때가 많다. 그런 의미에서 양도제한조건부주식Restricted stock unit(특정 조건을 달성한 임직원에게 보상되는 주식이며 일정 기간 매도가 불가능하다―옮긴이)은 최고의 대안이다. 받는 즉시 가치가 생길 뿐 아니라 회사를 나갈 때 주식을 보유하기 위해 매수해야 할 필요도 없다. 확정적 권리가 생기면 회사를 떠나도 소유할 수 있고 원하는 시점에 현금화가 가능하다.

퇴직금을 사전에 협상할 수도 있다. 입사 초기에 이 조건을 서면으로 받아놓아야 한다. 회사가 당신을 마음에 들어할 때는 협상이 쉽지만 반대의 경우는 불가능하다. 이 조건은 회사가 비용을 들이지 않고도 추가할 수 있으며, 미래에 발생할 수 있는 인수합병이나 인력감축 등의 위기 상황에서 훌륭한 보호 장치로 사용될 수 있다.

휴대전화 통신료 지원 제도는 대기업에는 있지만 중소기업에는 체계가 덜 잡혀 있다. 정규 근무 시간 외에도 수시로 업무를 봐야 하는 직군이라면 통신료 지원이나 업무용 휴대전화 지급을 요청하자.

이제 당신의 요구 사항을 어떻게 만들고 준비해야 하는지 터득했으니, 자신감을 갖고 실행할 일만 남았다! 사실 당신이 이익을 얻는 데 있어 유일한 걸림돌은 당신이다! 용기를 내어 본인이 회사에 제공할 수 있는 가치와 요구 사항 목록을 작성한 다음 자신 있게 추진하라. 발생할 수 있는 최악의 상황은 기껏해야 회사가 당신의 요구를 거절하는 것이 아니겠는가. 회사는 당신의 협상을 기다리고 있다. 미국의 고용 대행업체인 로버트하프Robert Half에 따르면 관리자 중 70%가 장래의 직원들이 연봉과 복리후생을 모두 협상하기를 기대한다고 한다.[1] 컬럼비아대학교 경영대학원 연구에서는 5~25%의 연봉 인상 요구가 가장 긍정적인 결과를 낳는다고 발표했다.[2] 그렇다면 지금 당신을 가로막고 있는 건 무엇인가?

남아 있는 과제

레버리지가 될 수 있는 모든 것을 떠올려라. 지금 당장은 필요하지 않을 수 있으나, 연봉 협상 시기를 대비해 미리 준비해두는 편이 좋을 것이다. 다음의 영역에서 어떤 레버리지를 갖출 수 있는지 리스트를 작성하라.

- 입증할 수 있는 성과
- 보유하고 있는 특별한 기술
- 회사에 줄 수 있는 가치
- 회사에는 없고 당신에게는 있는 자원
- 회사 내 긴급한 상황
- 회사 내 위험 요인

8장.
충성에 얽힌 거짓

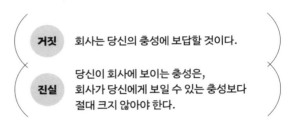

거짓 회사는 당신의 충성에 보답할 것이다.

진실 당신이 회사에 보이는 충성은,
회사가 당신에게 보일 수 있는 충성보다
절대 크지 않아야 한다.

나는 수천 명의 직원을 해고해봤다. 회사의 구조 개편도 여러 번 지휘했다. 모든 걸 다 바칠 만큼 노력했지만 그 대가로 해고 통지서를 받은 이들도 봤다. 누군가의 고통을 바라보는 것이 마음이 아프지만, 그럼에도 나는 회사의 최대 목표가 이윤 창출이라는 것을 이해한다. 회사는 생존을 위해 반드시 변화하고 적응해야 한다. 돈을 무한정 수확할 수 있는 돈나무가 있는 게 아니어서, 회사는 원하는 모든 채용에 계속 자금을 지원하거나 떠오르는 좋은 아이디어를 전부 실행하지 못한다. 회사가 구조 개편 같은 조정을 해야 할 때면 영락없이 누군가의 희생이 따른다.

회사의 구조조정이나 해고, 책임상의 변화로 인해 영향을 받는 대상이든 아니든, 직장 생활을 하는 동안 고용주와의 관계가 동등하지 않음을 자각하는 순간은 누구에게나 온다. 노력 대비 대가가 보잘것없음을 깨닫는 순간 허탈감으로 인해 정신이 번쩍 들 것이다.

나의 개인적인 경험을 공유하자니 부끄럽다. 내가 최악의 엄마라는 사실(적어도 그렇게 느껴졌다.)이 명백히 드러나기 때문이다. 어느 저녁 퇴근길에 운전하다가 그날이 10살짜리 아들의 생일이라는 사실이 번뜩 떠올라 패닉 상태에 빠졌다. 부랴부랴 동네 빵집에 전화를 걸어 이미 만들어져 있는 케이크에 '생일 축하해, 잭.'이라는 문구를 써달라고 부탁했다. 풍선 꽃다발도 주문했다. 빵집에 도착하려면 30분이 걸렸는데 그 안에 만들 수 있는 가장 큰 풍선 꽃다발로 꼭 부탁한다고도 덧붙였다.

신호에 걸릴 때마다 나는 친구들과 가족들에게 저녁 식사 후에 짧은 생일 파티에 참석해줄 수 있겠느냐고 문자를 돌렸다. 그러다 선물을 깜빡했다는 사실을 깨닫고는 아들에게 전화를 걸어 주말에 친구들과 파티를 열고 싶은지, 빳빳한 지폐 20달러를 받아 평소 갖고 싶었던 선물을 사고 싶은지 물었다. 20달러는 사실상 뇌물이었고, 그 무렵 일반적으로 지출하는 금액을 훨씬 넘어서는 돈이었다. 더없이 소중한 날을 너무 소원하게 보냈다는 사실이 부끄러웠다. 그날 밤 지쳐 쓰러진 나는 자신을 원망하며 울다 잠들었다.

수년이 더 흐르고 나서야 내가 어떻게 살고 있는지가 눈에 들어왔다. 나의 평소 신념과 달리 그것은 임원 자리에 앉아 있기 위해 '치러야 할 대가'가 아니었다. 주변을 둘러보며 나와 비슷하게 막중한 책임을 맡은 사람들이 나와 다른 선택을 하고 있다는 사실을 알게 되자 머리를 한 대 얻어맞은 기분이 들었다. 당시 나는 하루를 마치고 나면 기진맥진해 있었다. 그러고는 또 다시 나를 불태우는 생활을 이어갔다. 뼈 빠지게 일하지 않으면 내 자리가 위태로워질 거라고 잘못 생각하고 있었다. 임원들 사이에서 계속 비중 있는 존재가 되기 위해 해야 할 일이 너무 많았다. 쉴 틈이 없었다.

나는 다른 한 임원의 생활을 자세히 지켜보았다. 그는 나만큼 많은 시간 일하지 않았다. 자주 휴가를 떠났고 가족들과 시간을 보냈다. 내가 쓰러질 때까지 일하는 동안 그는 팀원들과 즐겁게 시간을 보냈다. 게다가 더 높은 연봉, 더 멋진 직함, 더 많은 책임으로 보상까지 받았다.

나는 화가 났다. '나도 그렇게 살아볼까?'라는 질문이 마음속으로 또렷이 떠오르기 전까지는 말이다. 나는 그를 더욱 자세히 관찰하기 시작했다. 그는 균형을 유지하기 위해 여유를 만들었다. 어떤 업무에 집중해야 차별화된 결과를 낼 수 있는지도 알고 있었다. 회사가 무엇을 중요시하는지를 이해하고 있어 우선순위 설정에도 능했다. 비즈니스 동력이 무엇인지도 알고 있었다. 그는 회사에 끌려다니기보다는 영리하고 열정적으로 일하는 법을 제대로 알고 있었다. 상쾌한 컨디션을 유지하기 위해 적절한 경계를 설정할 줄도 알았다. 끊임없이 솟아나는 그의 에너지는 우연히 생긴 게 아니라 생활의 균형을 유지하는 방식에서 나온 것이었다. 그는 열심히 일했지만 또 그만큼 최선을 다해 놀았다.

우리 둘의 차이는 극명했다. 그는 일을 대할 때 에너지와 열정이 있었다. 항상 피곤하고 화를 잘 내고 생산성이 떨어지는 사람으로 변해가는 나와는 딴판이었다.

이 경험을 토대로 나는 두 가지 큰 교훈을 얻었고 마침내 커리어를 재정비할 수 있었다. 어느 때보다 급격히 성장했던 사례였다. '바쁘게 일해서 성과를 내고 있다는 착각에 빠지지 말자.'라는 깨달음을 얻었다. 이는 다음 장에서 살펴볼 또 다른 거짓에 관한 주제이기도 하다. 또 다른 깨달음이자 이 이야기에서 당신이 얻었으면 하는 교훈은, 직장 만족도와 직접적으로 연결된 원칙들의 흐름을 이해해야 한다는 것이다.

> 당신이 회사에 쏟는 충성심은 회사가 당신에게 (합리적으로) 보여줄 수 있는 충성보다 절대 크지 않아야 한다.
>
> 회사가 당신에게 주는 충성심은 당신이 몇 시간을 일하는지가 아니라 최근에 어떤 성과를 냈는지와 관련이 있다.
>
> 직장 밖의 삶이 우선시되어야 하며 이 우선순위를 책임지고 정할 수 있는 사람은 당신뿐이다.

"어떻게든 회사는 당신이 주는 충성에 보답할 것이다." 당신이 회사에 110%를 바치고 그에 상응하는 보상을 받지 못했을 때 비로소 이 말이 거짓말이라는 사실을 알 것이다. 사람들은 여기에 깊이 공감한다. 충분한 노동을 제공하는 것과 번아웃이 올 정도로 일하는 것 사이에서 어떻게 적정선을 찾아야 할지 모두가 고민하기 때문이다.

성공적인 직장 생활을 위해서는 개인과 회사 사이의 충성도 방정식이 개인에게 합리적이어야 한다.

오늘날 MZ세대는 마침내 충성심에 대한 보다 균형 잡힌 시각을 받아들이고 있다. 설문조사에 따르면 밀레니얼 세대 절반 이상은 직원 충성심의 개념이 너무 높이 평가되고 있음을 지각했다. 이러한 현실은 평균 근무 시간에서도 드러난다. 커리어빌더CareerBuilder의 조사에 따르면 Z세대 평균 재직 기간은 2년 3개월이다. 베이비부머 세대의 8년 3개월과는 상당한 차이를 보인다. 맥킨지앤컴퍼니는 이 세대에 대해 "청춘과 불안The Young and the Restless"이라는 절묘한 표현을 사용했다.[1]

나는 이 모습을 Z세대 딸에게서도 발견했다. 그녀는 원하는 곳 어디에서든 일한다. 한 주는 유럽에서, 한 주는 멕시코에서 일한다. 이따금 사무실에도 들른다. 추가 수입을 벌기 위해 부업도 시작했다. 넉넉한 휴가를 쓰는 데도 서슴없었다. 그녀의 관리자가 그녀를 불러 면담 시간을 잡으려 했을 때 나는 내 딸이 해고될 거라고 생각했다. 하지만 오히려 승진했다.

내 딸은 자신에게 맞는 충성 균형을 찾아냈고 그것은 고용주의 가치와 맞아떨어졌다. 대다수 직장인은 회사와 개인의 충성 균형을 찾아야 한다고는 느끼지만, 새 직장을 구해 다시 시작하는 것 말고는 방법이 없다고 여긴다. 이것이 이 장에서 다룰 내용이다. 당신은 충성에 대한 회사와 개인 간의 불균형한 시각을 교정하고, 누구에게도 알리지 않고 조용히 업무 시간에 더 많은 여유를 확보할 수 있는 실질적인 방법을 실행할 수 있다. 당신이 생각하는 것보다 당신은 스스로 상황을 변화시킬 수 있는 능력을 충분히 갖추고 있다.

회사는 직원이 주는 만큼 기꺼이 받아간다

회사가 당신을 각별하게 대할 수는 있어도, 대부분 사람이 기대하는 보답, 무한한 돈이나 안정적인 일자리 또는 완벽한 유연성을 제공하겠다고 약속해줄 수 없다. 회사가 할 수 있는 최선은 재정적으로 건전한 결정을 내려 당신의 일자리를 안전하게 지켜주는 일이다. 하지만 절대 깨지지 않는 약속은 어디에도 없다.

내가 근무한 회사의 CEO는 타운홀미팅에서 정리해고가 결단코 없으리라는 희망찬 발언을 했다. 정리해고가 시작되기 불과 6개월 전이었다. 그의 명예를 먹칠한 치명적인 실수였다. "잠시 멈춥시다. 회사에 덜 충성하세요. 그리고 어떤 결과가 발생하는지 지켜봅시다." 라고 회사가 언급하는 건 상상할 수 없다. 회사 DNA에 어울리지 않는 말이다. 역으로 단순히 생산성을 유지하거나 향상하려고 애쓰는 관리자의 행동 역시 잘못된 것이 아니다.

하지만 동시에, 끊임없이 충성을 다하는 게 자신의 임무가 아니라는 사실을 깨닫는 것도 중요하다. 극심한 번아웃과 게으름 사이 그 어딘가에는 자신이 성공적으로 처리한 업무에 대한 개인적인 자부심이 존재한다. 균형 잡기가 쉽지 않은 일이기는 하나, 에너지가 고갈되지 않은 상태에서 자신의 기여에 보람을 느끼고 퇴근하는 건 올바른 지향점이다.

나에게 상담을 받은 의뢰인 상당수가 회사 때문에 힘들어했다. 수년간 초과근무를 하면서 자신의 모든 걸 회사에 바쳤지만, 어느 날 정신 차리고 보니 번아웃에 시달리고 있었다. 열정을 완전히 잃거나 인원 감축의 희생양이 되어 일자리까지 잃었다. 반면 나와 같은 사람들은 천천히 조금씩 회사에 충성을 보이다가, 그 충성이 건강한 행복감을 낳지 않으며 성공적인 경력을 쌓기 위해 그만큼 희생할 가치가 없음을 깨닫는다.

　그들의 문제는 무너지는 도미노처럼 다른 문제들을 연쇄적으로 유발한다. 어떤 감정도 느끼지 못한 채 일에 흥미를 잃거나 더 나은 직장을 찾을 수 있기를 희망하며 회사를 그만둔다. 하지만 새 직장에 가도 형태만 조금 다를 뿐 문제는 고스란히 반복되기 마련이다. 이 모든 건 '회사가 직원들의 삶의 균형을 어느 정도 책임지고 있다.'라는 잘못된 믿음이 만연했기 때문이다.

　퍼주기만 하는 기계가 되어야 한다고 말하고 싶은 게 아니다. 희생을 하더라도 분별력과 계획성을 갖추고 해야 한다. 시간과 에너지를 투자했을 때 대가로 무엇을 받을 수 있는지 똑똑히 인식하고, 공정한 거래인지 평가하라. 공정하다고 생각되지 않으면 조치를 취해야 한다.

　배우자와 말다툼을 한다고 해서 이혼해야 하는 것이 아니듯, 여기서 조치를 취한다는 것이 다른 직장을 구해야 함을 의미하지는 않는다. 단 자신만의 건강한 경계는 있어야 한다.

사례 연구: 자신만의 경계를 지키며 커리어를 쌓는 것

나와 함께 일했던 직원 중에 능력이 뛰어난 소프트웨어 엔지니어가 있었다. 그는 승진 제안을 거듭 거절했다. 인사팀은 그에게 엔지니어 팀을 이끌어달라고 부탁했다. 하지만 그는 정중히 사양했다. 자신이 혼자서 일을 더 잘할 수 있는 사람이라고 생각해서였다. 그는 팀에 얽매이지 않을 때 창의성을 가장 잘 발휘했으며, 관리자의 자리에서는 자신의 강점이 억눌릴 거라고 판단했다.

인사팀이 그에게 핵심 제품 재설계를 지휘해달라고 부탁했을 때도 그는 거절했다. 하지만 다행히 다른 선택지도 있는 상황이어서, 그는 시작 단계부터 신제품을 만들 수 있는 프로젝트 관리를 택했다. 처음부터 자신이 직접 혁신할 수 있는 환경이라면 획기적인 제품을 만들 수 있으리라 믿었다.

'회사에서 너무 많은 거절을 하지 말라.'라는 이야기를 하려는 건가 걱정하는 사람이 있을까 봐 미리 말해두자면, 그렇지 않다. 회사에서의 거절이 절대 허용되지 않는다는 걸 말하고 싶은 게 아니다. 거절할 때 신중하게 결정해야 한다고 조언하고 싶다. 이 엔지니어는 이것을 정확히 실천했다.

회사의 제안을 마다했음에도 그는 여전히 팀에서 신망을 받았다. 비결이 무엇이었을까? 그는 자신이 가장 빛날 수 있는 환경을 알고 있었다. 아무리 승진 제안을 받는다 하더라도 회사나 본인에게 좋은 결과를 가져올 것 같지 않다고 판단하면 거절할 줄도 알았다.

그는 프로젝트를 맡는 내내 회사의 요구에 응한 적도 많았다. 중요한 마감일이 다가올 때면 추가 근무를 했다. 동료들에게 힘이 되어주며 그들을 도왔다. 그는 일관성 있게 행동했다. 행동 원칙은 단순했다. '상황을 개선하기 위해 할 수 있는 일이 있다면 하고, 상황이 악화할 것 같으면 거절하자.' 그는 거절의 말을 신중하게 사용했다.

자신만의 경계를 지켰던 그의 전략은 주효했다. 그리고 마침내 그는 회사에서 최고 수준의 베테랑 실무자인 수석 설계자가 되었다. 그에게 성공 비결을 묻자 이렇게 대답했다. "당신이 할 수 있는 일은 회사보다 당신이 더 잘 알고 있습니다."

이야기를 마치기 전에 질문을 남기겠다. "당신은 회사에서 경계를 설정해놓고 최고 기량을 발휘하는 모습을 보여주고 있는가? 아니면 당신의 경계 설정 부족으로 인해 장기적으로 본인과 회사에 악영향을 미치고 있는가?"

일과 삶의 밸런스

일과 삶을 균형 있게 만드는 건 회사의 책임이 아니다. 회사는 그러기 위해 세워진 곳도 아니고 그에 적합한 곳도 아니다. 관리자는 인생 코치가 아니다. 관리자는 주어진 제한된 자원을 활용해 예산과 팀 관리를 하도록 되어 있다. 내가 일을 끝없이 한다면, 관리자에게 나는 더 많은 충성을 바칠 직원이라고 인식될 것이다. 책임은 나에게 있다. 내 한계와 경계를 정하는 주체는 나 자신이다.

> 일과 삶의 균형을 이루기 위한 방정식에서 유일한 변수는
> 당신이다.

직원들의 일과 삶의 균형에 관심을 갖는 회사가 없다는 뜻이 아니다. 하지만 회사들이 이 주제를 놓고 영리하게 대책을 세우기 시작한 이유는, 그래야 생산성과 이익이 더 늘어날 수 있다고 믿기 때문이다. 이윤 추구의 목표에는 변함이 없지만 목표를 달성하는 섬세한 방법을 발견한 것이다.

'의식이 깨어 있는' 회사에서조차 각 직원의 적절한 업무 로드를 정하는 일은 매우 복잡한 문제다. 사람마다 일하는 속도도 다르고, 합리적으로 수용하고 성취할 수 있는 업무량도 다르다. 누군가에게는 균형적으로 보여도 다른 사람에게는 아닐 수 있다. 번아웃을 겪지 않으면서 성취감을 얻기 위해 자신만의 경계를 설정하고 적절한 균형을 맞춰야 하는 당사자는 바로 당신이다. 균형 잡힌 회사 생활이 무엇인지 관리자가 알고 있다 해도, 더는 업무를 소화하지 못하겠다는 말을 듣기까지 당신에게 계속해서 일을 줄 것이다. 관리자는 직원의 능력이 한계치에 달했음을 알 수 있는 마법 수정 구슬을 가지고 있지 않다. 사실 이것은 그다지 과학적이지 않다. 개인에게 맞는 업무 로드를 파악하는 일은 적절한 보상을 결정하는 일과 유사하다. 예민한 문제다. 올바른 한계를 설정하는 데 당신의 역할은 중요하다.

"하지만 그 일을 다 하지 않으면 나는 해고될 거예요." "그렇긴

하지만 제가 계속 이렇게 열심히 일하지 않으면 회사는 저를 해고할 거예요." 나는 이 말을 솔하게 들었다. 이러한 사고방식을 함께 되짚어보고 빠르게 리프레임하자. 일을 다 처리하지 못하면 해고될 가능성이 아예 없다고는 말할 수는 없겠지만, 자신을 위한 건강한 경계선을 그어놓으면 대부분 문제가 없다. 당신이 할 수 있는 건강한 경계 설정은 주변인들에게 거창하게 알리지 않고도 가능하다. 나이키의 영원한 모토처럼 말이다. "저스트 두 잇Just Do It."

> 당신보다 일을 '덜' 하지만 에이스로 여겨지는 사람은 어디를 가도 있다.

일과 삶의 균형과 개인적인 업무 경험을 자신의 힘으로 통제할 수 있음을 깨닫기 전까지 나는 잘못된 인식을 가지고 있었다. 당신 역시 그 동일한 인식에 빠졌을지도 모른다는 생각이 든다.

회사에서 본인보다 '덜 열심히' 일하는 직원을 떠올려보라고 의뢰인들에게 물으면 언제나 그렇듯 그들은 몇몇 이름을 늘어놓는다. 그러고는 덜 노력해도 불이익을 받지 않고 살아남는 직원들에 대해 불만을 표출했다. 여기에 숨은 모순을 알아챘는가? 덜 열심히 일하는 주변 직원들을 관찰하며 불만을 느낀 의뢰인들은, 정작 자신의 현재 업무 결과에 조그마한 변화라도 생기면 즉시 해고되어도 이상할게 없다고 여긴다. 흥미로운 일이지 않은가. 우리의 시각에서 타인의 직업을 바라볼 때 우리는 그 직업이 안전하다고 생각한다는 사실이 분명하게 드러난다. 반면 나 자신은 타인과 같은 방식으로 행동해도 다른 기준에 의해 평가될 거라고 믿는다.

일에 대한 헌신에 작은 변화만 주어도 팀에 크게 기여할 수 있다. 팀의 에이스로 평가받는 사람들을 관찰해보면, 이들은 더 많은 양의 일을 처리하는 것이 아니라 회사에 의미 있는 방식으로 올바른 일을 수행하는 데 능하다. 혼란 속에서도 안전하게 자신만의 여유를 가질 수 있다.

나를 증명하다

나는 이런 반박을 자주 듣는다. "그래도 저는 제가 믿을 수 있는 직원이라는 걸 회사에 증명하고 싶어요. 자리만 잡고 나면 원래의 페이스로 돌아갈 수 있어요." 그럼 나는 "헤어나기 힘든 함정에 스스로 빠져들고 있는 겁니다."라고 대꾸한다. 처음부터 너무 열심히 빠르게 일하는 건 100m 달리기 속도로 1,000m 경주를 하는 것과 같다. 우리는 초반의 페이스를 유지하기 위해 불가능할 정도로 높은 기준을 설정한다. 여기서 페이스는 남은 직장 생활에 영향을 미칠 수 있다는 점에서 중요하다. 만약 당신이 '맹렬하게 일하다가' 주춤하는 모습을 보인다면 관리자는 '왜 갑자기 이 직원의 생산성이 줄어들었지?' 하고 당신을 이상하게 여길 것이다.

최선을 다해 탄탄한 성과를 내는 일이 모두가 추구해야 할 목표인 건 맞다. 다만 이때 현실적인 페이스를 유지한다면 적어도 커리어가 무너지거나 당신에 대한 관리자의 인식이 부정적으로 바뀔 일은 없을 것이다. 똑똑하게 일한다면 생산성도 타격을 받지 않을 것이다. 당사자가 아닌 다른 누군가가 과연 이 미묘한 변화를 알아차릴 수 있을까? 나는 그렇지 않다고 본다.

자신에게 어느 정도 여유를 주면 에너지와 열정이 더 솟을 것이다. 일에 다르게 접근할 수 있는 신선한 관점이 생길 것이다. 하지만 이것은 스스로 결정할 문제다. 관리자에게 당신을 증명할 수 있는 증거가 과로에 지친 피폐한 영혼밖에 없다고 생각한다면, 그 선택을 해도 된다. 그러나 내가 보기엔 더 나은 길이 있다.

> 초과근무가 충성의 제단에 바칠 수 있는 가장 큰 제물이라고 생각한다면 틀렸다. 당신에게 돌아올 것은 당신이 페이스를 꾸준히 유지할 거라는 관리자의 기대감 말고는 없다.

희생 끝에 당신은 권태와 번아웃에 빠지고 혹사당할 것이다. 이것을 일찍이 깨달은 나의 동료가 그랬듯, 직장 만족도와 성과 면에서 장기적인 성공을 위해서는 더 신중한 선택을 하고 올바른 일해야 한다.

경중을 파악하면 시간을 돌려받는다

나는 경험을 통해 어떤 일에 종사하든 누구나 자신의 업무와 그 업무의 실행 순서를 지혜롭게 관리하면 10%의 시간을 되찾을 수 있다는 확신을 갖게 되었다. 이것을 '10%의 기적'이라고 부른다. 실행이 매우 쉽고 효과도 즉각적이다. 일이 아예 줄어들거나 당신에 대한 타인의 기대치가 바뀌지는 않지만, 계획적인 업무 수행이 가능하다. 이것이 바람직한 균형을 이루어 비즈니스의 중요한 성과를 얻을 수 있는 첫걸음이다. 한층 분석적인 시각으로 일의 우선순위를 정하면 당신은 귀중한 시간을 돌려받을 것이다.

10%의 시간을 되찾는 가장 효과적인 방법은 무엇일까? 시간을 어디에 사용하고 있는지 명확히 아는 것이다. 우리는 하루가 흘러가게 내버려두기만 할 뿐, 우선적으로 노력을 기울여야 하는 중요한 일이 무엇인지 정확히 파악하지 못한다. 스티븐 코비는 시간 관리를 설명하면서 훌륭한 시각 자료를 활용한다. 탁자 위에는 병 두 개가 놓여 있다. 왼쪽 병은 맨 아래층에 모래를, 그 위에는 작은 자갈을, 마지막에는 자갈보다 더 큰 돌을 채운다. 큰 돌은 병에 다 들어가지 않는다. 오른쪽 병은 가장 먼저 큰 돌을, 그 위에 자갈을 채웠는데 이 자갈은 큰 돌들의 틈새를 메웠다. 맨 위에는 모래를 채웠는데 이 모래는 자갈들의 틈새를 꽉꽉 채웠다. 오른쪽 병에는 모든 돌을 안정적으로 집어넣을 수 있는 여유 공간이 있다. 이 두 병은 당신의 하루 시간을 나타낸다. 모래는 가장 중요하지 않은 업무를 의미하고, 돌의 크기가 클수록 완수해야 하는 중요한 업무(핵심 목표와 관련된 업무 또는 마감일이 있는 프로젝트)임을 뜻한다.

제일 중요한 업무는 맨 먼저, 중요도가 떨어지거나 자잘한 일은 그 후에 한다. 이렇게 체계적으로 일을 해야 한다는 것이 요지다. 이 가르침은 수십 년간 내 머릿속에 있었다. 업무량의 압박으로 다시 균형을 잡아야 할 때마다 나는 하루를 시작하고 마무리할 때 우선순위

〈그림 8-1〉 순서가 중요하다

를 신속하게 점검하고, 똑똑하게 더 많은 일을 할 수 있는 구조로 시간을 조직화했다.

당신의 10%를 찾아라. 간단한 계산을 해보자. 근무 시간은 8시간 또는 480분이다. 이것의 10%는 48분이다.

하루에 회의를 하나씩 줄이는 방법이 있다. 온종일 이메일에 매달리지 않고 하루에 한 번 이메일 처리에 집중하는 방법도 있다. 이렇게 하면 이메일 습관이 개선될 수 있고 회의의 능률이 올라갈 것이다. 번거로운 행정 업무의 일부를 아웃소싱하거나 일할 때 알림 기능을 꺼버리는 것도 대안이 될 수 있다. 비생산적인 일에 시간을 낭비하고 있는 자신을 발견하는 순간 즉시 그것을 중단하라.

시간 낭비 활동 골라내기

시간을 낭비하는 활동에서 중요한 활동으로 주의를 전환해 하루 10%의 시간을 되찾을 수 있다. 하루 동안 시간을 버리는 활동에 몇 분 또는 몇 시간을 소모했는지 확인하라.

시간 낭비 활동	소비 시간
답장할 필요가 없는 이메일을 읽는 데 시간을 얼마나 소비했는가?	_____
이메일을 회신하거나 정리하는 데 시간을 얼마나 소비했는가?	_____
쓸데없는 회의, 짧은 대화나 이메일로 해결 가능한 회의에 시간을 얼마나 소비했는가?	_____
전화 통화를 기다리는 데 시간을 얼마나 소비했는가?	_____
잡담이나 휴식에 시간을 얼마나 소비했는가?	_____

중요 업무 골라내기

이제는 정반대로 반드시 진척시켜야 할 작업에 얼마나 시간을 투자하는지 살펴보자. 책임져야 하는 주된 목표나 결과에만 집중하기를 바란다. 중요 업무에 얼마나 시간을 투자했는가?

시간을 다 더하면 8시간이 채 되지 않을 것이다. 이론상 나머지 시간은 다른 일들로 채워지고 있는 셈이다. 이 숫자를 보니 두 가지가 궁금해진다.

중요 업무	투자 시간
부서 목표에 관련된 업무에 시간을 얼마나 투자했는가?	_____
프로젝트 진행 속도를 높이거나 기존 프로세스에 더 많은 가치를 부여하는 일에 시간을 얼마나 투자했는가?	_____
의미 있는 변화를 가져온다고 생각되는 일에 시간을 얼마나 투자했는가?	_____

1. 주요 프로젝트와 우선순위 업무에 ○시간만 투자하고 있다면, 나머지 시간은 어떻게 쓰이고 있는가?
2. 다른 작업에 사용된 시간을 회사가 중요하게 생각하는 것 같은가? 그게 아니라면 그 작업을 하고 있어서는 안 된다.

더 깊이 들어가보자. 스스로에게 질문을 던져라.

- 중요한 작업에 투자한 시간이 너무 적다는 사실에 당황했는가?
- 무의미한 일에 많은 시간을 소모했다는 사실에 실망했는가?
- 일부 회의를 없앤다든지, 이메일 처리 시간을 정해둔다든지, 이메일 처리 시간을 절약할 수 있는 팀 방침을 마련하는 등의 방법을 찾을 수 있는가?
- 지금 하고 있는 일 중에서 계속 진행할 만큼 중요하지 않은 것이 있는가?

나의 의뢰인들은 위의 과정을 통해 기적 같은 10%의 시간을 찾았고 근무 시간을 새로운 눈으로 바라볼 수 있었다. 대부분은 시간을 낭비하는 활동에 한 가지 변화를 주는 것만으로도 10%의 시간을 곧바로 찾는다. 자신이 하는 일들이 회사에 중요한지의 관점으로 업무를 재고함으로써 20% 이상까지 되찾기도 한다.

당신의 해결책이 무엇이 됐든, 모든 것은 현 상황을 정직하게 평가하고 '하루 시간에 모든 일을 끼워 넣는다.'에서 '전체적으로 더 효과적인 근무 계획을 세울 수 있다.'로 사고방식을 리프레임하는 것에서 시작한다.

밤낮으로 녹초가 되었다면 할 일

자기 자신을 돌보는 행위는 충성도 방정식의 균형을 바로잡는 또 하나의 방법이다. 자신을 돌본다고 해서 꼭 안식년을 보내거나 휴가를 신청하는 행위일 필요는 없다. 영혼에 생기를 불어넣는 작고 소소한 변화면 된다. 나는 일과 삶의 관계에 즉각적인 변화를 가져다주는 세 가지 버킷을 정했다.

당장 실행할 수 있는 버킷

다른 사람들에게 떠들썩하게 알리지 않아도 되는 것들이다. 지금 당장 뛰어들어 시작할 수 있고 그 즉시 당신에게 안도감을 줄 것이다! 일자리가 위험해지거나, 다른 누군가에게 일과 삶의 불균형 문제를 해결해달라고 요청하는 항목은 없다. 다음에 등장하는 변화들을 통해 당신은 통제력을 되찾고, 스스로 균형을 유지할 수 있는 힘이 있음을 발견할 것이다.

- 하루 두 번 10분씩 스트레칭이나 명상을 하며 휴식을 취하라.
- 식사를 책상에서 대충 하지 말고 적어도 30분 식사 시간을 가져라.
- 일주일에 한 번은 업무에서 벗어나 3시간 정도 휴식을 확보하라.
- 해당 연도 연차 계획을 세우고 반드시 사용하자.
- 매달 최소 한 번은 연차를 주말에 붙여 짧은 휴가를 즐기자.
- 동료나 친구에게 감사를 표현하는 메모를 적자. 그들의 재능을 칭찬하거나 감사의 마음을 전하자.
- 친밀하지 않은 동료에게 그들의 특별한 점을 공유해달라고 물으며 5분 정도 이야기를 나누자.
- 직무에 도움이 될 만한 강의 일정을 잡자.
- 더 깊이 알고 싶은 사람과 한 달에 한 번씩 점심을 함께하라.
- 퇴근 후와 저녁에는 스마트폰을 끄고 미디어를 멀리하라.
- 스트레스 받을 때는 하던 일을 잠시 내려놓고 고등학교 때 즐겨 듣던 노래를 크게 틀자.
- 업무 부하를 점검하고, 시장조사나 프레젠테이션 또는 단순 행정 등의 일을 외주로 넘기자.
- 출근 후, 점심 시간, 퇴근 전 등 하루에 딱 세 번을 정해 그 시간에만 이메일을 확인하도록 하라.
- 전날 밤에 그다음 날 업무 우선순위를 검토하라.

상의가 필요한 버킷

경계 설정과 근무 시간 조정이 포함된다. 이런 변화는 관리자가 쉽게 알아채기에 최소한 관리자와 먼저 대화하는 게 좋다. 아래의 변화 항목은 분란을 일으킬 만한 것들이 아니다. 대부분의 경우 관리자의 지지를 얻을 수 있다. 꼭 상의하지 않아도 되지만 더 견고한 협력 관계를 구축하려 한다면, 적어도 관리자에게 다가가 변화를 알리는 편이 현명할 것이다.

- 회의의 필요성을 검토하고 참석할 필요가 없는 회의라면 불참을 요청하라.
- 관리자의 우선순위 업무를 매주 살피자.
- 야근이나 주말 근무에 대한 자신만의 기준을 설정하라.
- 회의가 없는 시간대를 정해두자.
- 단순 업데이트 회의를 이메일로 대체하고, 구체적인 해결책을 모색하는 회의로 전환하자.

쉽지 않은 버킷

위험성이 큰 만큼 얻을 수 있는 것도 많다. 자원을 요청해야 하는 까닭에 여러 번 심호흡하고 준비해야 한다. 관리자와 회사의 최우선 목표는 돈과 관련되어 있음을 기억하라. 적절한 제안과 대화가 필요하다. 다시 말해 당신의 업무 만족도에 관한 중요한 대화를 해야 할 때다. 성취하기도 어렵고 위험성도 크지만, 다른 버킷이 문제를 충분히 해결하지 못한 상황이라면 의미 있는 결과를 낳을 수 있다.

- 업무가 몰린 급한 시기에 임시 지원을 부탁하라.
- 자원의 추가 제공을 요구하라.
- 팀원들의 업무 책임 재분배를 건의하라.
- 업무량이 많을 때 팀원들이 서로서로 도울 수 있도록 역할 바꾸기 트레이닝을 관리자에게 제안하라.
- 다른 진로나 직무를 탐색하라.

자기 자신보다 회사를 우선시하는 습관이 밴 사람들은 이러한 버킷들과 각각에 속한 변화 방법들을 대수롭지 않게 여기곤 한다. 정신 건강을 위한 경계 설정의 중요성을 쉽게 망각한다. 만약 당신이 밤낮으로 녹초가 되어 있다면, 그런 생활을 자초하고 있는 것이다. 시간을 확보하기 위해 갖은 수를 써 봐도 개인이 감당할 수 있는 수준에 비해 너무 많은 일이 기다리고 있다면, '선택과 집중'이 필요한 타이밍이다.

'선택과 집중'을 위한 대화

"네, 제가 그 일을 하겠습니다." 또는 "그 일을 못하겠습니다." 이 중 하나를 대답하는 것 말고도 대안이 존재한다. 바로 '선택과 집중'을 위한 대화다. 직원은 스스로 우선순위를 정하여 자신의 업무를 관리할 수 있고, 관리자는 직원의 업무를 전체적으로 파악하고 업무 중요도에 조언을 할 수 있다. 본질적으로 이 대화는 업무 우선순위, 그리고 비즈니스 목표 달성에 필요한 것들을 상의하는 시간이다. 이를 통해 관리자는 우선순위 업무 목록에서 무엇을 제외해야 하며, 반대로 1순위로 놓아야 할 업무는 무엇인지 직원과 협의하여 결정한다.

우리의 직장 생활은 무리한 프로젝트, 예산 문제, 제안 등으로 가득 차 있을 것이다. 영업팀은 도무지 달성할 길 없는 판매 목표치를 요구받는가 하면, 인사팀은 채용 인원 증가에 동원할 인력이 없는 상태에서 채용 목표를 세워야 하고, 고객지원팀은 기술적 지원도 받지 못하고 통화 시간 감소와 고객 만족도 향상에 대한 지시와 압박을 받는다. 직원은 추가 인력이나 도구 없이 더 높은 기대치와 더 대단한 성과를 요구받는다. 이런 일들은 번아웃의 원인이다.

대체로 사람들은 갈등을 피하기 위해 성공시키기 어려운 프로젝트를 저항 없이 떠맡는다. 아무리 현실성 없는 프로젝트라 하더라도 자신에게 주어진다면 짊어지고 간다. 그 결과가 특별히 성공적일 때도 더러 있지만, 이로 인해 생긴 기대는 앞으로 실망만 초래할 뿐이다. 업무량이 계속 증가되면 일반적으로 성과는 저조해지며, 직원들의 업무 참여 감소가 이어진다. 그리고 종국에는 퇴사로 이어진다.

이 수순을 밟기 전에 우선순위 협상 방법을 배워 보면 어떨까? 커리어를 전문적으로 성장시키고 싶다면 협상 능력이 필요하다. 사회 초년생 때 협상의 기초를 익혀 두면 정신 건강을 지킬 수 있다.

협상 대화에는 '작용에는 반작용이 따른다.'라는 아이디어가 깔려 있다. 앞으로 업무가 늘어나거나 예산 또는 인력이 줄어들 예정이라면 이에 따른 결과가 나타날 것이다. 회의 시간에 나의 부서 가운데 한 곳의 예산이 30% 삭감될 거라는 얘기를 들었던 상황을 기억한다. 그때 나는 이렇게 대답했다.

"물론 그럴 수 있습니다. 돈을 절약하기 위해 필요한 결정이라면 저도 동의합니다. 그러나 예산을 30% 삭감하고 서비스를 그대로 유지하자고 하신다면 동의할 수 없습니다. 관리자 교육 프로그램과 우수 성과자 멘토링 프로그램은 폐지해야 할 것입니다. 이 프로그램들의 폐지에 찬성하지 않으신다면 다른 프로그램을 고민해보겠습니다. 다만 30% 깎인 예산으로 이전과 모든 걸 동일하게 운영하지는 못합니다. 예산을 삭감하기로 한 선택은 곧 프로그램을 폐지하기로 한 선택이나 마찬가지입니다. 저는 우리 부서의 새로운 기대치를 다시 명확히 설정하고 싶습니다. 그래야 모두가 한뜻이 될 수 있을 겁니다."

이러한 대화는 현재 하려는 선택과 그에 따른 결과를 분명히 밝히는 데 도움이 된다. 부서 또는 회사가 어떤 부분에 동의나 거절 의사를 표하는지 파악하고 관점을 맞춰갈 수 있는 방법이자 명확한 이해를 할 수 있는 강력한 도구다. 사내 프로그램이 갑작스럽게 폐지되는 걸 막을 수 있는 효율화 방안은 찾을 수 있지만, 예산이나 인력이 감축된 상황에서도 모든 운영을 그대로 유지할 수 있다고 보는 건 비현실적이다.

마지막으로 이러한 대화는 매주 우선순위와 기대치를 지속적으로 조정할 수 있는 효과적인 방안이 된다. 이것은 프로젝트 관리 도구의 역할을 하여 관리자와 직원이 언제나 동일한 목표를 바라볼 수 있게 한다.

스크립트: '선택과 집중'을 위한 대화

- 우리 부서가 긍정적으로 보이는 것은 중요합니다. 저는 우리 부서가 그렇게 보일 수 있도록 조직에 기여하는 믿음직한 직원이 되고 싶습니다. 시스템을 구축해 비즈니스에 유용하고 복잡한 문제를 해결하려 하시는 팀장님의 노력을 존중합니다. 저도 거기에 기여하고 싶습니다.

- 지금 가진 고민을 팀장님의 도움을 받아 해결하고 싶습니다. 최선을 다해 고민해봤어요. 팀장님의 의견은 어떤지 궁금합니다. 맡은 일을 완료하고 또 잘 해내기에는 저에게 주어진 시간이 턱없이 부족합니다. 업무 우선순위를 몇 가지 정했는데 조언을 해주셨으면 합니다. 우선순위를 명확히 하지 않으면 중요한 프로젝트를 놓치거나 프로젝트 품질에 차질이 생길 것입니다.

- 가시적이고 전략적인 계획을 성공적으로 수행하기 위해 제가 담당한 프로젝트들의 우선순위를 어떻게 정하면 좋을지를 말씀드리겠습니다. 저는 우선순위 설정이 제대로 되었는지 확실하게 짚고 넘어가고 싶고, 이 부분과 관련하여 어떤 부분도 놓쳐서는 안 된다고 생각합니다.

- 최선의 노력을 다해 모든 일을 완수하겠지만 그게 어렵다면 회사와 제가 생각하는 가장 중요한 우선순위가 같은지 점검하고 싶습니다.

관리자가 "하지만 모든 일을 다 해야 합니다."라고 반론할 때

- 올바른 선택을 내리는 건 성공에 매우 중요할 것입니다. 만약 우리가 모든 일을 다 해야 한다면 가장 눈에 띄고 중요한 프로젝트를 탁월하게 수행하지 못할 가능성이 높습니다. 선택해주세요. 저는 업무 진행 속도를 더 높이고 더 효율적으로 해결하기 위해 할 수 있는 노력을 다한 상태입니다.
- 우리가 동의하는 일, 아직 동의하지 않는 일을 결정할 수 있다면, 저는 우리가 동의한 일들만은 효과적으로 수행하겠다고 약속합니다.
- 팀장님이 저를 포함한 모든 팀원의 실패를 바라지 않는다는 점, 우리 부서의 목표 달성을 저처럼 원한다는 점을 잘 알고 있습니다. 우선순위에 대해 혹시 저와 다른 의견을 갖고 있는지요?

우리는 회사보다 자신에게 더 충실해야 한다. 회사는 언제나 회사의 필요를 최우선으로 고려한다. 일과 삶의 균형에 있어 당신을 가장 잘 대변할 사람은 당신이다. 그 책임을 회사나 상사에게 위임하는 순간 탁월한 성과를 이루는 것은 먼 이야기가 되어버린다.

여유 시간을 확보한다면 직장에서 찾고 있는 만족감을 성공적으로 되찾을 것이다. 자신이 업무에 어떻게 접근하는지 의식적으로 생각하고 여유를 만든다면, 일자리가 위태로워지는 일 없이 상황을 바꿀 수 있을 것이다.

10%의 시간을 되찾고 20%의 목표를 더 달성하기 위해 노력하라! 큰 혼란 없이도 변화를 만들어내는 자신의 능력에 놀랄 것이다.

남아 있는 과제

큰 바위(가장 비중 있고 영향력 있는 업무)와 자갈이나 모래(자잘한 업무)가 가득 담긴 본인만의 유리병을 그려보자. 당신이 현재 시간 관리를 어떻게 하고 있는지 시각화하여 작업 방식을 변경할 기회가 있는지 살펴보고 가장 중요한 일을 확실히 끝낼 수 있도록 하라.

9장.
번아웃에 얽힌 거짓

> **거짓** 해결책은 일을 덜 하거나
> 어떻게든 일을 다 끝내거나 둘 중 하나다.
>
> **진실** 속도를 늦추면 당신의 뇌는 능률을 얻는다.

1980년대 미국에서 인기를 끌던 공중보건 광고가 있었다. 마약의 위험성을 부각하고 시청자에게 마약을 끊도록 15초 만에 설득하는 광고였다. 처음에 계란 이미지가 등장하면서 "이것이 여러분의 뇌입니다."라는 목소리가 들리는 것으로 광고가 시작한다. 그다음 계란이 깨지고 뜨겁게 달구어진 프라이팬으로 떨어진다. 계란이 프라이팬 표면에 닿자마자 지글거리며 익기 시작한다. 그때 "이것은 마약에 닿은 당신의 뇌입니다."라는 음성이 흘러나온다. 4초 동안 계란은 지글지글거리며 탁탁 튄다. 이 순간 뇌가 튀겨지는 모습을 상상하지 않을 수 없었다.

이 광고는 여러 상을 받을 만큼 어마어마한 효과를 일으켰다. 다른 마약 예방 마케팅 활동을 모두 합친 것보다 마약 복용을 감소시키는 데 크게 기여했으며, 92%의 청소년이 이 광고를 시청했다고 보고되기도 했다.[1] 나는 이 광고를 생생하게 기억한다. 성인이 되고도 떠올릴 수 있는 몇 안 되는 광고였다.

당신의 뇌가 업무 과부하 상태에 노출될 때 이와 같은 충격적인 일이 발생한다. 뇌는 꾸준한 자극을 받은 상태에서는 제대로 작동하지 않는다. 12시간 근무를 이어 하거나 점심이나 휴식을 계속 거르면 시간이 지나면서 서서히 해로운 결과가 나타난다. 뇌는 놀라울 정도의 회복력을 갖추고 있지만, 그런 환경에서 오랜 시간 머문다면 뇌는 휴식을 간절히 원할 것이다.

나는 번아웃 극복 방법을 알려주는 일을 업으로 삼고 있지만 책을 집필하는 동안에는 가족 문제, 죽어라 매달려 성장시킨 사업, 정신없는 일정 속에서 틈틈이 원고를 쓰며 압박을 느꼈다. 아직까지 나에게 번아웃은 끊임없이 치열하게 고민하고 개선해야 하는 문제다. 긍정적인 면은 고된 일상 속에서 균형을 찾으며 더 큰 생산성을 발휘하기 위해 계속 노력하고 있다는 점이다.

업무 과부하 시간이 길어지면 그만큼 생산성이 줄어든다. 12시간 근무 후 유튜브 영상을 보면서 무언가를 수리하려고 하는 건 금물이다. 새벽 12시에 불면증 치료 약을 복용하고서 잠깐이라도 이메일에 답장해서는 안 된다. 확실히 말할 수 있는 건, 하루에 많은 활동을 꾸역꾸역 집어넣는다고 생산성이 증가하지는 않는다는 점이다. 핵심은 업무 자체에 있는 것이 아니라 뇌 기능을 어떻게 활용하느냐에 달렸다. 뇌는 실로 놀라운 기계이며 심한 혹사도 견딜 수 있지만, 휴식이라는 보상 없이 무한히 활동할 수는 없다.

애당초 인간은 종일 일해도 되게끔 만들어지지 않았다. 과로에 따라오는 가장 원초적인 문제인 수명 단축은 제쳐두더라도, 실질적으로 우리가 달성하려 하는 '업무 생산성'에 영향을 미친다. 2016년 인적자원관리협회The Society for Human Resource Management에서는 직장인 5명 중 1명이 주 60시간 이상 일하며 50%가 번아웃을 경험한다는 충격적인 통계를 발표했다.[2] 팬데믹 이후 최근 데이터에 따르면 밀레니얼 세대의 84%가 번아웃을 호소하고 있다고 한다. 불과 몇 년 만에 30%가 증가했다. 뇌가 지쳤다는 생각이 든 적이 있다면 당신도 번아웃을 의심해봐야 한다.

그런 당신에게 중요한 이야기를 하고자 한다. 주 60시간(혹은 이에 가까운 시간)만 근무하는 것은 해결책이 될 수 없다. 문제를 면밀히 살펴보고 막대한 손해가 무엇인지 깨닫는 것이 중요하다. 만약 당신의 해결책이 같은 일을 더 빨리 또는 더 오랫동안 하거나, 밀린 일을 '따라잡기' 위해 계속 자신을 몰아붙이는 것이라면 처음부터 잘못되었다. 속도를 높이려고 한다면 결과는 실패와 번아웃일 뿐이다.

이 장에서 실패와 번아웃을 피하는 방법과 이 지경에 이르기 전에 뇌가 보내는 신호를 인식하는 방법을 알아볼 것이다. 그에 앞서 생산성에 관한 오해들을 없애자.

번아웃으로 이끄는 오해들

앞에서 논의한 대로 일하는 하루를 재구성하는 방법이 존재한다. 효율적인 시간 관리 기술을 통해 충성심을 균형 있게 유지하는 방법은 업무 과부하를 해결하는 데 도움이 된다. 하지만 다른 관점도 있다. 이것은 구체적으로는 당신의 뇌와 관련이 있다. 사람들은 과로를 해결하는 방법에 대해 효과적이지 못한 생각을 갖고 있다. 이러한 사고 패턴은 문제를 악화할 뿐이다.

당신의 뇌가 당신에게 전달하려는 메시지를 주의 깊게 듣기만 해도, 과도한 에너지를 투입하지 않고도 더 많은 성취를 이룰 수 있다.

오해 1. 되는대로 밀어붙이면 업무를 따라잡을 수 있어

더 오래 일하면 업무를 따라잡을 수 있을 거라는 믿음은 다가갈수록 멀어지는 신기루에 불과하다. 이 전략을 장기간 사용하면 좋지 않다. 스스로 의식하지 못할 수 있는 패턴을 만들어내기 때문이다. '더 열심히 일하기'는 내가 오랫동안 사용한 전략이었다. 이것이 습관으로 굳어질 때까지 나는 스스로 그렇게 하고 있었다는 사실조차 몰랐다.

밀린 일을 따라잡기 위해 애쓰는 것은 업무가 쌓이기 시작할 때 보통 제일 먼저 취하는 행동이다. 죽도록 노력하고 박차를 가하면 업무 부담이 줄어들 거라는 희망에 부푼다. 하지만 이 꿈이 실현되는 경우는 매우 드물다. 여기서 얻을 것은 더 많은 업무 뿐이다. 그럼에도 우리는 마지막까지 박차를 가하면 상황을 해결할 수 있기라도 하듯 행동한다. 하지만 그런 일은 거의 없다.

오해 2. 이직하면 상황이 나아질 거야

과로를 '치유'하는 유일한 방법은 퇴사와 같은 파격적인 변화라고 잘 못 생각하기 쉽다. 하지만 새롭게 시작하면 약간의 안도감은 얻을 수 있을지언정 대개 그 효과는 일시적이다. 애초에 문제의 원인이 자신의 경계 설정에 있으므로 결국 실패로 끝난다. 직장인들은 분명 상황을 변화시키고 싶어 한다. 그러다 끝없는 과로의 굴레에 빠지고 효과적인 전략과 도구를 갖추고 있지 않을 때 그들은 끝내 이탈하고 만다.

이 일련의 과정이 지나친 업무 부담에서 기인하는 거라면 퇴사라는 선택은 문제를 장기적으로 해결하지 못한다. 단기적으로 보면, 개인들은 일과 삶의 균형을 장점으로 내세우는 회사의 홍보를 들을 때 높은 희망을 안고 새로운 시작을 하기로 결심한다. 운이 좋게도 균형이 보장된 직장을 구하는 사람도 더러 있다. 하지만 개인적인 경험으로 비추어 볼 때 패턴은 종종 비슷하게 반복된다. 그 패턴이 다시 드러나기까지 시간이 걸리더라도 말이다.

사람들은 새 직장에 들어가 처음 몇 달간은 자신의 능력을 입증하려 애쓴다. 그러다 관리자의 신임을 얻으면 점점 더 많은 업무를 받는다. 예전 회사에서 자신의 역할이 중요하지 않다고 생각했던 사람이 새로운 회사에서 쓸모를 느끼는 건 황홀한 일이다. 여기서 끝이면 얼마나 좋겠는가. 하지만 최고 성과자가 되는 것은 더 많은 책임을 지는 것과 직접적인 연관성이 있다. 내재적 보상이 있는 까닭에 우리는 더 많은 일을 하도록 동기를 얻는다. 새 직장에서 1년쯤 지나면 같은 문제가 다시 일어난다는 사실에 놀라지 말자. 어떤 직장에 가든 문제의 원인은 당신이다.

적절한 경계 설정을 못하거나 똑같은 비효과적인 방식으로 과로를 해결하려 한다면 어느 직장을 가든 번아웃이 올 것이다.

전부 당신의 잘못이라고 말하고 싶은 게 아니다. 업무 과부하의 책임은 회사와 관리자, 개인 모두에게 있다. 이직이 항상 어리석은 해결책이라고 비판할 정도로 나는 단순하지 않다. 이직이 좋은 전략일 때도 있다. 하지만 종종 사람들은 자신의 문제 패턴을 몰라서 자신이 어떻게 상황을 악화하는지 인식하지 못한다. 자신의 경험이 달라지기를 기대한다면 평소의 생각 패턴('더 열심히 일하면 밀린 일을 다 따라잡을 수 있어.')을 알아차리고 나쁜 습관을 버려야 한다.

오해 3. 일을 덜 하는 게 답이야

업무를 더 많이 끝내기 위해 자신을 압박하고 또 압박하는 대신 '일을 덜 하면 되지.'라고 생각할지도 모르겠다. 듣기에는 논리적이다. 업무를 덜어내는 것이 우선적으로 취해야 하는 행동처럼 보일 수도 있다. 물론 업무 재할당도 해결책이지만, 일을 덜어내는 것이 최고의 또는 유일한 해결책이라는 판단은 지나치게 단순하다.

업무를 처리해야 한다는 강박을 잠시 내려놓고 창의성을 발휘할 수 있도록 뇌에 여유를 주어라. 자신을 혹사해 목표 업무량을 따라잡으려 하거나, 회사를 그만두거나, 일을 덜어내는 방법 외에도 번아웃을 해결할 수 있는 길은 많다. 업무 시간과 방법을 고민하면 각자의 리듬에 맞춰 일할 수 있을 것이다.

뇌가 보내는 구조 신호

뇌에 대해 알고, 스트레스 상황에서 뇌가 어떻게 반응하는지 이해하는 것은 유용하다. 뇌는 피로해지면 제대로 작동하지 않는다. 정보 처리 속도가 줄어들고 활력을 되찾을 때까지 더디게 움직인다. 역설적으로 뇌는 더 적은 일을 하면 더 많은 일을 처리할 수 있다. 산소가 생존에 없어서 안 되듯 무언가에 지나치게 몰두하다가 휴식을 취하는 것은 뇌에 필수적이다. 중간중간 쉬면서 일하면 목표 달성 확률이 높아지지만, 쉬지 않고 더 열심히 더 오래 일하면 그 확률은 낮아진다. 우리 뇌는 우리가 해야 할 일을 더없이 명확하게 지시하고 있다.

문제를 해결해줄 거라고 믿는 행동이 오히려 문제를 악화하고 실패를 확정한다! 자신을 끊임없이 밀어붙여 보면 그만큼 보상이 감소한다는 사실을 자각하게 될 것이다. 더 많이 노력을 쏟아도 완성할 수 있는 작업의 양은 적어지고 완성도도 떨어진다. 잠시 일을 중단하고 뇌에 휴식을 주거나, 다른 부분에서 안정감이나 즐거움을 느끼게 한다면(점심 시간을 온전히 갖는 정도로) 더 많은 일을 끝낼 수 있을 것이다. 업무 과부하에서 당신을 구해줄 해결책은 대개 사람들이 하지 않는 행동이다. 우리는 휴식을 건너뛰고, 점심시간에도 일하며, 일을 '끝내야' 하는 시간이 지나서도 주야장천 일한다. 밀린 업무를 해치우기 위해 노력하면 도리어 진행이 늦어질 뿐이다.

종일 쉬지 않고 일한다면 뇌를 고장 내고 있는 것이다.

너무 지친 나머지 멀뚱멀뚱 모니터를 쳐다볼 수밖에 없거나 한 시간 동안 한 일이 고작 이메일 답변을 쓰기 위한 의지를 낸 게 전부라면, 뇌는 과잉 자극에 반응하는 중이다. 다른 활동, 가능한 덜 치열한 활동으로 전환할 때까지는 제대로 작동하지 않는다. 이런 일이 일어나면 뇌는 이렇게 말할 것이다. "나는 재충전될 때까지 종료한다. 원한다면 이 상태로 계속 있을 수 있지만 기능은 멈출 것이고 결국 너는 홀로 그 일을 하고 있을 것이다."

우리는 뇌의 메시지에 귀 기울이는 대신, 과연 누가 뇌의 주인인지를 보여주면 갑자기 뇌가 활동을 재개하고 행동에 나설 거라는 기대감을 갖고 자신을 혹사한다. 하지만 뇌는 이런 식으로 작동하지 않는다. 우리는 몇 시간, 며칠, 몇 주, 몇 달 내내 뇌의 주인일 수 없다. 중요한 임무나 결과를 위해 어쩌다 한 번 자신에게 혹독하게 일을 시킬 수 있을지 몰라도, 날마다 뇌를 남용해서는 원하는 결과를 얻지 못한다.

뇌는 다량의 정보를 흡수할 수 있는 경이로운 기관이지만 한계에 도달해 주의 전환을 요청할 때도 있다. 명상 강사 마이클 태프트 Michael Taft는 이를 '두뇌 과부하'라고 부른다. 두뇌 과부하는 우리가 쉬지 않고 너무 많은 일을 했을 때 에너지가 소진된 느낌을 시각적으로 연상하게 해주는 개념이다.

나는 다음과 같은 불만을 흔히 듣는다. 당신이 경험하는 두뇌 과부하가 이렇게 느껴질 수 있다.

- "해야 할 일이 너무 많다는 걸 알아요. 그런데 일을 하려고 노력

할수록 할 수 있는 일의 양은 점점 줄고 있어요."

- "로봇이 된 것 같아요. 더 이상 일에 아무런 감정이 없어요. 업무 완성도에 자부심이 있었는데 지금은 그걸 잃었어요."
- "가끔 저는 업무에서 어려운 부분을 해낼 수 없다는 생각이 듭니다. 실질적으로 아무 일도 못 끝내고 오래전에 온 이메일에 답장을 쓰느라 몇 시간을 허비해요."
- "퇴근하기 전 오늘 한 일을 되짚어봐요. 열심히는 했는데 정작 가치 있는 일을 한 건 없어요. 답답한 노릇입니다."

뇌 과부하 치료법은 과학적으로 수차례 입증되었다. 방법은 의외로 간단하다. 속도를 늦추면 된다. 이것이 결국에는 더 빨리 나아갈 수 있도록 해줄 것이다.

뇌에 숨 돌릴 틈을 주자. 다른 즐거운 활동으로 전환하면 좋다. 별것 아닌 활동에라도 주의를 돌린다면 원래 하던 일로 다시 돌아갔을 때 전체적인 생산성과 정보 처리 능력이 향상된다. 이 경우 일을 **덜** 하지만 실제로는 **더** 하는 것이 된다.

나는 한동안 저녁 메뉴로 무엇을 만들지 선택할 수 없고 어떤 옷을 입을지 같은 간단한 결정조차 내리기 어려웠으며 진지한 대화도 불가능한 상태였다. 마치 냄비에 물이 끓어 넘치기 직전이었다. 냄비 안에 물이 가득하다면 무엇을 넣으려고 하든 그 즉시 물이 냄비 밖으로 넘치지 않는가. 이 비유를 통해 계속해서 물을 추가하는 것이 문제를 해결하지 못한다는 사실을 아주 쉽게 이해할 수 있다. 냄비가 가득 차면, 가득 찬 것이다. 그러나 우리의 뇌가 가득 차 있어도 우리는 여전히 빈 공간이 있다고 생각한다. 그래서 산더미 같은 일을 필사적으로 처리하는 상황에서도 더 많은 일을 욱여넣는다.

인간은 깨어 있는 내내 '활성화'되도록 만들어지지 않았다. 만약 억지로 그렇게 된다면, 과도하게 몰입하고 있는 일에 상당한 영향을 미친다는 걸 깨달을 것이다. 토니 슈왈츠는 「뉴욕포스트」에서 생산성에 관한 기사를 썼다. 하버드대학교 연구에 따르면 번아웃의 가장 큰 예측 변수는 두 가지 중요한 요소의 부족, 즉 수면과 '아무것도 하지 않는' 시간의 부족이었다. 정신이 줄곧 집중 상태에 있으면 한계에 다다르게 되는데, 이는 컴퓨터가 로딩 중일 때 보이는 돌고 있는 바퀴 모양 아이콘과 유사하다.

다음은 당신의 뇌가 휴식이 필요하다는 신호다. 몇 개나 해당하는가?

- ✔ 몇 시간 동안 모니터를 쳐다보고 있지만 정작 하는 일은 없다.
- ✔ 이메일 회신 같은 간단한 일을 처리하는 데 몇 시간을 허비한다.
- ✔ 똑같은 작업을 계속 반복하고 있다.
- ✔ '브레인 포그Brain fog' 증상을 느낀다. 사고가 또렷하지 않다.
- ✔ 업무 우선순위를 정할 때 우유부단해진다.
- ✔ 업무 완성도에 무감각하거나 무관심하다.
- ✔ 대화할 때 활기차지 않거나 횡설수설한다.

뇌를 재부팅하는 다섯 가지 방법

사고 패턴을 재배열하는 일은 그렇게 만만하지 않다. 습관을 바꾸는 것도 마찬가지로 어렵다. 하지만 뇌를 맑게 유지하기 위한 예방 조치는 어렵지 않다. 여기서 목표는 '뇌가 가장 효과적으로 작동할 수 있는 상태로 두는 것'이다. 나는 뇌 정지를 예방하는 데 가장 도움이 되는 다섯 가지 방법을 찾았다.

첫째, **뇌를 15분 강제 정지**하라. 오래된 전자기기에 사용하는 '대표적인' 해결책이다. 컴퓨터를 껐다 켜는 것만큼이나 쉬운 방법이다. 뇌는 한 템포 쉬어 갈 필요가 있다. 이것은 쉽게 할 수 있는 일이다. 주제나 환경을 바꾸거나 관심을 다른 사람에게 돌리자. 또는 최소 15분 동안 세 가지에 모두 변화를 주자. 뇌가 휴식을 찾는 신호를 느낄 때마다 잠시 속도를 줄인다면, 나중에는 이것이 큰 생산성으로 돌아온다.

나는 매일 몇 분씩 앞마당에 있는 새들을 보러 나가거나 30분 정도 도자기를 빚는 것을 택했다. 짧은 휴식이지만 그 이후에 능률이 더 좋아지는 걸 경험하고는 깜짝 놀랐다. 하던 일을 멈추고 다른 활동으로 전환하는 것이 뇌에 즉각적인 치유 효과를 주었다.

집 주변을 산책하거나 가장 좋아하는 노래 듣는 것, 보고 싶은 콘서트 티켓을 구매하는 것도 뇌를 치유하는 방법이다. 혹은 오후에 제일 좋아하는 음료를 즐기거나 성인용 컬러링북이라도 색칠하자.

둘째, **에너지가 가장 충만할 때를 스스로 아는 것**이다. 아침 일찍 일을 시작할 때 머리가 가장 잘 돌아가는 사람이 있다. 반면 나처럼 뇌의 회전 속도를 올리는 데만 몇 시간이 걸리는 사람도 있다. 나는 오전 10시부터 오후 1시까지의 시간대에 능률을 최대치로 발휘하지만, 하루가 끝나기 전 몇 시간 동안 능률이 가장 좋은 사람도 있다.

각자에게 맞는 리듬을 찾아 생산성이 가장 뛰어난 시간대에 뇌에 가장 어려운 일을 시켜라. 나의 경우 뇌가 최고 컨디션인 상태에서 글을 쓰면 재작업 횟수가 줄고 내용이 좋아졌다. 오전 한 시간 동안 작업을 하면서 얻은 결과물이 오후 작업 것보다 두 배 많았다. 저녁을 먹고 자리에 앉아 글을 썼을 때 나온 작업물을 다음 날 보면 그냥 버리는 게 나을 때가 다반사였다! 적합한 시간대에 작업하면 더 적은 시간으로 더 많은 결과물을 만들어낼 수 있었다.

셋째, **아침 일찍 우선순위를 설정**하는 것이다. 끝날 기미가 보이지 않는 줌Zoom 회의에 희생되기 전에 아침 일찍 중요한 결정을 내리자. 피로에 찌들기 전에 그날 내려야 할 가장 중요한 의사결정과 수행해야 할 작업을 체크하라. 큰 결정은 하룻밤 자고 나서 하라는 조언은 충분히 과학적이다. 심리학자이자 행동신경과학자인 다니엘 레비틴Daniel Levitin은 작업 생산성의 전문가다. 그는 이렇게 설명한다. "종일 여러 가지 자잘한 결정들을 내리다가 크고 중요한 결정을 내려야 하는 순간이 오면, 신경학적인 관점에서 우리는 고갈된다." 그는 이 현상을 '의사결정의 피로Decision fatigue'라 일컫는다.

넷째, **지금 해야 하는 일 리셋하기**다. 의도하지 않은 일을 하고 있다는 사실을 자각한다면(이를 '뇌 정지 순간'이라고 부른다.) 즉시 그 일을 멈춰라. 지금 당장 하고 있어야 하는 일이 무엇인지를 명확히 하라. 나는 빠른 리셋을 통해 매번 올바른 길로 돌아올 수 있었다.

마지막은 **현재에 충실하게 생활하기**다. 디지털 시대에서 살아가는 것의 단점은 동시에 여러 가지 일을 하는 것에 중독된다는 점이다. 누군가와 대화하면서 소셜미디어를 확인하거나 통화하면서 이메일 쓰는 일은 '멀티태스팅'의 일부에 지나지 않는다. 현실에서 우리는 중독에 빠진 뇌에 도파민 주사를 놓으면서 무의식적으로 중독을 강화하고 있다. 잠깐에 그치는 자극이지만 쾌감은 이루 말할 수 없다! 한 번에 한 가지 일만 하는 게 어렵게 느껴진다면, 추가 자극을 반복해서 찾는 무의식적 아드레날린 중독자일지도 모른다.

도파민이 지속적으로 분비되는 것은 부정적 영향을 가져온다. 모든 정보를 동시에 처리하면 뇌는 피로해진다. 빠른 속도로 변화하는 세상이 사람들에게 어떤 영향을 미치는지 이야기하는 기사를 읽었다.[3] 나는 이 기사에 깊이 공감했다. 『도둑맞은 집중력』의 저자 요한 하리Johann Hari는 이렇게 말한다. "대학생들을 대상으로 한 작은 실험에서 그들이 한 가지 작업에 집중하는 시간은 오직 65초였다. 직장인을 대상으로 한 다른 실험에서 평균 집중 시간은 단 3분이었다. 이것은 개인의 의지가 나약해서 생기는 일이 아니다. 당신의 집중력은 무너지지 않았다. 도둑맞았을 뿐이다." 스트레스가 뇌를 망치고 있음을 보여주는 증거를 종합해보면, 스마트폰을 손에서 놓고 소셜미디어 접속을 멈출 때 우리는 뇌를 다시 충전할 뿐만 아니라 끊임없이 쏟아지는 정보의 '흐름을 늦추는' 두 가지 긍정적 효과를 얻을 수 있다. 이러한 작은 변화들이 가져올 수 있는 평온함은 과로에 지친 뇌를 달래준다.

번아웃을 해결하는 첫 번째 단계는 기업이 수익성을 높이기 위해 사용하는 원칙을 동일하게 적용하는 것이다. 기업은 필요한 결과를 얻기 위해 언제 집중과 관심을 더 쏟고 덜 쏟을지 끊임없이 결정한다. 마찬가지로 당신도 언제, 어디에 더 많은 시간을 투자할지, 최상의 결과를 내기 위해 어느 시간대에 에너지를 더 효율적으로 사용할지 고민해야 한다. 번아웃을 겪지 않고도 최고의 생산성을 내려면 무엇을 해야 하는지 완벽히 이해해야 한다.

가장 중요한 것은 균형을 찾음으로써 자신의 에너지가 채워진 상태를 유지하는 법을 아는 것이다. 앞서 논의했듯 우선 적절한 충성도 조합으로 자신의 웰빙을 우선순위에 두어 에너지를 재충전해야 한다. 두 번째 단계는 뇌가 전하는 메시지를 귀담아듣고 뇌에 맞서는 대신 협력하는 것이다. 마술처럼 들릴지 모르겠으나 일을 적게 하면 실제로 생산량이 증가한다.

남아 있는 과제

진행 중인 활동을 잠깐 멈출 때마다 사용할 수 있는 '15분 강제 정지 방법'을 나열해보자. 이 장에 제시된 리스트에서 고르거나 자신만의 리스트를 작성하자. 아래의 범주를 각각 고려하여 세 가지에서 다섯 가지 활동을 적어보자.

- 신체 활동
- 실외 활동
- 타인과의 소통

- 감각(청각, 후각, 시각, 미각, 촉각)
- 고요한 시간 또는 명상
- 손과 눈을 동시에 이용하는 활동
- 즐거운 계획 설정(예: 여행 계획)

10장.
사내 정치에 얽힌 거짓

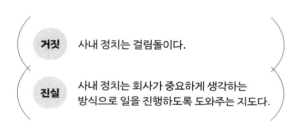

거짓 사내 정치는 걸림돌이다.

진실 사내 정치는 회사가 중요하게 생각하는
방식으로 일을 진행하도록 도와주는 지도다.

점심시간 냅킨 대화는 나를 구해주었다. 나는 직장을 관두거나 해고
될 위기에 처해 있었다. 솔직히 말해 어느 쪽이 먼저 일어나느냐의
승부였다. 이전까지는 단 한 번도 해고된 적이 없었다. 내가 성공하
지 못하고 있다는 느낌이 낯설었다. 지금껏 직장 생활을 하면서 처음
으로 최고 성과자가 될 수 없겠다는 예감이 들었다. 나는 언제나 남
들보다 뛰어난 직원이었다. 고속 승진도 여러 번 했다. 중요한 역할
을 맡은 내게 고난이란 있을 수 없었다.

　문제는 분명 회사에 있었다. 내가 본 어떤 회사보다도 이 회사는
뒤죽박죽이었다. 징후들은 차고 넘쳤다. 영업 부문 상무 매버릭 씨를
보면 답이 나왔다.

성장의 걸림돌일 뿐인가

자원 확보를 위해 힘들게 싸워야 했던 나와 달리 그는 CEO와 긴밀한 관계를 유지하며 자신의 프로젝트를 추진하기 위한 예산을 매번 지원받았다. 그는 비즈니스 경험이 부족했는데, 노력을 들인 제안서보다 친분에 의존했다. 무리한 제안이나 요청을 할 때마다 자신이 뜻하는 바를 이루기 위해 임원 회의에 안건을 내기도 전에 친분을 활용해 비밀리에 사전 협의를 다 끝낸 듯했다.

그와 처음으로 협업했을 당시 그가 했던 말은 사내 정치에 대한 첫 번째 힌트를 제공했다. "당신이 나를 도울 수 없다면 나는 당신이 필요하지 않습니다." 상당히 거슬렸지만 결국 이 말은 사실이었다. 그는 영업 활동에 대한 커미션 지급 계획을 변경하는 논의에 나를 참여시켰다. 보상이 일회성 커미션에 그치는 경우가 너무 많았던 탓에, 현재 직원들을 유지하고 이탈을 방지하기 위해 커미션 지급 계획을 조정할 필요성이 있다고 그는 판단했다.

이 프로젝트를 성공적으로 수행하고 싶었던 나는 즉시 기존의 보상 계획을 깊이 연구하기 시작했다. 영업사원들과 논의도 하며 새로운 계획안을 짤 수 있는 다양한 방법들을 조사했다. 몇 가지 아이디어를 모델링하려고 재무분석가들과도 논의했다. 2주 뒤 나는 우리가 어떤 계획안을 선택하든 기꺼이 실행할 생각으로 여러 가지 아이디어와 타임라인을 꼼꼼히 준비했다. 다만 아이디어들을 실행하려면 3개월간 테스트와 조정을 통해 예상치 못한 문제를 파악하고 해결해야 했다.

당시 나는 기차가 이미 떠난 상태임을 모르고 있었다. 보상 계획 안을 들고 회의실에 도착했을 때, 그가 이미 변경 사항들을 결정하고 영업사원들과 통화까지 마쳤다는 얘기를 들었다. 몹시 분했다! 무계획적인 진행이었다. 내가 보기에 우리는 시간 낭비를 하고 있었다. 적절한 질문들을 할 수 있게 프로젝트 단계를 차근차근 밟지 않았기 때문에 불필요한 재작업을 할 것이 뻔했다. 하지만 매버릭 씨의 생각은 달랐다. 내가 마치 분위기 파악도 못하는 사람인 것처럼 나를 이상하게 쳐다봤다. 이것이 나의 첫 실패였다.

그 후 냅킨 사건이 발생했다. 점심시간에 매버릭 씨는 사무실을 어슬렁거리며 돌아다니다가 내 방으로 와서는 냅킨 위에 또 다른 보상 계획안을 그리기 시작했다. 이 새로운 아이디어는 기존 계획안의 빈틈을 채우고 회사에 최소한의 비용만 발생시킬 수 있는 대안이었다. 나는 아이디어의 문제점을 까다롭게 꼬집는 대신, 파트너십의 자세로 '안 됩니다.'가 아닌 '○○을 해보면 어떨까요?' 같은 표현을 사용하기 시작했다. 우리는 마침내 최종 해결책을 합의했다. 그리고 2주 만에 그것을 설계하고 이행했다.

이 냅킨 대화 덕에 나는 회사에서 살아남을 수 있었다. 내가 그에게 '굴복했기' 때문이 아니었다. 그는 나에게 회사 정치에 신경 써야 한다는 것을 가르쳐주고 있었다. 비록 직설적인 방식이었지만 말이다.

- 회사는 무엇보다 속도를 중요하게 여겼다.
- 회사는 실수를 관대하게 받아들였고 완벽함을 빠른 추진력으로

바꾸고 싶어 했다.

- 문제가 신속히 해결될 수 있는 경우라면 회사는 리스크를 기꺼이 감내했다.
- 회사는 뒤처지지 않고 앞서 나가기를 바랐으며, 이를 위해서는 실험과 혁신이 필요했다.
- 개인의 역량을 매우 중요시하는 회사여서 직원 개개인은 실행력이 있어야 했다.

사내 정치를 통해 회사에서 성공하는 법을 배울 수 있음에도 이를 인지하지 못한 건 내 잘못이었다. 매버릭 씨는 진작 이것을 간파하고 있었고, 자신의 실험적이고 저돌적인 스타일을 좋아했던 회사 안에서 입지를 단단히 다져오고 있었다.

당신이 이 이야기를 듣고 '나라면 회사를 그만두었을 것 같다.'라고 생각할 수도 있다. 나는 이것이 잘못됐다고 여기지 않는다. 당신의 업무 방식이 회사의 방식과 어느 정도 잘 맞는다고 느끼는 것은 중요하다. 그러나 당신의 고유한 업무 방식과 다른 양상을 보이는 회사에서는 살아남을 수 없다고 단정 지으면 안 된다. 작은 변화만으로 충분할 때도 있다.

여전히 사내 정치가 걸림돌이라고 생각하는 것이 당신만은 아니다. 일에 불만족을 느낄 때면 그 원인을 사내 정치에서 찾기가 쉽다. 일반적으로 사내 정치는 부정적 의미를 내포하고 있다. 정치로 인해 선택된 소수만 특혜를 누리고 비주류 집단이나 특정 부서, 특정 개인은 불리한 영향을 받아 손해를 본다고 불평한다. 그렇다. 정치는 사람을 미치게 만들기도 한다. 모든 정치가 좋다고 말하려는 건 아니지만, 다만 '정치는 어떤 직장에서든 존재한다.'라는 건 외면할 수 없는 진실이다. 사람들은 사내 정치와 관련된 갈등으로 퇴사를 선택하지만, 결국 다음 직장에서도 형태만 다를 뿐 속성은 같다는 사실을 깨달을 것이다. 정치적 환경을 무시해야 한다고 조언하는 것이 아니다. 당신이 정치적 환경을 정면으로 응시하고 거기에서 배울 점이 무엇인지 스스로 깨달아야 한다.

이 장에서는 정치를 제대로 활용하는 '아첨꾼'를 비난하는 대신, 정치가 회사에 대해 가르쳐줄 수 있는 중요한 교훈에 우리가 왜 주목해야 하는지 살펴볼 것이다.

사내 정치에 관한 새로운 시각

정치에 관심을 갖는다고 해서 당신이 곧바로 사악하게 바뀌진 않는다. 더 넓은 시야로 회사를 바라보기 위해 문을 열어젖히는 것뿐이다. 회사의 정치적 상황을 이해하는 가장 큰 장점은 주변에서 일어나는 일들에 주의를 기울이는 것 외에는 특별한 노력이 필요하지 않다는 점이다. 비용을 지불하거나 특정 요구를 충족시킬 필요 없이 모든 직원이 활용할 수 있다. 정치적 상황에 자신을 맞추는 건 관찰과 행동만으로 가능하다. 날카로운 시선으로 회사의 정치적 환경을 관찰한다면 당장에라도 그 환경에 적응할 수 있다.

사내 정치를 각 회사가 가지는 업무 방식의 고유한 특색이
라고 생각하자.

이직을 고려할 만큼 회사의 정치적 환경에 반감을 가지느냐 마느냐는 본인의 선택이지만, 그 중요성만큼은 잊지 말아야 한다. 사내 정치가 당신에게 해를 끼친다는 생각을 멈추고, 정치가 가르침을 주고 있다는 측면을 바라보자. 주의만 기울인다면 성공적인 회사 생활의 열쇠를 쥘 수 있다.

'사내 정치는 활용하기 나름'이라는 교훈을 깨닫기까지 꽤 오랜 시간이 걸렸다는 것이 부끄럽다. 일했던 모든 회사에서 잘 적응하기는 했지만, 제대로 된 인식 없이 행동했고 올바른 공식과 정확한 방향성을 모른 채 변화를 이뤄냈다. 당시 나에게 정치에 신경 쓰는 게 커리어에 도움이 되겠느냐고 물었다면, "출세하려고 그렇게까지 비굴해질 필요가 있을까요."라고 대답했을 것이다. 예전 관점에서 사내 정치란 조작된 시스템을 드러내고 편 가르기를 종용하는 등 회사의 온갖 잘못된 문제를 조장하는 원인이었다.

무언가를 깨달은 뒤 마침내 나는 크게 변화했다. 덕분에 당혹스러운 커리어 실패를 면할 수 있었고 해고당할 만한 행동을 더 이상 하지 않게 되었다. 그러한 실패나 행동은 100% 예방 가능한 것이었기 때문에, 이력서의 불필요한 얼룩으로 남았을 것이다.

언제부턴가 나는 사내 정치를 새로운 시각으로 바라보게 되었다. 사내 정치는 입사 첫날부터 매일매일 관찰하고 배울 수 있는 하나의 영역이다. 보상으로 이어질 수 있는 업무 페이스와 업무 스타일이 무

엇인지 눈여겨봄으로써 어색한 면담을 하거나 저조한 성과 평가를 받지 않고도 곧바로 자신의 태도를 정치적 환경에 맞게 수정할 수 있다. 직장 생활의 역경을 이겨내고 조직에서 성공하는 비결을 그저 보고 배우면 되는 것이다.

당신의 회사가 정치적 측면에서 어디에 위치하는지 찬찬히 검토할 수 있는 방법은 평가표를 통해 정치적 환경을 바라보는 것이다. 속도, 자율성, 시야, 혁신, 리스크에 대해 생각해보라. 이것은 회사가 직원을 포함한 주요 이해관계자들 사이에서 어떻게 길을 찾아나가는지 파악할 수 있는 주요 요소들이다.

내가 다녔던 회사들의 정치적 환경 평가표를 〈그림 10-1〉에서 살펴보자. 정치적 상황을 놓고 이전 회사와 현재 회사를 비교하면 둘은 거의 정반대였다! 나는 이전 회사의 정치적 조건들을 새로운 회사에 그대로 적용하는 바람에 행동을 수정할 수 있는 기회를 거의 찾지 못했다.

나는 매버릭 씨가 아부를 잘해서 성공한 거라고 손가락질했지만, 그건 잘못된 판단이었다. 그는 회사 문화의 전체적 그림을 이해하고 있었기에 성공했다. 그가 간사하게 행동했기 때문이 아니었다. 이전 회사의 정치적 요소를 새로운 회사에 똑같이 적용한 것이 나의 잘못이었다. 나는 협의체들이 승인과 최종 결정을 내려 완벽한 절차를 밟는 것이 필수적이었던 곳, 즉 체계 중심의 문화에서 온 사람이었다. 새로운 회사는 목표를 달성하기 위해서 몇 번의 실수를 감수하고서라도 빠르게 치고 나가야 한다는 사실을 나는 미처 깨닫지 못했다.

여러분들이 일하는 회사도 업무 방식과 속도에 대해 저마다 다른

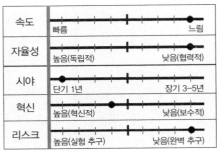

〈그림 10-1〉 정치적 환경 평가표

보상을 할 것이다. 동일한 방식을 모든 회사에 똑같이 적용하는 실수를 저지르지 마라.

- 이전 회사에서 계획을 냅킨에 그려서 세웠다면 나는 해고되었을 것이다.
- 현재 회사에서 아이디어를 신중하고 완벽하게 실행하려 시간을 들였다면 해고되었을 것이다.

하지만 이를 뒤집어 회사에 적절한 솔루션을 적용함으로써 나는 뒤처지는 직원에서 최고 성과자로 거듭날 수 있었다.

한 회사에서 최고 성과자가 될 수 있었던 비결이 다른 회사에서는 실패 원인이 될 수 있다.

플라이 낚시에서는 '매치 더 해치Match the hatch', 즉 미끼를 벌레 모양과 비슷하게 만드는 것이 중요하다. 물고기를 잡으려면 낚시꾼은 물 아래 혹은 물 위에서 부화하는 벌레 종류를 잘 살펴볼 필요가 있다. 지난번에 특정 미끼가 효과가 있었다고 해서 이번에도 그 미끼가 효과적일 거라는 보장은 없다. 물에서 부화 중인 벌레와 똑같은 미끼를 만들지 않으면 낚시는 실패한다. 회사 정치도 이와 비슷하다. 미끼를 부화 중인 벌레 모양과 일치시켜야 한다. 지난 회사의 정치적 환경에 효과적이었던 방식이 아니라, 이 회사의 정치적 환경에 효과적인 방식을 알아야 한다.

정치적 환경의 다섯 가지 요소

정치적 상황을 고려할 때, 그 환경을 파악하고 거기에 적응하기 위해 주의를 기울여야 할 다섯 가지 영역이 있다.(그림 10-2 참조)

요소 1. 속도

어떤 조직은 체계적으로 운영되며 이러한 방식은 조직에 도움이 된다. 그들은 비즈니스에 생기는 갖가지 변화들이 어떤 영향을 미치는지 신중하게 따져보기를 원한다. 예를 들면 유나이티드헬스케어 UnitedHealthcare 같은 대기업이 있다. 이런 기업에서는 즉흥적으로 새로운 상품을 출시한다거나, 제공 중인 서비스를 미흡하게 관리해서는 절대로 안 된다. 주가 관리를 신경 쓰는 상장 대기업과 엄격하게

〈그림 10-2〉 정치적 환경의 다섯 가지 요소

규제받는 산업이 대체로 이 분류에 속한다.

당신이 이런 조직에서 일하고 있다면 당신의 아이디어는 데이터로 뒷받침될 필요가 있다. 철저한 프로젝트 계획과 여러 직급의 승인도 필요하다. 새로운 제품이나 프로그램을 출시하는 데 실책을 범한다면 커리어에 손상이 간다. 이런 기업들은 무언가가 출시되기 이전에 미해결된 문제를 확실히 매듭짓고 모든 빈틈을 없애라고 직원들에게 압력을 가한다. 성공적인 프로젝트 이행을 위해서는 상위 단계에서 연동되는 작업이나 기능을 반드시 이해해야 하며, 이 부분에서 애를 먹는 사람이라면 이 능력을 향상시켜야 한다.

다른 어떤 요소보다도 요소 1은 '조기 파악'이 관건이다. 회사가 속도를 중요하게 여긴다는 사실을 파악하지 못하고 너무 굼뜨게 행동한다면, 비즈니스 환경을 따라가지 못하는 사람이나 회사 문화에 어울리지 않는 사람으로 보일 것이다. 나와 함께 일했던 CFO는 비즈니스에 너무 느리게 대응하는 직원들을 이렇게 비아냥댔다. "카우보이 모자는 썼는데 몰 소 떼가 없군." 입으로만 일하지 실질적으로 하는 일이 없다는 뜻이다.

조직적이고 신중하게 운영되는 조직에서 아무리 우수한 성과를 거둔 사람일지라도, 모든 것이 빠르게 돌아가는 조직에 들어갔을 때 그 환경에 맞게 자신을 바꾸지 않으면 결국 낙오할 것이다. 이들은 새로운 조직에서도 방대한 데이터를 기반으로 의사결정을 내리고, 심사숙고 끝에 마련한 완벽에 가까운 계획을 실행할 것이다. 하지만 새로운 조직의 정치적 환경이 속도를 요한다면, 이들은 자신의 뛰어난 업무 능력을 제대로 반영하지 못하게 될 수도 있다. 조급함과 분주함, 불안함을 느끼고 스스로 준비가 덜 되었다고 생각될 것이다. 자신이 할 일이 무엇인지 잘 알고 좋은 결과를 낼 준비가 되어 있다고 느끼는 자기확신Self-assurance과는 반대되는 감정이다.

그러나 각자의 상황에 맞게 속도를 조절해야 한다. **속도를 높여야 하는 경우**, 영업에서는 시간이 지체될수록 거래 성사 가능성이 낮아지는데, 여기서도 마찬가지다. 준비에 너무 많은 시간을 소모한다면 결국 뒤처질 것이다. 원하는 결과를 명확히 하고 그것에만 집중하라. 그 지점에 이르는 방법은 어차피 계속 변할 것이기 때문이다. 한두 단계 또는 세 단계씩 정해서 당신이 멀리 내다볼 수 있는 만큼 앞으로 나아가자.

속도를 줄여야 하는 경우, 속도가 느린 환경에서 보여야 하는 역량은 프로젝트 관리와 강력한 협업이다. 세부 사항 하나하나가 완벽히 정해진 계획이 필요하며, 관련된 모든 사람에게 빠짐없이 공식적인 승인을 받았는지 확인해야 한다.

요소 2. 시야

회사는 대개 미래 비전을 보유하고 있다. 이때 시야는 얼마나 먼 미래를 미리 계획하고 자금을 조달할 수 있는지를 보여준다. 어떤 회사는 3~5년 앞을 예측할 수 있다. 그리고 단계적으로 해당 계획에 맞는 솔루션에 보상을 준다. 이를테면 파트너 이벤트의 미래가 가상현실을 통해 이루어질 거라고 믿는 기업은 그에 맞는 기술 파트너에게 자금을 지원하기 시작할 것이다.

회사의 시야는 회사의 규모와 연결될 때가 많다. 회사가 프로세스와 기능을 확립할 정도로 충분히 성숙한 단계에 이르면 미래를 멀리 내다볼 가능성이 크다.

반대로 현재에 집중하는 회사도 있다. 나쁜 전략처럼 보일 수 있지만 꼭 그렇지는 않다! 특히 제품이나 서비스가 특정 방식을 완전히 바꿔놓을 수 있는 산업에서는 시장점유율을 확보하는 속도가 지금으로부터 5년 뒤의 고객 경험을 고민하는 일보다 훨씬 중요하다. 10년 전 주거용 태양광 산업이 그랬다. 당시에는 모두가 인정하는 산업 리더가 없었는데, 리더 자리를 놓고 쟁탈전을 벌인 작은 회사들만 수십 곳이었다. 누가 가장 많은 패널을 설치하느냐의 경쟁이었다. 이들 회사 중 상당수의 전략은 "앞으로!" 한마디로 요약할 수 있었다.

태양광 패널을 가장 많이 설치하기만 한다면 산업의 미래를 장악할 수 있으리라는 믿음 때문이었다. 이때까진 어떻게 공격적인 시장에 진출해 이익을 차지할 수 있을지 아무도 몰랐다. 내가 인사부 책임자로 근무했던 태양광 공급업체 비번트솔라는 한때 매주 사무실을 한 군데씩 열었다. 혼돈의 시기를 겪지 않았느냐고? 물론 그랬다. 하지만 그것은 계획된 혼돈이었다. 몇 년 후 비번트솔라는 다른 태양광 기업인 선런에 매각되었는데, 선런은 블랙스톤Blackstone(비번트솔라에 투자한 글로벌 투자회사―옮긴이)에게 그들의 투자금의 27배를 돌려주었다. 그러나 이는 최대한 단시간에 시장점유율을 늘리는 데 고도로 집중하지 않았다면 불가능한 일이었을 것이다.

이 또한 각자의 상황에 맞게 시야를 달리해야 한다. **장기 시야를 확보해야 하는 경우**, 당신의 회사가 장기적인 시야로 앞을 내다보고 있다면 프로젝트에 대해 타 부서들과 어떤 접점을 이루는지 식별하는 것은 매우 중요하다. 서로 의존성이 있는 부분에서 발생할 수 있는 잠재적인 문제, 불필요한 중복 및 교차점을 부서 간 활발한 소통을 통해 파악한다면 프로젝트 성공을 위한 안전망 역할을 할 것이다.

단기 시야를 확보해야 하는 경우, 이 환경에서 근무하고 있다면 몇 년 후 미래 상황이 어떻게 될지 정확히 알지 못한다. 따라서 큰 혼란 없이 수정하거나 변경할 수 있는 해결책을 실행하고자 할 것이다. 거래처와의 계약 기간을 더 짧게 줄이려고 하고, 복잡한 구현이 필요한 고가의 시스템을 구매하려 하지 않을 것이다. 최선은 외부 업체에서 제작한 시스템을 구매해 커스터마이징하는 것이다.

요소 3. 자율성

의사결정 자율권을 상당히 보장해주는 회사들이 있다. 이런 곳에서 일하는 관리자들은 민첩하게 행동하고 책임 범위 안에서 승인하는 일이 가능하다. 입사 면접이 끝나갈 즈음 곧바로 입사 제안을 받은 적이 있다면, 이것이 얼마나 유쾌한 경험인지 잘 알 것이다.

소규모 스타트업이 대개 여기에 속한다. 그리고 이런 측면은 사람들이 스타트업에서 일하고 싶어 하는 이유이기도 하다. 변화를 만들어낼 수 있는 능력은 직장 만족도와 긴밀히 연관되어 있다. 우리가 의사결정에 통제권이 있다고 느낄 때, 직장에서 자신의 운명에 더 많은 통제력이 있다고 생각한다. 불필요한 장벽 없이 무언가를 결정할 수 있는 자유를 갖는다면 엄청난 업무 몰입도를 얻을 수 있다.

정반대로는 협력적 의사결정이 있다. 어떤 회사는 직원들이 업무 방식에 대해 공통된 사고방식을 보유하고 있기를 원한다. 그러면 회사는 직원들이 의사소통의 핵심 원칙을 빠르게 체득할 수 있는 환경을 조성할 수 있다. 직원들은 의사결정과 토론에 참여하면서 회사 가치관에 부합하는 제안 및 요구 방법을 익혀나간다. 협업이 핵심 문화로 자리잡힌 회사들은 주로 다수의 면접관이 한 명의 후보자를 함께 평가하는가 하면, 어떤 의사결정을 내릴 때 감독을 담당하는 책임자까지 지정된 위원회를 거치는 경우가 많다.

의사결정에 너무 많은 사람을 참여시키는 것이 지나치게 관료적이고 번거롭다고 볼 수 있다. 한편 한 사람에게만 모든 책임이 쏠리지 않으므로 더 안정감을 느낄 수도 있다. 협업 문화가 대기업에만 존재한다고 생각할 수 있겠지만 항상 그렇지는 않다. 회사의 규모와 산업에 관계없이 찾아볼 수 있다.

이 또한 환경에 따라 다르다. **독립적 환경에서 근무하는 경우**, 자기 자신이나 자신의 판단을 신뢰하는 데 익숙하지 않다면 분석 마비에 빠질지도 모른다. 실수할 수도 있다는 생각이 앞으로의 진전을 방해한다면 결정이 계획대로 진행되지 않을 경우를 대비해 플랜 B가 있는지 확인하자. 처음의 결정이 영원할 필요가 없다는 점을 인지하고 다른 선택지를 염두에 둔다면 추진력을 유지하는 데 상당히 도움이 된다.

협력적 환경에서 근무하는 경우, 이러한 환경에 익숙하지 않다면 당신의 번뜩이는 제안을 위원회 회의에서 발표해 사람들을 놀라게 하는 초보적인 실수를 저지르지 말고 그 이전에 제안 사항을 구성원들과 공유하라. 영향력 있는 핵심 이해관계자들과 함께 당신의 방향성을 주제로 일대일 사전 논의 시간을 가지지 않았다면 회의에 들어가서는 안 된다. 사전 논의를 거치면 반대 의견을 미리 파악하고 수정하는 것이 가능하다. 참여는 헌신을 끌어낼 수 있다. 공식적인 제안을 하고자 할 때는 입김이 센 사람들을 내 편으로 두어야 한다.

요소 4. 혁신

일부 산업에서는 혁신이 특징이다. 이런 산업에서는 창의성과 신선한 아이디어가 보상을 받는다. 특히 기술 분야의 스타트업은 파괴적 사고를 하는 것으로 알려져 있다. 우버Uber는 전혀 모르는 사람과 함께 차에 타야 한다는 전제를 기반으로 한다. 에어비앤비Airbnb는 외딴 시골길을 따라가면 나오는 완전히 낯선 이의 집에 머무를 수 있는

숙소다. 자동차를 소유한 사람은 누구나 파트타임 운전사가 될 수 있고, 집주인은 손님용 수건을 제공하고 현관문을 열어줌으로써 소득을 창출할 수 있다. 사람들은 어느 날 갑자기 이 개념을 이해했고 누구나 부업을 시작할 수 있게 되었다.

변화 속도가 느리고 규제가 엄격한 회사나 산업도 있다. 위험을 감수하고 모험을 하는 건 이들 기업의 성격이 아니다. 예를 들어 자동차 산업을 보자. 테슬라Tesla가 등장하기 전까지 자동차 산업에는 대대적인 혁신이 거의 없었다. 차체가 매력적이거나 인테리어가 고급스럽거나 엔진이 강력한 자동차 정도는 있을 수 있겠다. 하지만 나라면 이 산업을 설명하기 위해 '혁신'이라는 단어를 붙이지 않을 것이다. 지금은 자율주행 자동차까지 나와 있다. 20년 전만 해도 평범한 소비자가 탈 수 있으리라고는 상상도 못했던 자동차가 아닌가? 모든 자동차 기업에 혁신이 없는 것은 아니다. 테슬라는 오랫동안 혁신적이지 않았던 산업에서 손꼽히는 혁신을 이뤄냈다.

당신의 부서는 무언가를 창조하고 있는가, 유지하고 있는가? 여기에 대한 대답은 당신에게 엄청난 힌트를 줄 것이다. 만약 창조에 가깝다면 새로운 기술과 시스템에 대한 투자가 있을 것이며, 그 투자의 목표는 사람을 늘려 기존 서비스나 프로그램을 단순히 개선하는 차원이 아니라 전에 없던 서비스나 프로그램을 구축하는 일과 관련이 있을 것이다.

아이디어가 어떻게 받아들여지는지를 눈여겨보라. 개발팀에 특허가 있는가? 그렇다면 혁신 수준이 높다는 좋은 신호다. 아니면 새로운 아이디어를 도입했다가 충분한 효과가 나타나기도 전에 중단하는가? 새로운 아이디어에 돈을 매우 적게 투자하는가?

혁신에 익숙하지 않은 회사에서 일하는 것이 나쁜 건 아니다. 그런 회사의 직원들은 특정 제품이나 서비스의 지식에 탁월할 수 있다. 넓은 영역을 다루고 제품 범위를 확장하는 대신 좁은 영역으로 깊게 들어간다. 이는 잘못된 새로운 아이디어에 베팅하는 리스크를 최소화하기도 한다. 이런 회사들은 효과가 있는 것에 더 집중한다.

그러면 어떤 점이 가장 위험할까? 당신이 같은 일에 정신없이 몰두하는 동안, 테슬라 같은 경쟁사가 당신의 회사를 앞질러 시장의 판도를 뒤집을 수 있다.

혁신적 환경에서 근무하는 경우, 혁신은 좋은 아이디어 이상의 것을 필요로 한다. 회사 바깥의 광범위한 비즈니스 단체에서 다른 무슨 일이 일어나고 있는지 살피지 않고 자신의 일을 하는 데만 너무 많은 시간을 보낸다면 뒤처지기 시작한 것이다. 하루에 최소 30분씩 비즈니스 간행물을 읽는 데 시간을 투자하라. 다른 오피니언 리더들이 산업 내외에서 무엇을 논하는지 파악할 수 있다.

보수적 환경에 있는 경우, 기존의 것을 유지하려는 회사에서 일하면서 반드시 지루함을 감수할 필요는 없지만, 창의적인 아이디어와 접근 방식은 영구적인 해결책이 아닌 '실험'의 형태로 포장해야 더 잘 받아들여진다. 지표를 활용해 아이디어의 효과성을 입증하는 능력은 당신의 아이디어가 일시적인 것에서 영구적인 것으로 바뀌는 데 도움이 될 것이다.

요소 5. 리스크

혁신을 향한 열망은 위험을 받아들이는 태도를 요구한다. 실수를 낳을지라도 말이다. 변화를 만들고 위험을 감수하는 것은 커다란 성과를 이룰 가능성을 준다. 이러한 회사들은 창조적인 아이디어에 큰 투자를 한다. 일정 수준의 실패 정도는 포용하며, 직원이 실수하거나 원하는 결과를 얻지 못해도 불이익을 주지 않는다. 실패 경험을 학습의 기회로 활용해 2차 시도에서 아이디어를 개선하고 수정하거나 다른 방향으로 나아간다. 얻는 것이 잃는 것보다 반드시 많아야 한다. 실수를 하되 같은 실수를 반복하지 말아야 한다.

그렇기 때문에 큰 위험 부담을 떠안는 회사들은 때때로 실패도 하고 해고와 예산 삭감을 하기도 한다. 반대로 큰 성공을 거두면 신규 직원을 고용하고 새로운 직무와 부서가 생겨난다. 기업과 개인을 위한 공유오피스 공간에 투자한 기업인 위워크WeWork를 보자. 가치 평가액은 470억 달러에 이르렀으며, 팬데믹으로 모든 사람이 집으로 돌아가야 했던 2020년 전까지 비즈니스 세계에서 뜨거운 관심을 받았다. 하지만 팬데믹 이후 회사의 가치 평가액은 90억 달러로 급락했다.[1] 현재로서는 불가피하게 실패한 상태이기는 하나, 위워크 경영진은 창조적인 아이디어에 대규모 투자를 했었다.

에어비앤비도 실패에 대한 포용력이 큰 기업이다. 호텔의 대안을 제공하기 위해 다른 사람들의 집을 이용하는 비즈니스 모델이 당시에는 말이 안 되는 듯 보였다. 하지만 2021년 에어비앤비는 수익을 280.2% 늘리며 큰돈을 쓸어담았다.[2]

'실수를 통해 교훈을 얻는' 환경에서 일하는 경우, 어떤 위험을 감수할 가치가 있다는 사실만으로 아이디어를 홍보하는 일에만 집중해서는 안 된다. 실행 방안을 충분히 고민했는지, 프로젝트 관리에 강력히 초점을 두고 있는지 돌아보라. 당신이 감수하는 위험은 그래도 똑똑한 위험이어야 한다. 아무리 위험을 감수하는 회사라지만 그 안에서 잘못된 베팅을 너무 많이 하게 될 수도 있다.

'실수해서는 안 되는' 환경에서 일하는 경우, 만약 당신이 프로젝트 관리에 강하지 않다면 기본 방법론을 배우고, 관련된 모든 업무들을 올바른 방향으로 유지해주는 프로젝트 관리 소프트웨어의 도움을 받아라. 어설픈 계획 때문에 일어나는 실패에는 너무 많은 것들이 걸려 있다. 내 경험상 아무리 최고의 프로젝트일지라도 능력이 출중한 프로젝트 매니저 없이는 실패로 끝난다. 회사의 정치적 환경과 관계없이 프로젝트 관리 능력은 유용한 기술이다. 특히 실수로 불이익을 받는 환경의 회사에서 프로젝트 관리 기술을 갖추는 건 좋은 아이디어다.

결론적으로, 사내 정치를 게임으로 바라보는 사고방식을 리프레임해야 한다. 순수한 의미에서 사내 정치는 게임에서 이기는 능력을 말하는 것이 아니다. 내가 가르치는 모든 원칙 중에서 사람들이 긍정적으로 리프레임하기 가장 어려워하는 게 바로 사내 정치다. 정치적 환경에 새롭게 접근할 수 있는 능력은 커리어에 무한한 영향을 줄 것이다. 정치적 환경을 이해하면 회사에서 자신의 길을 찾아가는 법을 알 수 있다.

남아 있는 과제

회사에서 꾸준히 선두를 달리는 인물을 찾아보라. 그의 성공 비결과 이유에 대한 당신의 선입견을 잠시 제쳐두고 스스로에게 이런 질문을 던져보라.

1. 그의 정치적 환경 평가표는 어떤가? 그는 어떻게 정치를 활용하여 업무를 성공적으로 완수하는가?
2. 나의 평가표는 어떤 모습인가? 어떤 변화가 필요한가?

내가 근무하는 회사의 정치적 환경

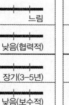
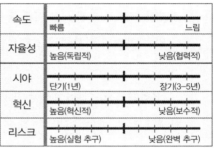

〈그림 10-3〉 정치적 환경 평가표

11장.
영향력에 얽힌 거짓

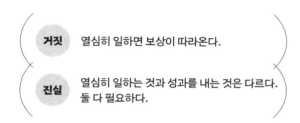

> **거짓** 열심히 일하면 보상이 따라온다.
>
> **진실** 열심히 일하는 것과 성과를 내는 것은 다르다. 둘 다 필요하다.

한 가지를 분명히 짚고 넘어가자. 당신의 업무는 직무기술서에 기재된 것만이 아니다. 진짜 업무는 직무기술서의 책임 범위 안에서 문제를 해결하는 것이다.

> 직무설명서만 따르려고 한다면 정작 해야 할 일을 놓치게 된다. 문서상의 업무와 진정한 의미의 업무를 구별할 줄 알아야 한다.

사람들을 이 지경에 이르게 하는 가장 흔한 거짓말은 "직무기술서에 적힌 대로만 일하면 적절하게 보상받을 거야."라는 것이다. 세상 일이 그리 간단하면 얼마나 좋을까. 연봉 인상은 단순히 열심히 일하느냐의 문제가 아니라 성과를 창출할 수 있느냐의 문제와 맞닿아 있다. 많은 이들이 업무를 그냥 처리하기만 하고서 성과를 냈다는 착각에 빠진다. 이 둘은 엄연한 차이가 있으니 혼동하면 안 된다. "가치를 더하지 않는 건 가치를 빼는 것과 같다."라고 한 작가 세스 고딘의 발언은 단연코 옳다.

열심히만 하면 모든 게 해결된다는 말은 틀렸다. 성실함이 좋은 출발점인 건 맞지만 그것만으로는 부족하다. 착실한 직원이 탁월하기까지 한 것은 좋은 태도와 잘 맞는 업무가 합쳐졌을 경우다. 나는 열심히 하는 직원이 승진하지 못하는 경우를 허다하게 보았다. 관리자들은 열심히 일하는 직원을 선호하고, 나 역시 성실히 일하며 의지할 수 있는 직원들을 계속 팀에 두고 있다. 하지만 '착실한 직원'에 머무는 것은 열심히 하면서도 추진력까지 발휘하는 직원보다 결코 매력적이지 않다.

성실한 직원들은 '꾸준한 실행자Solid performer'로 불린다. 인재 관리 전략상 기업들은 꾸준한 실행자에 해당하는 직원의 연봉 인상 계획을 평균 수준으로 정해놓고 앞으로도 성실히 근무할 수 있도록 격려한다. 하지만 이들은 고속 승진 대상자나 멘토링 대상자 또는 승진 교육 대상자는 아니다.

> 커리어가 나날이 발전하거나 최고 성과자로 꼽히는 직원들에게는 공통된 강점이 있다. 그들은 자신의 영향력 안에서 비즈니스를 방해하는 주요 문제점을 발견하고 해결한다.

우리 팀에는 에이스 범주에 넣고 싶은 직원들이 있다. 그들은 승진을 앞두고 있다. 나는 그들이 좋은 성과를 낼 수 있다고 믿는다. 그들은 일만 열심히 하는 게 아니라 영향력을 발휘하는 방법도 터득했다. 에이스들은 당장에 닥친 온갖 자질구레한 일들을 돌파해낸다. 그들이 업무에 접근하는 방식은 응급 환자를 분류하는 방식과 유사하다. 목숨을 살리는 가장 긴박한 조치부터 실행하고, 이어 두 번째, 세 번째로 중요한 조치를 차례대로 행한다. 필요한 경우 다른 과 전문의를 호출해 협조도 요청하며 부상 부위를 치료하는 데 집중한다.

반면 우리 팀에는 입이 떡 벌어질 만큼 열심히 일하는 직원들도 있는데, 나는 이들을 착한 팀원의 범주로 분류한다. 이들은 올바른 우선순위를 고려하지 않고 닥치는 대로 일하는 듯하다. 그들은 근무 시간은 더 많을지 몰라도 영향력은 그다지 강하지 않다. 모든 일을 똑같이 중요하게 여기며 열심히만 하는 직원과 자신의 영향력을 발휘하고 마땅한 업무를 골라 할 줄 알면서 그런대로 열심히 하는 직원이 있다면 나는 후자와 함께 일하고 싶다.

> 영향력을 창출하며 '그런대로 열심히 하는' 직원은 엉뚱한 업무에 노력을 기울이며 '열심히만 하는' 직원을 이긴다.

승진은 문제를 해결하는 사람이 한다. 문제해결사로 보이기 위해서는 제대로 작동하고 있지 않은 문제의 핵심을 포착하는 법을 깨쳐야 한다. 그러려면 고개를 들고 판에 박힌 일상 업무에서 벗어나 간극이 존재하는 곳을 주시해야 한다. "내 할 일은 다 했잖아!"라고 말한다면 눈앞에만 집중하는 셈이다. 그렇게 한다면 지금의 자리를 무난히 지킬 수 있을지는 몰라도 상석에 앉을 일은 없을 것이다.

실질적인 영향력을 떨치는 직원들은 타 프로젝트에 선발되고, 앞으로 생길 새로운 자리의 적임 후보자로 물밑에서 논의되며, 비밀리에 관리받는다. 당신이 관찰해야 하는 바로 그 사람들이다. 그들은 회사를 가로막는 문제를 발견하고 해결하며 불완전한 직무기술서를 지침으로 삼지 않는다. 그들은 '간극 다루기' 개념을 이해하고 있다.

이번 장에서는 간극 다루기 개념을 자세히 파헤친다. 이를 통해 당신은 '열심히'가 아니라 '똑똑하게' 일하며 커리어를 발전시키는 방법을 배울 수 있을 것이다.

고장 난 세계, 익숙해지는 사람

회사는 두 가지 다른 시각 사이에서 고심한다. 하나는 직원들도 알고 있고 회사가 보여주고 싶어하는 '비전'이고, 다른 하나는 결함을 포함한 회사의 현실적인 모습이다.

이것을 집에 비유해보자. 당신은 취업 면접을 보던 중 어떤 아름다운 궁전에 대해 듣게 된다. 그곳은 잘 관리된 잔디밭이 있고 깨끗한 수질의 수영장도 있다. 소파는 안락하고 방마다 창들이 높게 뚫려 건축적으로 감탄을 자아내는 꿈의 집이다. 뒤뜰 마당의 그릴에서 지글지글 구워지는 스테이크 냄새가 풍겨오고 오디오에서는 당신이 가장 좋아하는 음악이 흘러나온다. 그곳에서 당신은 지인들과 일몰

〈그림 11-1〉

을 감상하면서 식사를 한다.

또 하나의 집, 현실의 집은 회사가 실제로 어떻게 작동하는지를 보여준다. 자세히 보면 페인트칠을 다시 해야 하고 울타리도 손봐야 한다는 사실을 알게 된다. 집을 최상의 상태로 만들려는 계획은 있지만 내부는 여전히 수리 중이다. 수영장은 월마트에 파는 튜브 수영장 같다. 당신은 저녁으로 핫도그를 먹으며 아직도 공사 중인 구역 뒤로 지는 노을을 바라보고 있다.

현실의 집은 대체로 두 극단 사이 어딘가에 존재한다. '간극Gap'이 있는 집에는 멋진 점도 있지만 약간 보수 작업이 필요한 부분도 있다. 이곳은 대저택은 아니지만 판잣집도 아니다. 회사와 부서, 직원의 역할에서도 마찬가지다. 간극이 아주 많다. 꿈꾸는 이상향과 실제 현실은 서로 멀찍이 떨어져 있다. 간극이 회사의 성공에 반드시 치명적이라고는 할 수 없지만 직원들은 간극을 찾기 위해 노력해야 한다.

회사 안의 모든 직급과 직무에는 간극이 존재한다. 고객서비스 직무를 살펴보면, 고객 불만을 일률적으로 처리하는 방법에 정해진 절차가 없고 결과적으로 사업 손실이 발생한다는 점에서 간극이 있을 것이다. 채용 직무를 보면, 채용 공고나 잡오퍼가 지연되는 측면에서 부서장과 채용 담당자 사이에 간극이 있을 수 있다. 영업 직무에도 업셀Upsell(기존 고객에게 더 고가의 제품이나 서비스를 구매하라고 촉진하는 것—옮긴이)을 위해 기존 고객들에게 연락하거나 그들의 연락망을 수월하게 추적할 수 없다는 점에서 간극이 있다.

직원들은 이러한 간극을 무시하고 그 주변부만 맴돌며 일한다. 누구나 그것이 문제임을 알지만 정면 돌파하기보다는 고장 난 세계에서 하던 일만 계속한다. 시간이 흐르면 대다수는 그러한 문제를 고장 난 회사의 일부분으로 받아들인다.

한 회사에서 오래 근무할수록 간극을 발견하는 빈도와 간극을 메워야 한다는 생각이 차츰 줄어든다. 새로운 직장을 처음 다닐 무렵을 떠올려보자. 6개월 정도는 또랑또랑한 눈으로 회사를 있는 그대로 바라본다. 회사의 약점과 강점, 막강한 경쟁우위, 제대로 기능하지 못하는 프로세스와 행동 양식을 알아본다. 그러나 일상 업무와 '현재 흘러가는 상황'에 익숙해지다 보면 문제를 겉돌며 일하게 되고, 어느새 그 문제를 회사가 돌아가는 방식으로 치부하게 된다. 회사의 좋은 점과 나쁜 점에 모두 익숙해질 것이다. 그러면 잘못된 부분을 해결하려 노력하지 않고 주먹구구식으로 일할 수밖에 없다. 신선했던 시각은 변질된다. 늘 하던 대로 일하거나 문제가 되는 부분을 빙 둘러서 더 쉬운 길로 가기 시작한다.

저항이 가장 약한 길을 따라 물이 흐르는 것처럼, 더 낫고 빠른 흐름을 만들 수 있는 새로운 경로를 개척하기보다는 기존 경로 안에서 행동하기가 쉽다. 간극을 다루기 위해서는 '또랑또랑한 눈'을 되찾아야 한다.

간극을 어떻게 가려낼까?

모든 부서에는 '금맥'이 숨어 있다. 금맥을 발견하려면 직무기술서의 굴레에서 벗어나야 한다. 직무기술서를 따라 실속 없는 업무만 하면서 특별한 결과를 얻고자 한다면 분명 당신은 뒤처질 것이다. 나는 직무기술서를 뛰어넘어 성과 창출의 과정을 시작하라고 줄곧 외치고 있다. 사람들은 너무나 자주 직무기술서에 명시된 업무에만 집중한다.

직무기술서를 철저히 배제해야 한다는 뜻은 아니다. 회사에서 모험을 택할 사람은 아무도 없다. 하지만 광범위하게 정의된 업무와 목표 안에서 어떻게 탁월함을 만들지는 누구나 고민할 수 있다. 간극은 그 탁월함을 만드는 방법을 찾을 수 있는 영역이다. 직무기술서를 가이드라인 정도로 받아들이고, 그것이 당신의 모든 질문에 답할 수 있을 만큼 깔끔하게 포장된 도로가 결코 아님을 명심하자.

최고의 방법은 주변에서 일어나는 일들에 주의를 기울이는 것이다. 회사가 지향하는 가장 뛰어나고 신속하고 똑똑한 방향과 현재의 미흡하고 불완전한 상황을 비교하면서 발전을 저해하는 문제들을 찾자. 간극은 비교하기 좋은 두 지점 사이에 존재한다. 바로 이 간극에서 당신은 회사의 비전을 실현하는 것을 도와줄 변화를 만들 수 있다. 회사의 가치는 바로 여기에 있다.

아무리 눈 씻고 봐도 간극을 찾을 수 없는 경우는 오히려 극히 드물다. 문제는 어떤 간극을 먼저 해결해야 하느냐다.

가장 손쉽게 달성할 수 있는 것에 먼저 접근하라. 성과를
거둘 수 있는 간극을 택하라.

처음부터 가장 어려워 보이는 간극을 골라 자신의 검에 스스로
찔리는 일은 없도록 하자. 신뢰받는 금융 전문가이자 베스트셀러 작
가 데이브 램지Dave Ramsey는 작은 부채부터 깊은 다음 모기지 같은
큰 부채를 처리하라고 조언했다. 나도 같은 조언을 하고 싶다. 당신
의 목표는 하나의 문제를 해결한 후 다른 문제를 해결해나가는 것
이다. 작은 승리로 시작해 승리 경험을 쌓자. 너무 복잡해서 승률이
50%밖에 되지 않는 문제로 시작해서는 안 된다. '알맞은' 간극을 식
별하는 데 시간을 쏟자.

커리어의 각 단계에서 간극이 어떻게 발견되는지 알려주기 위해
내가 겪었던 사례를 살펴보려 한다.

사례 연구: 사회초년생

나는 세계적인 리더십 권위자인 스티븐 코비가 세운 코비 리더십 센
터Covey Leadership Center에서 채용 담당자로 일했다. 그곳은 베스트셀러
『성공하는 사람들의 7가지 습관』과 위대한 리더십 강의가 탄생한 곳
이다. 나는 코비 회장이 성공의 정점에 달했을 무렵 센터에서 리더십
강연을 할 전 세계 강연자들을 섭외하는 일을 맡았다. 강연을 제공할
수 있는 시점보다 훨씬 이전부터 강의가 판매되고 있었다는 점을 미

루어 볼 때 나는 정규직 이상의 일을 했다. 후보자들을 추리고 면접을 진행하는 과정에서 나는 인사부가 일절 모르고 있던 우대 정책이라는 것을 우연히 알게 되었다. 이 우대 정책은 기업의 다양성 증진을 위해 국가 차원에서 운영되는 프로그램이었다. 설명을 덧붙이면, 회사는 당시 남성우월주의적인 분위기가 있었던 유타^{Utah}에 있었다.

이것저것 알아보니 이 규정 준수 요건이 여러 가지 이유로 중요하다는 사실을 깨달았다. 코비 리더십 센터는 뛰어난 평판을 가진 국제적 회사였다. 운이 좋게도 우리 센터는 대책을 마련해야 하는 현실을 자각하지 못한 채 정책의 감시망을 피하고 있었다. 채용 담당자인 나는 그 문제를 해결해야겠다고 생각했다.

나는 관리자의 승인을 받아 관련 프로젝트를 도맡았는데, 매력적인 업무가 아니라는 사실을 단번에 알아차렸다. 내용이 난해하고 나의 강점을 살릴 기회도 없었다. 프로젝트에 돌입한 지 서너 달 지났을 무렵, 우리 회사의 채용 계획이 무작위 감사 대상이라는 통지가 날아왔다. 신생 회사로서 우대 정책이 무엇인지에 대한 기본 지식만 아는 상태에서 그것은 하루아침에 화두로 떠올랐다. 석 달간 그 분야의 '전문가'였던 나는 어느새 회사의 주요 인물이 되었다. 우리는 속히 대비책을 세우고 규정 준수 요건들을 중심으로 관리팀이 힘을 합쳤다. 감사가 끝날 때까지 속전속결로 일을 처리한 덕에 성공적으로 감사를 통과할 수 있었다.

이 프로젝트는 내 커리어를 발전시키는 데 톡톡한 역할을 했다. 나는 직무기술서에 결코 드러나지 않는 간극을 찾아냈고 별 고민 없이 문제를 해결해나가기 시작했다. 사회초년생이었지만 문제가 생겼을 때 사람들이 가장 먼저 찾는 직원이 되었다.

사례 연구: 사회중년생

적임자를 찾기가 까다로운 방문영업직의 채용을 위해 채용 담당자로 조시가 고용되었다. 방문영업직은 급여가 100% 커미션으로 지급되는 데다, 집마다 찾아가 집주인에게 번번이 거절당하면서도 제품을 소개해야 하는 끈기와 담력을 갖추고 있어야 하는 탓에 인력 충원이 어려웠다. 게다가 영업팀 리더들은 지인을 채용하는 것에 익숙했으며, 갑자기 충원된 채용 담당자가 자신들처럼 방문영업직이라는 직무를 잘 이해할 수 있을 거라고 생각하지 않았다.

직접 판매 매출을 높이기 위해서는 최적의 환경이 필요하다. 하지만 영업팀의 환경은 최적이 아니었다. 영업팀 리더들은 졸지에 영업사원 수를 25% 이상 늘리라는 압박을 받았다. 여기서 지인을 고용하는 식의 접근법을 취했다면 한계에 부딪쳤을 것이다.

조시는 채용 담당자 경력이 없었는데도 고용되었다. 소셜미디어와 바이럴 영상 캠페인을 통해 B급 배우들과 '한물간' 배우들이 다시 인기를 얻을 수 있도록 도와준 경험이 있었기 때문이다. 영업팀에서는 애초부터 채용 경력이 없던 조시가 영업사원 채용 담당자로 오지 않기를 바랐다. 그럼에도 조시가 뽑혔던 건 소셜미디어와 디지털마케팅 기술을 다룰 줄 안다는 점 때문이었다.

조시는 영업팀 내부에서 그 누구도 채용 담당자를 원하는 사람이 없다는 사실 자체가 '진짜 문제'임을 빠르게 간파했다. 영업팀 리더들은 자신들이 알아서 사람을 뽑기를 원했다. 일자리를 제의하는 데 더 능숙하고, 또 실제로 입사까지 하는 후보자들을 본인들이 더 잘 구할 수 있으리라 믿었기 때문이다. 하지만 그들은 한 번에 한 명만 데리고 소통할 수 있었다. 조시는 직접 적임자를 만나 설득하는 채용 담당자가 되어 이길 수 없는 싸움에 덤벼드는 대신, 마케팅퍼널Marketing funnel(잠재 고객이 실제 구매에 이르기까지의 여정을 보여주는 프로세스— 옮긴이)을 활용해 인재를 유치하는 쪽으로 방향을 틀었다. 그는 소셜미디어 캠페인을 통해 인재들의 관심을 끌어모은 다음 성대한 영업사원 모집 행사로 그들을 유입시켰다. 영업팀 리더들은 그저 행사장에 나와 미리 준비된 인재들에게 적절한 홍보 메시지만 전하면 되었다.

한 명 한 명 인재를 찾고 모집하는 영업팀 리더들과 달리 조시는 한 번에 수십 명의 후보자를 발굴했다. 또 영업팀 리더들에게는 그들이 가장 잘하는 일인 영업에 집중할 수 있는 최적화 환경을 제공했다. 브랜딩을 잘 알고 있던 조시는 기존의 채용 행사 방식을 과감히 버리고 물건 찾기 게임, 자이언트 젠가 시합, 경주용 자동차 드라이빙 이벤트 등 파격적인 아이디어를 선보이고 유명 운동선수, 소셜미디어 인플루언서들을 강연자로 초대해 강한 인상을 불어넣었다.

조시는 후보자들을 찾은 후 그들을 곧바로 현업에 투입하는 과정에서 간극이 존재한다는 사실을 발견했다. 또한 기존 방식으로 채용

규모 목표를 달성한다고 해도, 영업팀 리더들에게는 후보자에게 비전을 제시하는 대규모 채용 행사를 조직할 시간이나 역량이 없었다는 점도 인식했다. 20대 중반 지원자들의 이목을 사로잡을 수 있는 인상적인 행사를 기획하려면 특별한 손길이 필요했다.

조시는 시급 15달러를 받는 '크리에이티브' 팀과 함께 영업사원 수를 25% 훨씬 넘게 늘릴 수 있었다. 한편 어떤 전문가가 이 회사의 분기별 공개 보고서를 읽고는 채용 활동의 호응을 끌어올리기 위한 마법 같은 타개책을 극찬했다는 얘기도 들려왔다. 관계자들이 크고 작은 일들에 모두 책임을 다했기에 노력이 빛을 볼 수 있었다. 그 과정에서 조시는 간극이 무엇인지 이해하고 있었다. 조시가 기존 채용 담당자처럼 일했다면 낭패감에 빠져 끝내 일을 관두었을 것이다. 그 대신 채용 담당자라는 직함에 연연하지 않고 회사의 돌아가는 사정을 빠르게 점검한 후, 마케팅 전문가이자 리드마그넷Lead magnet(잠재고 객으로부터 고객 정보를 받고 그 답례로 혜택을 제공하는 것 — 옮긴이) 전문가로 변신했다. 그리고 간극을 훌륭하게 메웠다.

사례 연구: 고위급 임원

사샤는 영업 활동을 총괄하는 수석급 리더였다. 이 직책을 새롭게 맡은 건 아니었지만 조직개편에 따라 'CAD 설계'라는 신생 부서가 그의 관리 아래 놓이게 되었다. 그는 시정해야 할 문제가 있다는 사실을 빠르게 깨달았다. 성과지표를 검토하면서 옥상 태양광 설계 제안서 결과가 직원마다 너무나 다르다는 점을 알아챘다. 발전發電 속도가 누구는 빨랐고 누구는 느렸다. 어떤 직원은 올바른 설계도를 제안했지만 다른 직원은 여러 가지 실수 탓에 재작업을 해야 했다. 작업 편차도 문제였지만 팀의 이직률이 매우 높은 것도 문제였다. 다른 회사에서 시간당 1달러만 더 높게 제시해도 그쪽으로 얼마든지 옮겨 갈 수 있었다.

본래 목표는 운영 효율 증진이었지만 실은 높은 이직률과 부서의 업무 노하우를 보전할 수 없는 것이 진짜 문제임을 그는 깨달았다. 직원들은 교육을 받고 최신 지식을 갖추기가 무섭게 회사를 나갔다. 고루한 리더였더라면 전 팀원의 급여를 올려 예산을 거덜 나게 했겠지만, 사샤는 간극을 좁힐 수 있는 기회를 발견했다.

그는 밀레니얼 세대의 성향에 어울리는 혁신적이고 획기적인 급여 모델을 제시했다. 직원들의 급여는 동일선상에서 시작해 CAD 설계의 정확도에 따라 매월 오르내릴 수 있었다. 그가 세운 모델에 따라 최상위 성과자는 급여를 50%까지 더 받을 수 있었다. 급여 인상은 한 사람이 제작할 수 있는 CAD 설계 수와 맞물려 있으므로 회사 비용을 급격히 올릴 일은 없었다. 반면 정확한 작업을 수행하지 못한 직원은 훨씬 적은 급여를 받게 될 것이었다. 그리고 매월 모든 직원은 원점에서 다시 시작할 수 있었다.

직원들은 작업 완성도와 급여의 연관성을 잘 이해했기 때문에, 성과 목표와 부서 내 경쟁 분위기는 CAD 작업 수준을 올릴 수 있었다.

또한 급여 인상 덕에 직원들은 지속 성장할 수 있는 커리어 방향을 찾을 수 있을 만큼 회사를 꾸준히 다녔다. 이직률이 현저히 떨어졌고 직무에 적성이 맞지 않는 직원들만 퇴사하기 시작했다. 변화가 긍정적인 결과를 가져왔다!

사샤는 자신의 역할이 단지 팀을 더 강하게 밀어붙이거나 이직률 문제를 해결하기 위해 더 많은 직원을 고용하는 것이 아님을 깨달았다. 진정한 간극을 본 것이다.

사례에 등장하는 주인공들은 간극을 다룸으로써 성공을 이끌어 냈고 더 많은 가능성을 여는 대안을 제시했다.

간극GAP의 앞글자를 따서, 집중해야 할 간극을 선택하고 그에 필요한 사고 과정을 이끌어내는 방법을 정리했다. 우선 그 간극을 해결하는 것이 과연 당신의 역할이나 당신의 부서를 '좋은 수준에서, 위대한 수준으로' 끌어올릴 수 있을지를 곰곰이 생각하자. 그다음 현재 상태에서 간극에 어떻게 '접근'할 수 있을지 고민하자. 마지막으로 문제를 해결하려면 어떤 '계획'을 세워야 할지 생각하자.

좋음에서 위대함으로 Good to great: "문제를 해결하면 나와 우리 부서가 위대한 수준으로 발돋움할 수 있을까? 의미가 있는 일일까? 이걸로 업무를 더 빠르고 효율적으로 처리할 수 있을까? 의미 있는 진전을 보여줄 수 있는 결과는 무엇일까?"

접근Access: "내가 취할 수 있는 방법으로 문제를 해결할 수 있을까? 문제를 해결하는 뚜렷한 비전을 세울 만큼 나에게 능력, 수단, 자율권, 지식이 있을까?"

계획Plan: "가장 먼저 밟아야 할 단계는 무엇일까? 본궤도에 오르는 데 필요한 그다음 세 단계는 무엇일까? 각 단계가 완료되었다는 사실을 어떻게 확실히 알 수 있을까?"

간극 워크시트

곧 등장하는 간극 워크시트를 작성할 때, 한층 더 명확한 이해를 도울 수 있는 다음 팁들에 대해 생각해보자.

- 첫 번째 원칙은 성과를 낼 수 있는 간극을 선택하는 것이다.
- 자신의 역할 범위 안에서 충분히 통제할 수 있는 단순한 간극부터 살펴보라.
- 더 중요한 성과를 달성하고 싶다면 부서 전체에 도움이 되고 다른 부서원과 협력이 필요한 중대한 간극을 찾자.
- 회사 목표와 관련된 긴요한 간극을 다룬다면 큰 결실을 얻을 수 있다. 회사 전략에 부합하기 위해 꼭 어렵거나 복잡한 것을 선택하지 않아도 된다. 제대로 고르기만 하면 된다.
- 선택한 간극이 위험 요소로 가득 차 있다면 잠시 시간을 갖고 재

검토하라.
- 해결책의 전체 지도를 한 번에 그리지 않아도 된다. 몇 발짝만 앞서도 충분하다.

당신 혼자 중요한 변화를 만들어낼 수 없을 것 같아 간극 택하기를 주저하고 있다면, 스스로에게 자신감을 불어넣을 수 있는 작은 일부터 시작하자. 나는 변화의 주체가 신입 프런트데스크 직원인지, 사업부를 총괄하는 임원인지는 중요하지 않다고 믿는다. 직급에 관계없이 모든 구성원은 저마다의 영역에서 중요한 차이를 만들 수 있다.

모두가 관심을 가지는 간극을 메우기 위해서는 적어도 그럴듯한 직함을 단 중간급 직원이어야 하거나 중요한 부서에 소속되어야 한다고 생각할지도 모르겠다. 그러나 실상은 그렇지 않다. 문제는 누구나 해결할 수 있으며, 회사에서 어떤 역할을 맡고 있느냐에 따라 저마다 장단점이 있다.

주니어급 직원의 간극 해결

주니어급 직원이라면 비교적 덜 복잡한 도전 과제를 골라도 된다. 번거로운 절차나 승인, 규제 없이도 해결책을 마련하고 곧바로 문제 해결에 착수할 수 있다. 문제를 발견한 다음 바로 해결하면 된다. 혼자서 해결책을 실행하지 않아도 된다. 잘못된 부분을 찾고 해결책을 시험하고 효과를 입증한 다음 리더의 지원을 받아 팀에 해결책을 제안할수 있다. 작은 성공을 많이 쌓아 빠르게 문제해결사로 알려질 수 있다. 양적인 측면에서 유리하다. 그리고 몇 번쯤 크게 성공하지 않아도 무

	고려 사항	문제와 대책
간극	• 무엇이 제대로 작동하고 있지 않을까? • 무엇이 사업과 프로세스를 느리게 만들까? • 더 나은 결과를 가져올 수 있는데도 현재 간과하고 있는 것은 무엇인가? • 회사의 목표와 방향과 일치하면서도 내가 통제할 수 있는 방법이 있는가?	
입증	• 문제가 있음을 보여주는 데이터나 증거가 있는가? • 있다면 무엇인가?	
기대 결과	• 이 문제를 해결했다는 사실을 어떻게 판단할 것인가? 성공적인 결과는 어떤 모습을 보이는가? • 가능하다면, 개선 정도를 어떻게 측정할지도 구체적으로 정하자.	

	고려 사항	문제와 대책

접근	• 이 일의 책임을 맡기 위해 나는 무엇을 해야 하는가?
	  - 사람/팀 - 수단
	  - 예산 - 역량
	  - 설득과 동의를 끌어내는 방법	

	고려 사항	문제와 대책
계획	• 문제 해결을 위해 나아가야 할 첫 번째 단계는 무엇인가?	

〈그림 11-2〉 간극 워크시트

리가 없다.

주니어급에서 그 위로 승진할 준비가 되어 있는 사람의 경우 복잡한 문제에 관여하면 일의 진행 속도가 떨어질 수 있다는 점은 주의해야 한다. 간극을 더 현명하게 선택하고, 지켜보는 눈이 많은 상황에서 간극을 끝까지 해결해야 한다.

시니어급 직원의 간극 해결

고위직으로 올라갈수록 권한이 커진다는 점이 긍정적이다. 부서 간 협업 과정에서 시니어급 직원은 강한 영향력을 행사하거나 다양한 기회를 갖는다. 관리자 과정을 밟는 시니어급 직원이라면 다른 사람에게 지원을 요청하지 않고도 프로젝트 실행에 투입할 수 있는 예산과 자원을 가져올 수 있다. 흐름을 보여주는 지표를 분석하고 보고할 수 있는 사람들과 자주 접촉할 수 있다는 점도 장점이다.

주의할 점은 높은 직위에 오를수록 문제가 더 복잡해진다는 것이다. 혼자 힘으로는 해결할 수 없는 것들이다. 결과를 완전히 통제하지 못할 때 위험 요소가 있다.

간극의 실제 사례들을 살펴보자. 조직 전체에 기여할 수 있는 문제 유형에 관해 시야를 확장하자. 다음은 내가 직장 생활을 하면서 만난 사람들에게 얻은 실제 해결책이다. 이들 대부분은 주니어급 직원이었다.

간극의 종류

- **정보의 간극**: 한 어시스턴트 직원이 지금까지 쌓인 이사회 미팅

자료를 온라인에 옮겨 보관함으로써 자료가 분실되거나 뒤섞이는 사고를 막고, 인쇄비와 배송비를 절감했다.

- **속도의 간극:** 한 개발자는 온보딩Onboarding(신규 입사자가 조직의 가치, 분위기, 문화를 습득해 조직에 안정적으로 적응할 수 있도록 진행하는 교육—옮긴이) 앱을 제작해 신입 영업 사원들의 채용 절차가 30분 안에 끝나도록 하고, 각 단계가 완료될 때마다 소속 관리자에게 안내가 갈 수 있도록 했다. 그 결과 잡오퍼에서 근무 시작일까지의 기간이 5일 단축되고 근무 첫 주의 생산성이 50% 증가했다.

- **복지의 간극:** 어떤 직원은 회사의 구내식당과 셰프들을 지역 케이터링 업체로 대체하고 점심 주문을 배달하자는 아이디어를 제시해 매년 200만 달러를 절약했다.

- **교육의 간극:** 재무팀은 전 임직원 대상으로 기초 손익 교육을 진행해 직원들에게 주인 의식을 심어 주고 분기별 회의 결과와 회사 예산에 대한 이해를 증진시켰다.

- **고객의 간극:** 어떤 관리자는 세 가지 핵심 품질 지표와 생산량 지표를 기준으로 매월 시간당 급여가 오르거나 내리는 보상구조를 개발했다. 그 덕에 최고 성과를 낸 직원들은 항상 가장 높은 급여를 받았으며 높았던 이직률을 낮출 수 있었다.

- **후보자의 간극:** 채용에 쓸 수 있는 예산이 바닥난 상황에서 후보자를 25% 추가 확충해야 했던 채용 담당자는 전 직원을 채용 담당자로 만드는 캠페인을 집행했다. 후보자를 추천하는 사람에게 하와이 여행 전액 지원의 추첨 기회를 제공했다. 소요된 자금은

신입 사원 채용비 절감액에서 끌어왔다.

- **계약의 간극:** 회사에서 체결한 계약 상당수가 재협상이 필요하다는 사실을 발견한 시니어 직원은 그 프로세스를 도맡아 절감된 금액의 일부를 돌려받을 수 있게 해달라고 회사에 제의했다. 결과적으로 그는 연 20만 달러 이상의 수입을 올렸으며 회사는 200만 달러가 훨씬 넘는 비용을 절감할 수 있었다.
- **혁신의 간극:** 분기별 현황 회의를 준비하던 행정 직원은 일반 직원 참여를 통해 혁신 문화를 조성할 수 있겠다는 가능성을 발견했다. 그는 CEO 사무실에서 예산을 지원 받아, 회사를 개선할 수 있는 최고의 아이디어를 제공한 직원에게 5,000달러 상당의 상금을 지급하는 혁신 프로그램을 운영했다.
- **'몰랐던 부분'의 간극:** 매일같이 수십 건의 정부 보조금 신청서를 작성해야 했던 한 직원은 수동 입력 항목들을 없앨 수 있는 프로그램을 만들어냈다. 그 결과 회사의 일일 신청서 처리 건수가 50% 증가했고 수백만 달러의 추가 수익이 발생했다.

나는 간극을 발견하고 해결하려 하는 직원들이 회사에서 새로운 실험적 역할을 맡으려 하고, 결과를 측정하는 일에 더 집중하며(자신이 성취하고자 하는 바를 시작부터 명확히 알고 있기 때문), 조직에서 주목받을 가능성이 더 크다는 것을 알게 되었다.

여전히 기존 업무에 집중할 필요가 있지 않느냐는 말도 일리가 있지만, 그중 일부는 문제 해결이 아닌 '현상 유지'에 치중되어 있다. 하지만 현상 유지에 업무 시간의 80%를 쓰고 간극 해소에 고작 20%

의 시간을 들이는 것보다 중요한 목표는 유지 보수 업무를 간소화하는 효율적인 방법을 찾는 것이다. 이렇게 한다면 시간 비율이 바뀌어 회사의 성장을 가로막는 문제를 해결하는 데 더 많은 시간을 할애할 수 있다. 문제 해결에 시간을 쏟을수록 승진에도 유력하다.

이제 당신만의 간극을 찾아볼 차례다. 현재 당신의 커리어는 어떤 단계에 있는가? 어떤 간극을 식별할 수 있을까? 간단하게 리스트를 적어보라. 그런 다음 그 간극을 어떻게 채울 수 있을지 브레인스토밍하라. 현재 직급이 중간급 또는 고위급인가? 그렇다면 신입 사원 시절을 돌이켜보고 당시 해결하지 못했던 간극이 무엇이었는지 지금 생각해봐도 좋다.

만약 지금 알고 있는 걸 그때 알았더라면 다르게 행동했을까?

12장.
영향력에 관한 진실

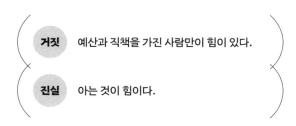

거짓 예산과 직책을 가진 사람만이 힘이 있다.

진실 아는 것이 힘이다.

내가 아는 강한 영향력을 가진 사람이 있다. CEO도, 임원도 아닌 중간급 실무자로 좁은 칸막이 자리에 앉아 일하는 사람이었다. 그는 당시 연봉이 5만 달러가 넘지 않았다. 처음에는 구석진 자리에서 일하는 말 없는 직원이었지만 언젠가부터 회사 곳곳에서 타 부서 사람들과 어울리며 점심을 함께하는 모습이 눈에 띄기 시작했다. 나는 그의 발전을 지켜보면서 그의 영향력이 어떻게 확대되는지 주목했다.

어느 날 임원 방 앞을 지나고 있었는데, 그가 다른 고위급 직원들과 나란히 서서 발표를 하고 있었다. 어떻게 구석빼기 직원이 그 회의에 있을 수 있는지, 무슨 일로 발표를 하고 있는지 도통 이해가 되질 않았다. 처음에는 회사에 잠입한 산업 스파이가 아닐까 의심도 했다. 몇 년 뒤 그는 CEO가 직접 구성한 팀으로 차출되어, 경쟁사를 연구하고 새로운 아이디어를 모색하며 승산 있을 만한 인수합병 대상 기업을 물색하는 일을 했다. 그는 투자자 대상 프레젠테이션 자료를 만들고 CEO 주관의 긴밀한 프로젝트를 경영진과 함께 진행하는 인물이 되었다.

3년 만에 그의 연봉은 두 배 이상 뛰었다. 그는 조직에서 누구도 부정할 수 없는 영향력 있는 사람이 되었다. 이 직원은 하버드대를 나온 수재도, CEO의 조카도 아니었다. 신탁기금에 자산을 넣어둔 그의 부모가 그를 회사에 꽂은 것도 아니었다. 문제점을 발견하고 해결하는 것이 자기 일이라고 생각하는 직원일 따름이었다. 그는 두려움을 모르는 자세로 회사에 대해 알아간 덕에 대부분 임원에게는 없는 통찰을 얻었다. 조직의 하층부, 중층부, 상층부에서 나타나는 문제들을 고루 알고 있었다. 이름도 모를 한낱 구석빼기 직원에서 지대한 영향력과 힘을 행사하는 인물로 변모한 사람이었다. 어떻게 가능했을까? 그는 이 원칙을 숙지하고 있었다.

> 회사에서 영향력을 얻고 싶다면 업계, 경쟁사, 회사의 전문가가 되어야 한다. 고학력도 소용없다. 필요한 건 호기심뿐.

다른 사람의 말에 귀 기울이고, 질문을 던지고, 의미 있는 해결 방안이나 아이디어를 낳는 새로운 지식을 얻음으로써 조직에서 영향력을 키울 수 있다는 것, 이것이 구석빼기 직원이 손에 넣은 비밀이었다.

진정한 영향력을 보유한 사람들은 다른 사람들이 귀담아들을 법한 말을 한다. 많은 사람이 필요로 하는 정보를 제안하며, 충분한 정보를 바탕으로 의견을 제시한다. 영향력 있는 사람이란 감투를 쓰고 있거나, 별도의 사무실에서 일하고 있거나, 부하직원을 제일 많이 두고 있거나, 예산 권한이 있는 사람이 아니냐는 얘기를 자주 한다. 자신이 고위급 리더가 아니면 사람들이 자신의 말을 경청하지 않을 거라는 확신이랄까. 보통 이런 믿음은 다음과 같은 말들로 나타난다.

- "높은 직함을 달면 사람들은 나를 다르게 대접할 거야."
- "상사는 내가 전략적으로 행동하도록 놔두지 않지."
- "지금 내 직급에서는 변화를 만들어 낼 힘이 없어."
- "결정은 다른 사람들이 내리는 거고 나는 그냥 시키는 대로 할 뿐이야."

이런 생각은 이제 그만두자. 그럴듯한 직함을 달지 않고도, 전망 좋은 사무실에서 일하지 않고도 조직에서 일어나는 사건의 흐름에 영향을 준 사람은 수도 없이 많다. 회사는 각 직급마다 영향력 있는 사람들을 필요로 한다. 어떤 직급이든 누구나 변화를 이끌어낼 수 있다. 경영진이 모든 실권을 장악하고 있다고 생각한다면, 지금 자신의 역할을 이용해 당장에라도 영향력 있는 사람이 될 수 있는 기회를 눈앞에서 버리고 있는 셈이다.

평범한 구석빼기 직원은 '궁금한 게 있는데….'라고 질문들을 던지면서 경영진들이 경쟁 환경에서 간극을 포착할 수 있도록 도왔다.

전략을 최초로 마련한 장본인은 아니었지만 흡인력 있는 스토리를 창조했고 프레젠테이션을 통해 투자 자금을 얻어냈다.

그는 최고의 아이디어에 자금을 지원하는 혁신 대회를 개발했고, 이를 통해 직원들은 절감한 비용과 창출한 수익 일부분을 보상받을 수 있었다. 이 대회는 모든 직원이 변화를 이뤄낼 수 있다는 새로운 관점을 열어주었다. 신제품, 새로운 수익원, 상당한 비용 절감 아이디어를 통해 수백만 달러의 이익이 발생했다. 구석빼기 직원이 모든 성과를 혼자 냈다고 말하기는 어렵지만 그의 영향력만큼은 조직 전반에 걸쳐 늘어났다.

사무실 구석에서 보이지 않게 일하는 사람일지라도 그 힘은 어마어마할 수 있다. 이 장에서는 영향력을 쌓는 공식과 회사에 더욱 가치 있는 사람이 되는 법을 안내한다. 업무 결과물을 리더들에게 유용한 데이터로 변환하는 방법도 알려줄 것이다. 이로써 당신은 그들의 지지를 얻고, 지식과 데이터의 활용을 통해 조직에서 자신의 목소리를 내는 방법을 깨치게 될 것이다.

영향력을 키우는 작은 걸음

영향력을 키우기 위해 필요한 것은 목소리 내는 법을 배우는 것이다. 당신은 특별히 할 말이 없다고 생각할 수 있지만, 많은 정보와 지식을 찾아 나설수록 자신감을 느끼게 될 것이다. 적어도 영향력을 갖추려면 나만의 견해가 있어야 한다. 그렇지 않으면 조직에서 '유령'

이 되고 말 것이다. 영향력을 갖추려면 당신의 모습을 드러내고 당신의 의견을 전달해야 한다. 무모하지 않고 계획적인 방식으로 말이다. '난 너무 직급이 낮아.' '난 그만큼 똑똑하지 않아.' '내 지식은 아직 얕아.' 같은 생각을 하지 말고 두려움 없이 자신이 아는 바를 공유할 수 있어야 한다. 이러한 태도는 사회초년생들에게 어려울 수 있다. 하지만 목소리를 낸다는 건 스스로에 대한 만족도를 높이는 효과도 있다는 사실을 기억하자.

> 어떤 방법을 찾아내는 일이 다른 사람의 일이라고 생각하지 않을 때 비로소 영향력을 발휘할 수 있다.

영향력을 창출하는 두 번째 핵심 원칙은 '궁금증 갖기'다. 궁금한 점에 대해 질문하다 보면 회사를 더 깊이 이해하고 부서 바깥과 회사 전체 생태계도 파악할 수 있게 된다. 그러다 보면 어느 순간부터 부서들이 서로 어떻게 합을 이루는지 명확히 보이게 될 것이다. 조직 하부로 내려오면서 전략이 어떻게 해석되는지도 잘 알게 될 것이며, 어떻게 하면 중요한 변화를 만들 수 있을지도 이해하게 될 것이다. 호기심을 갖고서 간극 프로젝트를 식별하거나 이전에는 몰랐던 진로에 눈을 뜰 수 있다. 컴퓨터가 단순히 무엇을 출력하는지가 아니라 어떻게 작동하는지 아는 것과 비슷하다.

회사와 업계에 대한 지식과 관심 분야와 전문 영역에 대해 이미 알고 있는 것들을 서로 교차하면, 자신이 보유한 지식이 굉장히 많다는 사실에 놀랄 것이다. 회사에서 영향력 얻는 과정을 시작하기 위해

'그만둘 것'과 '시작할 것'이 각각 세 가지 있다.

그만둘 것
- 다른 사람이 문제를 정의해주거나 답을 주기를 기다리는 것.
- 문제 해결을 위해 승인을 기다리는 것.
- 의견을 제시할 권한이 나에게 없다고 생각하는 것.

시작할 것
- 질문을 하고 궁금증을 품는 것.
- 데이터들을 서로서로 연결하는 것.
- '~을 해보면 어떨까요?'라고 질문하는 것.

이것을 구체적으로 설명하기 위해 신입 채용 담당자가 자신의 의견을 대담하게 밝혀 회사에 기여했던 사례를 소개한다. 막내 직원이었던 그녀는 상당히 의미 있는 방식으로 회사의 난제에 자신의 전문 지식을 활용했다.

사례 연구: 부족한 예산으로 채용하기

슬로우모션 영상처럼 고개가 일제히 돌아갔다. 평소 가장 조용했던 신입 채용 담당자가 아이디어를 하나 던졌는데 거기 있던 사람들이 모두 깜짝 놀라 쳐다봤다.

우리는 부진했던 업무를 놓고 회의를 진행하는 중이었다. 대학생들 사이에서 인재 유치 경쟁을 벌이는 회사들이 많았는데 우리 팀은 거기서 뒤처지고 있었다. 회사가 요구하는 기준을 충족시키기는 불가능했다. 추가 예산도 얻기 어려웠다. 그럼에도 지원자 모수와 신입사원 수를 늘려야 하는 상황이었다. 부서 관리자는 아무리 엉뚱한 것이어도 좋으니 아이디어가 없느냐고 물었다. 회의실에 적막이 흘렀고 다들 좌절했다. 할 수 있는 방법을 전부 시도한 뒤였다. 구시렁구시렁하는 소리가 새어 나오는 가운데, 한 신입 직원이 당차게 아이디어를 제안했다.

"모든 직원을 채용 담당자로 만들면 어떨까요?"

그녀의 말은 잠시 공중에 머물렀다. 이내 모두가 고개를 끄덕이기 시작했다. 그녀의 명확한 발언에 다들 사뭇 놀랐다. "예산이 없다면 대학생들이 모여 있는 곳, 그러니까 소셜미디어로 가서 학생들을 만나죠." 그녀의 대답은 토론에 불을 지폈다. 회의에서는 기막히게 훌륭한 계획이 나왔다. 이 계획은 실제로도 주효했다.

나머지 팀원들의 아이디어와 조언이 더해진 끝에 신생 프로그램이 시작되었다. 이 회사에서 근무하는 것이 왜 좋은지 이야기하는 차별성 있는 영상을 소셜미디어에 포스팅하는 프로그램이었는데 직원이면 누구나 참여할 수 있었다. 채용팀은 직원 전용 소셜미디어 필터와 링크를 제공해 지원자들이 직원들의 개인 프로필을 통해 입사 지원을 할 수 있게 했다. 매주 가장 입소문이 많이 난 포스팅 주인에게는 하와이 여행 2인 추첨권이 주어졌다. 이 비용은 채용 예산을 활용해 충당했다. 입사 지원 시 추천인에 직원 이름을 기입한 지원자에게는 별도의 추첨권이 제공되었다. 그 지원자가 최종 합격하면 해당 직원은 두 장의 추첨권을 받았다.

프로그램은 대박을 터뜨렸다. 채용 포지션은 모두 채워졌고 채용팀은 위기를 극복할 수 있었다. 신입 직원이 소셜미디어 지식과 대학생의 문화를 문제 해결에 적용했던 덕분이었다. 이것이 바로 영향력을 만드는 공식의 비결이다.

아이디어 자체도 놀랄 만큼 멋졌지만 진정한 위대함은 프로그램 성공을 뒷받침하는 데이터에서 나왔다. 4개월에 걸쳐 추천인 수가 40% 증가했고 지원자 수가 월 228명에서 425명으로 늘어났다. 최종적으로 이 프로그램은 채용 예산을 오히려 25% 줄였고 부서 효율성을 증진시킬 수 있는 새로운 경로를 제공했다. 신입 직원이 전문 지식을 적용한 일을 선데 아이스크림이라고 한다면 데이터는 그 위에 얹은 체리라 할 수 있다.

화룡점정의 데이터

데이터는 무궁무진하다! 회사 내 어디서든 데이터를 찾을 수 있다. 설령 데이터가 없다 하더라도 자신의 업무를 측정해 직접 데이터를 만들어낼 수 있다. 남들이 아직 사용하지 않은 귀중한 데이터를 찾아서 비즈니스에 가시적 변화를 일으킬 수 있다는 말이 거창하게 들리는가? 그렇지 않다! 기업에는 구조화되지 않은 데이터가 방대한 양으로 존재한다. 다른 말로 하면 특정 보고서에 공식적으로 나타나지 않은 것이다. 이것을 '다크 데이터Dark data'라고 부르며 기업이 보유한 데이터의 80~90%는 여기에 속하는 것으로 추정한다.

구조화된 데이터의 10~20%를 소비하고, 그 데이터를 통해 더 나은 비즈니스 결정을 내리는 데 유용한 정보를 선별한다는 것은 본래 어려운 작업이라는 걸 경영진으로서 말해주고 싶다. 그러나 우리는 넘쳐나는 데이터를 방치하고 있다. 데이터를 완벽한 관점에서 바라볼 수 없을 뿐더러 의미 있는 부분을 전혀 못 보고 있다는 뜻이다!

회사는 체계를 확립하는 데 도움이 되는 데이터의 발굴을 결코 끝내는 법이 없기 때문에 개인은 자신만의 데이터와 독특한 관점을 활용할 수 있다. 바로 당신이 중요한 차이를 만들어내는 주인공이 될 수도 있는 것이다. 늘 하던 업무를 하면서도 새로운 데이터를 '발견하는 일'이 언제든 일어난다. 미국 아칸소주에 있는 다이아몬드 분화구 주립공원Crater of Diamonds State Park에 가는 것과 비슷하다. 이곳은 원래 화산 분화구였던 곳인데, 사람들이 다이아몬드를 찾아 가져갈 수 있는 세계 유일의 장소다. 여기서 매년 600개 이상의 다이아몬드가 발견된다. 사람들은 1906년부터 다이아몬드를 찾아다니고 있다. 2021년에는 4.38캐럿짜리 옐로다이아몬드를 찾아내기도 했다.

당신도 회사에서 데이터 다이아몬드를 찾을 수 있다. 데이터를 다이아몬드라고 하는 건 과장이 아니다. 맥킨지의 연구에 따르면 매출과 수익 측면에서 전체적으로 가장 크게 성장한 기업들이 지난

3년 동안 벌어들인 수익의 최소 20%는 자발적인 사내 데이터 분석 덕분이었다. 이 조직은 데이터가 성공 공식의 일부임을 깨닫고, 일선 직원에서 CEO에 이르기까지 전 직원에게 데이터 활용을 강조했다. 데이터를 당신의 경쟁 도구로 삼을 수 있다고 한다면, 당신의 업무에서도 이런 결과를 얻을 수 있다고 한다면 너무 비현실적일까?

이전 장에서는 간극을 다룸으로써 영향력을 확대할 수 있다는 내용을 이야기했다. 지식과 데이터의 계획적인 활용을 통해 간극 해결 프로젝트도 위와 비슷하게 20% 수준까지 향상할 수 있다면 어떻겠는가?

사례 연구: "뭔가를 발견한 것 같습니다."

국내 최대 규모 핀테크 기업에서 일어난 일이었다. 고객사들이 신제품을 이용해 판매량을 크게 증대할 수 있는 방법을 찾아낸 것은 임원이 아닌 중간급 상품 매니저였다. 미리 말해두고 싶은 것은, 데이터 다이아몬드를 찾기 전부터 이미 그 신제품을 개발해 판매하던 중이었다는 사실이다! 관리자는 회사의 상위 고객 20명의 거래 동향 데이터를 살펴보다가 호기심을 자극하는 패턴을 발견했다. 곧바로 지난 5년 동안의 데이터도 돌려봤는데, 이 신제품이 고객사들의 거래량을 약 50%까지 증가시킬 수 다는 구매 패턴의 특이점을 발견하게 되었다. 기존의 제품 계획이나 투자수익률 모델링에서 결코 찾아내지 못한 사실이었다. 그는 매니저의 방으로 들어가 말했다. "제가 뭔가를 발견한 것 같습니다."

그들은 최상위 고객으로 구성된 테스트 그룹을 빠르게 형성했다. 첫 번째 고객은 상당히 놀라운 '무언가'를 들고 왔는데 이 제품을 채택한 후 거래량이 73% 증가했다는 것이다.

이 정도 규모와 성숙도의 회사에서는 일반적으로 들어 볼 수 없는 결과다. 그렇지만 데이터 다이빙을 즐기는 호기심 풍부한 프로덕트 매니저는 회사의 수익 흐름을 개선하는 파괴적인 변화를 실현해냈다. 데이터 다이아몬드가 발굴될 수 있었던 건 누군가가 데이터의 위력을 이해했기 때문이었다.

고위 리더가 아니라 일반 직원의 사례를 소개한 이유가 있다. 커리어 초창기부터 데이터 다루기에 익숙해진다면 나중에는 자연스러운 일이 될 것이다. 데이터는 비즈니스 언어, 그것도 고위 리더의 언어다. 당신이 비즈니스 언어의 학습을 미룬다면, 고위 리더들에게 당신의 목소리를 전할 기회를 잃고 있는 셈이다.

데이터를 활용하는 10가지 방향

직원들은 사실 자신이 더 많은 것을 리더에게 제안할 수 있다고 생각한다. 그리고 이것의 가장 빠른 방법은 감정적으로 호소하는 것도, 회사를 그만두겠다고 협박하는 것도 아니다. 간단한 해결책이 있다.

숫자로 말하는 것이다. 어디서부터 시작해야 할지, 당신의 개인적인 영향력을 키우기 위해 어떻게 데이터를 활용해야 할지 잘 모르겠다면, 유능한 운영 부문 임원인 브라이언 크리스티안센Bryan Christiansen의 아이디어를 참고하자. 그는 평생 생산성을 높이기 위한 방안들을 탐구하며 아무리 어려운 개념이라도 사람들이 잘 이해하도록 해준다.

- **연봉을 협상할 때:** 당신의 실적을 증명하는 데이터를 제시하라. 회사는 성과를 달성하기 위해 당신을 고용한다는 사실을 잊지 말자. "연봉이 좀 적은 것 같습니다."라고 감정적으로 주장하면서 연봉 인상을 요구하는 건 금물이다.
- **당신이 승진해야 함을 설득할 때:** 자신이 승진해야 하는 사람임을 개괄적으로 보여주는 데이터를 내놓자. 단, 상사가 달성하고 싶은 성과와 관련이 있어야 한다. 당신이 필수 역량을 갖췄다는 사실을 입증하는 자격증, 교육 이수증 등의 데이터는 "제가 이 회사를 다닌 게 얼만데 이제 승진해야죠." 같은 주장보다 훨씬 유리하다.
- **팀을 이끌 때:** 데이터로 뒷받침할 수 있는 비전을 공유하고 '그 비전을 신뢰해야 하는 이유'를 명백히 제시하자. 개인이 그렇듯 팀도 성과를 올리고 싶어 한다.
- **새로운 제안서를 소개할 때:** 승인을 얻을 수 있는 기준을 파악하고, 자신의 제안이 모든 기준을 충족하고 또 더 뛰어나다는 사실을 증명하는 데이터를 제시하라. 승인 기준은 의사결정권자가

성과라고 여길 만한 것이어야 한다.

- **클라이언트에게 솔루션을 판매할 때:** 클라이언트의 목표가 어떤 모습일지 가늠하고 이에 맞춰 프레젠테이션을 준비하라. 당신의 솔루션이 그들의 목표 달성에 기여한다는 정확한 데이터를 제시하자.

- **피드백을 주고받을 때:** 입증되지 않은 진술이 아니라 실질적인 데이터를 공유하는 데 집중해야 한다. 상대로부터 피드백을 받았을 때 그 내용을 더 잘 이해할 수 있도록 데이터를 요청하라. 피드백을 주고받는 상황이 감정적으로 번질 우려도 있음을 명심하자.

- **거래처와 협상할 때:** 거래처의 목표가 무엇인지 이해한 뒤, 나와 회사의 목표를 그것과 비교하여 헤아려보자. 나의 요지를 상대에게 충분히 알릴 수 있는 데이터를 제시하라.

- **고객의 입장을 대변하고 고객과 상호작용할 때:** 모든 사람은 존중받기를 원한다. 고객이 언짢아하거나 감정적으로 격해져 있을 때 불만을 잠재울 수 있는 유일한 방법은 데이터를 공유하는 일이다.

- **업무 프로세스의 문제 원인을 밝힐 때:** 데이터를 근거로 들어라. 업무 프로세스에 있는 사람들이 기계가 아닌 감정을 느끼는 인간임을 기억하자.

- **마케팅 포인트에 공을 들이자:** 고객들이 제품이나 서비스를 구매할 때는 특정 니즈가 있다. 고객의 목적을 정확히 파악하라. 회사가 고객의 니즈를 만족시키는 데 무엇을 제안하는지 이해

하라. 시장조사를 수행하고 당신의 결론을 뒷받침하는 데이터를 제시하라.

데이터 활용법을 아는 것 말고도 부서에서 사용하는 지표와 그 중요성을 이해해야 한다. 부서나 산업을 움직이는 데이터를 안다면, 그것을 활용해 자신의 직무나 부서에 긍정적 변화를 이끌어낼 수 있다. 출발점이 어디더라도 상관없다.

모든 직무에는 측정 지표가 있다. 아직 정해지지 않았더라도 누군가가 대신 정해주겠거니 하고 기다려서는 안 된다. 업무 진척을 가장 효과적으로 보여줄 수 있는 지표를 하나 정하자. 이것은 회사의 관심 분야에 자연스레 집중하는 방법이다.

성과 측정에는 두 번째로 중요한 이점이 있다. 당신이 회사에 더 많은 책무를 요구할 때 그 측정 결과는 레버리지로 활용할 수 있는 강력한 성과 목록이 된다. 당신의 성과가 회사에 어떻게 기여할지를 스스로 이해하고 있다는 것을 보여주기 때문이다. 더 많은 연봉을 요구할 때도 성과 측정 결과를 근거로 쓸 수 있고, 훗날 이직할 때 이력서에 이러한 내용을 담아 유리한 협상을 할 수도 있다.

개인 성과표나 부서 성과표를 작성할 때 고려할 수 있는 지표는 다음과 같다.

- 수익 증가 지수
- 관리 예산
- 비용 절감액

- 매출 발생액
- 판매 증가 지수
- 이익 증가 지수
- 개선된 프로세스의 수 또는 축소된 프로세스의 단계 수
- 고객충성도 상승 지수
- 홈페이지 또는 어플리케이션 접속자 증가 지수
- 주문 처리 시간 감소분
- 직원 또는 고객 참여도 증가 지수
- 잠재 고객 전환율 증가 지수
- 주문 처리 수량과 속도 증가 지수
- 재구매 고객 비율 증가분

정보를 모아 지식 큐레이터가 되라

영향력 있는 CEO들의 모범 경영 사례를 읽으면 이들은 매일 최신 이슈와 비즈니스 뉴스를 공부한다. 당신의 일과에도 이런 시간이 필요하다. 회사 내부와 외부에서 수집하는 갖가지 지식에서 놀라운 것들을 얻을 수 있다. 새로운 트렌드와 혁신, 기술을 읽고 배우는 것은 언제나 도움이 된다. 그것이 당신의 업무와 직접적 관련이 없더라도 일하는 방식 또는 더 나아가 회사를 바라보는 시선을 바꾸기도 한다.

우선 자신의 직무나 전문 영역에서 배움의 자세를 갖춰라. 그런 다음 산업, 경쟁사, 떠오르는 트렌드에 대한 외부 자료에서 정보를

수집하자. 그러고 나서 재직 중인 회사에 그것을 확장하고 적용하라. 정보를 수집하는 실용적인 방법에는 다섯 가지가 있다.

1. **최신 뉴스**: 매일 15분을 투자해 비즈니스 뉴스나 출판물을 읽자. 회사나 업무와 관련된 최신 트렌드, 아이디어, 신생 기업, 신제품을 주의 깊게 살펴보자.

2. **부서 대시보드**: 부서에서 체크하는 대시보드나 지표가 있는지 관리자에게 문의하라. 그것을 파고들어 연구하고 약점, 강점, 간극, 기회를 발견할 수 있는지 확인하자.

3. **전문가 단체**: 관련 산업 협회나 전문가 협회에 가입하라. 강연을 듣고 인맥을 형성할 수 있으며 새로운 트렌드를 알아갈 수 있는 이벤트를 자주 개최하는 곳, 지역마다 지부를 갖춘 전국적인 규모의 조직을 고려하라.

4. **분기별 실적**: 회사가 공개 상장된 곳이라면, 회사에서 발표하는 분기별 실적과 가이던스Guidance(기업이 매출액, 영업이익, 당기순이익 등의 실적을 전망하고 방향을 제시하는 것―옮긴이)를 집중해서 듣자. 당신의 부서에까지 전해지지 않을 수 있는 회사의 방향성과 도전 과제에 대해 유용한 정보를 듣게 될 것이다.

5. **지역 최고의 비즈니스 어워드**: 현지 사업체나 언론사가 후원하는 상들이 있다. 이를 통해 지역 비즈니스 무대에 영향을 준 모범 사례, 참신한 아이디어, 인물들을 찾아보자.

지식의 놀라운 점은 그것이 가산적이라는 것이다. 현재 회사나 부서, 업계에 대해 더 많이 안다면 뒤처지려야 뒤처질 수 없다. 이미 알고 있는 것에 새로운 지식을 추가하면 지금의 방향에 확신을 더하거나 궤도 수정에 필요한 정보를 얻을 수 있다.

해외의 최신 비즈니스 이슈를 파악하기 좋은 매체들이 있다.

- 「**월스트리트저널**Wall Street Journal」: 기업·투자·금융 관련 최신 뉴스에 가장 큰 강점이 있는 발간물이다.
- 「**포브스**Forbes」: 주식시장, 금융, 혁신, 인수합병, 기술, 커리어를 포괄적으로 다룬다. '세계에서 가장 가치 있는 브랜드'와 '세계의 억만장자' 등의 인기 콘텐츠를 제공한다.
- 「**포춘**Fortune」: 매출 기준으로 기업 순위를 매기는 포춘 500대 기업을 발표하는 곳으로 유명하다. '일하기 좋은 100대 기업', '가장 영향력 있는 여성' 등도 발표한다.
- 「**하버드비즈니스리뷰**Harvard Business Review」: 기술 혁신에 특화된 최신 비즈니스 동향을 심도 있게 연구한 논문이 실린 경영 바이블이다. 고위 간부들이 가장 선호하는 잡지다.
- **패스트컴퍼니**Fast Company: 혁신적 비즈니스 아이디어와 변화에 집중하는 경향이 강한 밀레니얼 세대 매체다.
- **마켓워치**MarketWatch: 주식시장의 업데이트 상황을 쉬지 않고 다루기로 특히 유명한 웹사이트다.
- 「**Inc.**」: 이제 막 시작해 커나가는 사업, 엔젤투자, 영업마케팅, 혁신 등의 내용을 다루는 잡지로 사업가와 스타트업에 유익하다.
- **클럽하우스**Clubhouse: 캘리포니아 벤처 투자자들이 떠오르는 기

업들과 산업의 트렌드를 논의하는 플랫폼으로 개발한 어플리케이션이다. 지금은 여러 주제로 확장되었지만 여전히 혁신 트렌드와 스타트업에 무게를 두고 있다.

이러한 공식은 당신을 잘못된 방향으로 이끌지 않을 것이다. 앞서 나왔던 구석빼기 직원 이야기로 돌아가보자. 그는 이제 구석 자리에 앉아 있지 않다. 그는 마케팅 임원이 되었다. 사필귀정이다.

임원이 되든, 능력을 충분히 인정받는 베테랑 실무자가 되든 당신이 하기에 달렸다. 누구의 허락도 필요 없다. 필요한 건 모두 당신 앞에 있다.

능력이 항상 직함과 같지는 않다. 능력은 영향력과 관련이 깊다. 회사에서는 누구나 영향력을 가질 수 있다. 지식을 활용하는 방법만 알면 된다. 우편물실 직원부터 최고 경영진까지 사무실에 있는 직원 가운데 필수적인 사람들을 떠올려보자. 두루 신임받는 이들은 지식을 보유하고 있을 뿐 아니라, 성과를 내기 위해 그 지식을 활용하는 방법도 알고 있다.

최고 경영진만 영향력을 가지고 있다는 거짓말에 속지 말자. 내 고유한 지식을 활용해 영향력을 확장한다면 사무실에서 가장 촉망받는 인물이 될 것이다.

영향력과 지식의 범위를 시각화할 수 있는 효과적인 방법이 '마인드맵 그리기'다. 회사에서 나만이 가진 핵심 지식이 무엇인지 떠올려보라. 그것을 종이에 적고 원을 그리자. 원에서 가지가 바깥으로 뻗어나가면 가지 끝에 또 다른 원을 그리자. 회사에서 그 지식을 써

먹을 수 있는 모든 방법, 그 지식이 부서에 도움이 될 수 있는 구체적인 방법을 원 안에 채워보자. 각각의 원에서 또 다른 가지와 원을 그리자. 이번에는 그 지식이 타 부서나 회사 전체에 어떻게 도움이 되는지 적자. 마인드맵을 완성하면 지식의 작은 낱알이 얼마나 멀리까지 영향을 미칠 수 있는지 한눈에 알 수 있을 것이다.

13장.
승진 비결에 얽힌 거짓

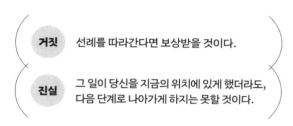

거짓 선례를 따라간다면 보상받을 것이다.

진실 그 일이 당신을 지금의 위치에 있게 했더라도,
다음 단계로 나아가게 하지는 못할 것이다.

나는 열악한 환경의 사무실에서 일했다. 인사 책임자로 입사한 첫 한 달간 내 사무실을 찾는 것은 쉬웠다. 4층에서 가장 지저분해 보이는 곳을 찾으면 되었으니까. 거기에는 나와 몇 주 전에 채용한 두 직원을 위한, 그리고 앞으로 6개월에 걸쳐 채용해야 하는 수백 명을 위한 빈 책상이 가득 차 있었다.

그들에게도 나에게도 이 회사는 인생 최고의 직장이 되리라 기대했지만 결코 그렇지 못했다. 회사는 예상과 전혀 달랐다. 나는 몇 년 만에 수백만 달러를 벌 수 있는 회사에 들어간다는 생각에 정신이 팔려 있었다. 고생하게 될 거라고는 짐작했지만 그 정도일 줄은 꿈에도 생각 못 했다. 실제 근무 직원 수조차 파악이 불가한 상황인데도 회

사는 상장을 6개월 앞두고 있었다.

입사 첫 주 나는 회사 현황을 낱낱이 살펴보면서 제대로 기능하는 부분보다 그렇지 않은 부분이 더 많다는 사실을 알았고 심지어 신입 사원이 미국 시민권 증명서를 제출했는지 같은 기본적인 절차조차 정확하지 않게 이루어지고 있었다. 우리는 매주 신입 사원을 100명씩이나 채용했지만 실제 몇 명의 직원이 근무하는지는 전혀 몰랐다. 이와 같은 사실은 입사하고 깨달은 일부에 불과했다.

이때의 경험을 두고 '힘들었다.'라고만 하는 건 모자라다. 근무 시작일부터 편두통을 일어났으니 말이다. 제대로 매듭짓지 않은 채 방치된 일들이 너무도 많아 어디서부터 시작해야 할지 도무지 갈피를 잡을 수 없었다. 나는 고위 임원으로 들어온 사람이었다. 이 말을 다르게 풀이하면 '할 일을 알려줄 사람이 아무도 없으니 알아서 신속하게 우선순위를 설정하고 필요한 자원을 결정하고 시스템을 구축해야 한다.'라는 뜻이었다. 회사에는 시스템이 필요했다.

승진하는 것은 불편한 일이다

나는 감정적으로 힘들어하면서도, 인사의 핵심 기능을 확립하는 데 기여할 유능한 리더들을 채용하며 첫 주를 보냈다. 우리는 본격적으로 시스템을 구축하기 시작했다. 날마다 시도 때도 없이 비상이 걸리는 바람에 전략을 세울 시간을 마련하기조차 빠듯했다. 새로 생긴 사무실, 명확한 직무설명서가 없는 신입 직원, 새로운 연봉 계획, 새로운 조직 구조에 관한 이슈가 몇 주 간격으로 속속 등장했다. 나는 인사 기능을 꽤 빠른 속도로 구축하는 법을 알고 있었다. 그러나 모든 것을 동시에 해낼 수는 없었다. 아래에 등장하는 나의 사례는 대다수 의뢰인들이 경험한 것이므로 당신에게도 친숙하게 들릴 것 같다.

- ☑ 처음 몇 주간은 입사한 것이 끔찍한 실수라고 느껴졌다.
- ☑ 입사 후 처음 몇 달간은 때려치우고 싶었다.
- ☑ 1년차까지 매일 녹초가 되어 집에 갔다.
- ☑ 2년차부터 진전이 보이기 시작했다.
- ☑ 3년차부터 부서가 꽤 합리적으로 돌아간다고 생각했다.
- ☑ 4년차 때 지난날을 되돌아보면서 어마어마한 발전을 이룩했음을 확인할 수 있었다.

회사 일이 힘들다고 해서 잘못된 직장에 들어왔다고 생각하는 실수를 범하지 말자. 새 직장에서 일을 시작하고 커리어를 업그레이드하는 건 온 신경이 예민해지는 일이다. 만약 승진 대상자에서 누락되었다면 당신은 커리어를 다음 단계로 도약시키기 위한 준비가 완벽하지 못했을 것이다. 승진의 핵심은 미지의 영역으로 발을 들여놓을 수 있느냐에 있다. 스스로 커리어의 다음 단계를 위한 준비가 되어 있다고 생각하고 이에 조금도 불안함을 느끼지 않는다면 아마도 매우 느리게 성장하는 중일 것이다! 성장에는 불편함이 따른다. 새로운 직장에 들어갔을 때 항상 나타나는 예측 가능한 감정이 바로 이 불편함이다.

왜 누구는 승진하고 누구는 해고되는지 알아보기 위해 사람들의 업무 수행 패턴을 연구했다. 그후 나는 직원들이 새로운 직급에 오를 때마다 업무 수행 패턴에 반드시 변화를 주어야 한다는 사실을 알게 되었다. 과거부터 인정받아 온 일이 있다면 그 일을 계속해야 한다고 생각했지만 지금은 그렇게 믿지 않는다.

발전이 없으면 성장도 없다. 똑같은 일만 계속해서는 안 된다. 커리어가 성장할 때 업무 접근 방식도 달라져야 한다. 이를테면 사회초년생의 성공은 주로 윗선의 지시를 얼마나 잘 따르느냐에 의해 결정되지만 임원이라면 지시를 기다리지 않는 편이 좋다. 이처럼 평가 잣대가 바뀐다.

이 장에서는 최고 성과자와 해고 대상자에게 무엇을 배울 수 있는지 심층적으로 알아볼 것이다. 이 데이터는 다음 단계 커리어로 진입하기 위해 길러야 할 역량이 무엇인지 알려준다. 이 정보들을 모으면 커리어 성장 전략의 토대가 되는 유용한 지도가 완성된다.

최고 성과자 vs 최저 성과자

어느 날 해고된 직원들에 관한 보고서를 살펴보고 있었는데, '사람들은 왜 실패하는가?'라는 질문에 대답할 수 없다는 걸 깨달았다. 여느 인사부 직원과 마찬가지로 내게는 방대한 데이터가 있었지만, 위 질문에 충분히 답하기에는 데이터가 너무 광범위했다. 내가 팀원들에게 더 철저한 분석을 부탁했을 때에도 우리가 발견한 내용은 회사 정책 위반, 회사 재산 절도, 업무 성과 저조 등 표준적인 이유뿐이었다.

충격적이었던 건, 해고된 직원 하나하나를 과거에 인터뷰하고 채용하는 과정에서 해당 직무를 잘 수행할 수 있으리라 판단했었다는 사실이다! 회사의 인재 평가가 그렇게 형편없었던 걸까, 아니면 채용 이후에 전에 없던 문제가 생겼던 걸까? 어느 날 나는 해고자들의 기록을 샅샅이 뒤져보면서 '업무 성과 부진'이라는 말은 '지시를 따르는 데 어려움이 있음', '업무를 잘 수행해내지 못함' 또는 기타 수십 가지 이유를 의미할 수 있음을 깨달았다. 하지만 그때까지도 나는 성공하는 사람, 실패하는 사람들의 공통된 양상을 여전히 발견하지 못하고 있었다.

그로부터 몇 달 뒤, 신규 관리자 대상의 기초 교육 프로그램을 정하는 별도의 프로젝트를 진행하고 있던 와중에 문득 이런 의문이 스쳤다. '일반적인 관리자 교육은 개발할 수 있는데, 왜 각각 다른 커리어 단계를 대상으로 하는 기초 교육은 없는 걸까?' '서로 다른 직급의 직원들이 공통된 문제나 비슷한 역량 결핍으로 고민하고 있는 것이 과연 가능한 일일까?' 그러다 갑자기 이런 생각이 들었다. '해고자 데이터를 모아 직급별로 구분해보면 어떨까?'

분석 결과 마침내 새로운 통찰이 떠올랐다. 해고자들이 승진하는 과정에서 겪은 고충은 예상 가능한 것들이었다! 동일 직급의 직원들은 비슷한 문제에 직면한다. 그들에게 필요한 역량은 공통적인데 해당 역량이 개발되어 있지 않으면 개인의 발전은 벽에 부딪힌다.

예를 들어 직장에서 지켜야 할 경계를 배우는 건 신입에게 필요한 능력이다. 이들은 늦게 출근을 한다거나 미리 승인을 받지 않고 연차를 쓰는 등 무엇이 허용되고 허용되지 않는지 고심한다. 그리고 이런 문제는 고객 서비스 직군의 신입들만 고민한 문제가 아니었다. 모든 직군에 해당했다.

이와 동시에 나는 최고 성과자들을 해고자 혹은 최저 성과자들과 대조적인 관점에서 바라본 적이 한 번도 없었다. 인재 관리에 대한 여러 기록과 성과 평가 보고서를 살펴보는 과정에서 최고 성과자들의 사례가 서서히 구체화되기 시작했다.

> 동료보다 우수한 성과를 거둔 직원들은 저성과자의 해고
> 원인이 된 역량들을 숙달하고 있었다.

혼돈이었던 데이터에 윤곽이 잡혔다. 자신의 커리어 단계에 필요한 기초 역량이 부족한 사람들은 실패했다. 반면 그 역량을 충분히 갖춘 사람들은 승진했다! 퍼즐이 맞춰지듯 이제 전체 이야기가 보였다.

사람들은 자신이 노력해서 길러야 하는 역량을 임의로 결정하지 않아도 되는 것이다. 자신에게 맞는 커리어 개발 계획을 세워줄 통찰을 관리자가 충분히 가지고 있기를 바랄 필요도 없다. 모든 직원에게는 경력 사다리를 성공적으로 오르기 위해 습득해야 할 '단계별 맞춤 역량 리스트'가 이미 존재한다! 〈그림 13-1〉은 단계별 역량 패턴을 요약하여 보여준다.

나는 전문 연구원도 아니고 공식적인 연구를 수행한 적도 없지만, 위와 같은 역량 패턴이 내가 일한 다양한 산업과 기업에 걸쳐 드

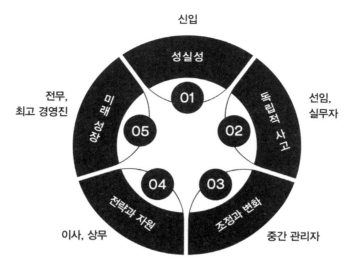

신입

성실성

01

전무,
최고 경영진

미래
성장
05

독립적
사고
02

선임,
실무자

04
전략과 자원

03
조정과 변화

이사, 상무

중간 관리자

〈그림 13-1〉 성장의 5단계

러난다는 점을 발견했다. 패턴은 대기업과 소기업을 구분하지 않고 일어났다. 각 커리어의 성장 단계에 이미 정해진 필수 역량은 커리어가 다음 단계로 나아갈 수 있는 핵심 요소다.

다음의 내용은 중요한 포인트들이다.

- **신입급 커리어에서는** 훌륭한 팔로어가 되는 법을 배워야 한다. 일관성 있는 태도를 유지하고 지켜야 할 경계를 아는 데서 성공이 비롯된다. 이 과정에서 신입 단계 직원들은 업무를 더욱 신속하고 효율적으로 처리하는 법을 알아간다.
- **중간 관리자급 커리어에서는** 성과를 내고 독립적으로 업무를 수행할 줄 알아야 한다. 많은 지침 없이 혼자 힘으로 업무를 리

드하고, 프로젝트를 주도적으로 관리하고, 타 부서와 협력하는 법을 배우는 데서 성공이 온다.

- **고위 경영진급 커리어에서는** 강력한 전략과 함께 실행이 따라야 한다. 이 단계에서는 승인을 얻어내는 것과 같이 복잡한 업무 처리 능력을 갖춰야 하는 큰 변화를 요한다. 숫자와 지표를 기반으로 제안할 수 있어야 하고, 갈등을 돌파하며 일할 수 있는 한층 뛰어난 역량이 필요하다.

보다시피 각 단계마다 매우 구체적인 특징과 요구가 따라온다. 내가 어느 단계에 있는지 모르겠는가? 나중에 14장, 15장, 16장에서는 신입급, 중간 관리자급, 고위 경영진급 단계로 나누어 설명하겠다.

모든 단계에서 본인이 한 번에 역량을 숙달하지 못했다는 이유로 불안감을 느끼지 않아도 된다. 한 번의 초인적인 노력으로 특정 단계에 도달하려고 해서도 안 된다. 모든 것을 한꺼번에 시도하면 빠르게 혼란이 닥친다. 순서 없이 뛰어들거나 갑자기 모든 노력을 하지 말고 차근차근 쌓아야 한다. 블록 쌓기와 비슷하다. 당신이 맞닥뜨리게 될 역량 리스트는 전부 한 번의 노력만으로 완전히 익힐 수 있는 체크리스트 같은 것이 아니다. 다양한 역학관계가 존재하는 치열한 환경에서 각각의 역량을 시험해야 한다.

기대 이상의 성과자들에게 당부하는 말

아직도 한 번에 모든 역량을 흡수할 수 있다고 믿는 '기대 이상의 성과자'들이 있을 것이다. 하지만 일은 그런 식으로 진행되지 않는다. 본인이 개발하고자 하는 역량 한두 가지를 선택하고 개발하라. 스스로를 압박하지 말자.

조종사들이 교육받는 방식을 보자. 그들은 갖고 있는 지식을 끊임없이 평가하는 다양한 시뮬레이션에 시간을 투자한다. 비행 시뮬레이터에 딱 한 번 들어가고는 학습을 마쳤다고 말하지 않는다. 실력은 반복 학습을 통해 강화된다. 우리는 각기 다른 상황에서 기술을 반복적으로 사용하고 테스트함으로써 능숙해진다. 나 또한 처음에는 혼자서 모든 걸 통제할 수 있는 환경에서 작은 프로젝트를 맡는 것부터 시작해 점차 더 많은 비용, 인력, 리스크가 따라오는 위험하고 복잡한 프로젝트를 담당했다.

반면 망설이는 이들도 있을 것이다. 스스로 준비가 되었다고 판단되기 전까지 다음 단계 커리어로 진입하는 것이 불안할 수 있다. 주저함을 버리자. 나는 겁을 먹은 채 스스로 준비되지 않은 사람이라고 생각하느라 꽤 많은 시간을 낭비했다. 그러나 준비된 사람은 어디에도 없다.

충분히 준비되었다는 생각이 들지 않는다면, 모든 계획을 완벽하게 하려고 욕심을 부리지 말고, 미리부터 '~하면 어쩌지' 같은 상상을 펼치지도 말자. 전체적인 업무 수행 방식을 한 번에 꿰뚫을 필요가 없다. 한 발 한 발 나아가면 된다. 이러한 원칙을 유념해 각 커리어의 성장 단계에, 그리고 그에 필요한 역량(현재 당신이 노력을 기울이고 있기도 한)에 앞서 익힌 철학을 적용하자.

이제 본격적으로 마음을 다잡고 불완전한 여정과 업무 실행을 위해 준비하라. 배움의 고통이 지나간 후 지난날을 돌아볼 때 얼마나 멀리 왔는지 깨닫게 될 것이다. 진흙탕에 다리가 무릎까지 빠져 있는 동안에는 즐겁지 않다. 하지만 과거를 회상하여 스스로 이룬 발전을 확인하고 생각보다 많은 것을 성취했다는 사실을 깨닫는 순간은 반드시 찾아올 것이다. 직장 생활에서 제일 고단한 시기는 가장 많은 것을 배우는 때다.

고속 승진자들이 가끔 있다. 하지만 이들의 성공은 어쩌면 너무 빠를 수도 있다. 자신의 역량을 시험하고 이런저런 다양한 시나리오에서 어떤 결과가 나타나는지 경험할 기회가 없었던 탓에 더 많은 실수를 하기도 한다. 이들은 성공과 동시에 많은 교훈을 받아들여야 할 것이다. 물론 이것이 조기 승진을 꺼릴 이유는 아니다. 하지만 이런 문제에 맞닥뜨리게 될 거라는 사실은 알아두고 도전해야 한다.

사람들은 점진적인 커리어 성장 경로를 통과하며 각 단계에서 저마다 시간을 보낸다. 속도가 조금 빠른 사람도 있고 느린 사람도 있다. 때로는 갑자기 빨라져 불편할 수도 있겠지만 보통은 문제가 없다. 중요한 건 본인이 현재 어떤 단계에 있는지 이해하고 다음 단계에 진입해 규칙들이 변경되기 전에 최대한 많은 평가와 학습을 거치는 것이다.

지금까지 커리어 성장에 관심 있는 사람에게 가장 도움이 되는 로드맵인 성장의 5단계를 간략히 알아보았다. 무슨 일을 해야 할지

맛은 보았지만 아직 레시피는 모르는 상태다. 이에 관해서는 다음 장에서 다룰 것이다. 다음 장에서는 역량 패턴의 층위를 또 하나 벗겨낼 것이며, 이를 통해 당신은 현재 커리어 단계의 역량 지도를 이해할 수 있을 것이다. 각 커리어 단계에 해당하는 구체적인 내용을 탐구할 것이다.

남아 있는 과제

다음의 질문을 바탕으로 자유롭게 써보자.

1. 성장의 5단계를 아직 완전히 숙지하지 못한 지금 상태에서, 현재 맡은 역할과 커리어 단계에서 더욱 효과적으로 업무를 수행하기 위해 강화해야 한다고 생각하는 역량들을 적어보자.
2. 267쪽에 등장한 신입급, 중간 관리자급, 고위 경영진급 커리어에 관한 내용을 다시 읽으면서 더욱 완벽하게 개발할 필요가 있다고 생각하는 새로운 영역을 적어보라. 질문 1에서 적은 역량과 다른가?
3. 특정 역할에서 느껴지는 불편함을, 그 역할을 맡아서는 안 된다는 신호로 해석하지는 않았는지 되돌아보자. 그 해석이 맞았는가?

14장.
신입의 승진 비결

| 거짓 | 능력을 향상시킬 수 있는 역량을 택하면 커리어에 도움이 된다. |
| 진실 | 최우선은 우리의 커리어를 다음 단계로 안전하게 성장시킬 수 있는 역량이다. |

쌓아야 하는 역량이 따로 있다는 것을 아는 게 좋다! 어디에 집중하며 노력을 쏟아야 하는지 알 수 있고, 체계적인 계획을 세워 성장을 위한 준비를 할 수 있다. 어떤 역량을 개발해야 할지 곤란해할 필요가 없다. 성장의 5단계 모델(그림 14-1 참조)은 고성과자가 경력 사다리를 오르기 위해 하는 노력과 저성과자가 자신의 경력을 망치게 했을지도 모르는 행동들의 데이터를 수집하고 정리해 제작한 로드맵이다. 성장의 5단계 모델은 각 커리어 단계에서 성공적인 방향을 찾아나가는 데 활용할 수 있다. 각각의 단계를 자세히 분석해 커리어 성장 과정을 시작할 때 어떤 것들을 기대할 수 있는지 세부적으로 살펴보자.

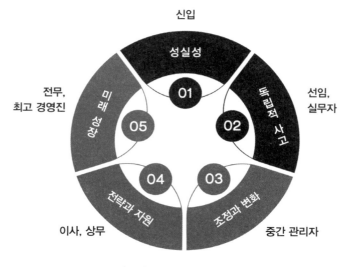

신입

성실성

01

전무,
최고 경영진

미래 성장

05

독립적 사고

02

선임,
실무자

전략과 자원

04

03

조정과 변화

이사, 상무

중간 관리자

〈그림 14-1〉 성장의 5단계

이 도식은 주로 사무직에 적용되나, 산업이나 역할 관계없이 모두 활용할 수 있다.

1단계: 신입 사원에게 필요한 것

새로운 직장에 들어온 것을 환영한다! 당신은 가능한 한 빠르고 정확하게 업무를 처리해야 한다. 다른 직원보다 빠릿빠릿하게, 더 괜찮은 방법으로 업무를 수행한다면 좋은 결실을 거둘 것이다. 당신에게 필요한 것들을 정리해보았다.

성실함을 유지하고 궁금한 것을 질문하라

- **최우선 과제**: 성실하게 행동하라. 주어진 지시를 따를 수 있는 사람, 업무를 믿고 맡길 수 있는 사람임을 증명하자.
- **보상받는 행동**: 관리자에게 프로젝트 진행 상황과 업무 완료 상황을 적극적으로 보고하라.
- **앞서가는 법**: 업무를 더 빠르고 뛰어나게 수행하라.
- **놀랄 만한 사실**: 새로운 상황에 맞춰 변화·적응해야 한다. 변화는 끊임없이 일어나고 회사는 생각만큼 조직화되어 있지 않다.

길러야 할 역량

업무 전반에서 시간을 준수한다. 코로나19 팬데믹 이후 젊은 직장인 사이에서는 재택근무가 삶에 유연함을 준다고 믿는 경향이 생겨났다. 하지만 우리는 그러한 유연함에 공감하지 않는 다른 세대와 같은 회사에서 근무하고 있다. 시간을 지켜 회의에 참석해야 한다.

마감일을 지킨다. 자신이 주어진 일을 해낼 수 있다는 사실을 다른 사람들이 신뢰하도록 해야 한다. 따라서 가장 중요한 목표는 '일을 제시간에 끝내기'다! 이 기본적인 사항을 지키지 않으면 이를 보완할 다른 요소가 많이 필요하다.

진행 상황을 상사에게 계속 알린다. 상사와 긍정적으로 상호작용하라. 점점 자신감이 쌓일 것이다. 그리고 작업이 완료되었음을 빠르게 보고하는 것은 1단계의 최우선 과제인 '성실하게 행동하기'를 충분히 이해하고 있음을 보여준다.

치명적인 흠

질문을 충분히 하지 않는다. 신입 때는 궁금한 점을 원하는 만큼 언제든 물어볼 수 있다. 상대방은 당신이 그러길 기대한다. 상대방 말의 의미를 정확히 파악하기 위해 추가 질문을 던지는 것을 주저하지 말자. 명확한 이해는 일을 더 잘하는 데 도움이 된다. 명확하게 이해하지 못하면 승진할 수 없다. 질문하는 것은 강점을 내보이는 행위이고, 질문하지 않는 것은 약점을 내보이는 행위다.

기지를 발휘하지 않고 지침대로만 한다. 1단계에서는 규칙이나 프로세스, 안내 준수가 중요하긴 하다. 하지만 지침에서 벗어나 센스 있는 판단력을 발휘해야 하는 시점이 언제인지 분별할 줄도 알아야 한다. 당신은 로봇이 아니다(때로 그렇게 느껴질 수 있지만). 합당한 범위 내에서 규칙을 따르는 게 좋지만 예외가 옳은 판단일 때는 한 번 밀고 나가보자.

필수적인 질문들

계속해서 질문해야 한다. 가장 먼저 신입으로 일을 시작할 때 해야 하는 필수 질문에 대한 답을 스스로 알고 있는지 점검하자.

휴가 제도

"휴가 제도가 어떻게 운영되고 있습니까?"

"휴가를 몇 개 쓸 수 있습니까?"

"얼마나 오래 기다려야 하나요?"

"얼마나 미리 계획을 세워야 하나요?"

"없는 휴가를 미리 당겨쓸 수 있나요?"

교육

"역할에 대한 기본적인 기대치를 어떻게 알 수 있나요?"

"필요한 트레이닝이 있을까요?"

"추가적인 질문이 있으면 누구에게 물어보면 되나요?"

"이 일을 잘 수행하고 최고 성과를 내는 팀원은 누구인가요?"

"팀 내에 멘토가 정해져 있나요?"

관리자

"가장 좋은 협업 방식은 무엇입니까?"

"팀장님의 관리 스타일은 어떤 편입니까?"

"필요한 것이 있으면 이메일이나 회의, 전화 등 어떤 경로로 말씀드리면 될까요?"

"팀장님이 보기에 최고 성과자에 오르는 직원의 비결이 무엇이라고 생각하나요?"

"업무 현황 업데이트를 얼마나 자주 하면 될까요?"

프로세스

"숙지해야 할 정책이나 프로세스가 있습니까?"

"업무 시간을 어떻게 기록하나요?"

"초과근무를 해야 하면 어떻게 처리해야 하나요?"

"컴퓨터나 시스템에 로그인, 로그아웃을 언제 해야 하나요?"

성실함은 주어진 업무에서만이 아니라 일하는 습관에서도 쌓아나가야 한다. 제시간에 나타나고 부서에서 정해진 규칙을 지키며 일을 마무리하는 직원이 되어야 한다. 이와 같은 태도가 중요하지 않다고 치부하거나 첫 직장에서 맡은 일들을 가볍게 받아들이는 사람이라면 특정 작업과 요청을 하찮게 여기거나 직무기술서에 없는 업무가 아니냐고 투덜댈 수 있다. 나는 이러한 사고방식을 반박하고 싶다. 사회초년생 때 주어진 일을 수행하면서 확립한 습관은 커리어를 이어가는 내내 유지된다. 처음부터 나쁜 습관을 들였다면 언젠가 반드시 문제가 된다.

사례 연구: 똑똑함으로는 충분하지 않을 때

블레이크는 재능과 창의성이 돋보이는 신입 사원이었다. 기업 환경에서 일하는 것에 익숙하지 않았지만 빠르게 인정받았다. 톡톡 튀는 아이디어 덕에 단시간에 회의에 꼭 필요한 인물이 되었다. 그는 세상을 새로운 시각으로 바라보았고 회사는 슬로건을 만들고 독창적인 광고 캠페인을 집행했다. 또, 그는 매력적인 마케팅 자료를 제작해 디지털 청중을 사로잡았다. 그는 회사 측에 여행용 밴을 구입해 친구를 데리고 회사 비용으로 전국을 여행할 수 있게 해달라고 설득했다. "저와 제 친구가 놀 수 있게 비용을 대주십시오! 이건 굉장한 아이디어입니다!" 누가 이런 대담한 제안을 할 수 있을까? 놀랍게도 회사는 그의 제안을 들어주었다. 그는 여행하면서 찍은 산, 사막, 풍경의 아름다움을 짧은 영상 클립에 담아 지구의 날 캠페인의 일환으로 여행기를 제작했다.

캠페인은 성공적이었다. 그의 능력은 탁월했다. 그를 실패로 몰고 갔던 한 가지, 불성실함은 빼고 말이다. 그는 근무 시간이나 회사 규범을 잘 지키지 않았다. 그는 회의 참석을 성가셔하거나 지출품의서 제출도 제대로 하지 않았다. 사무실에서 그의 능력은 탁월했다. 하지만 성실함이 부족했다.

우리는 그와의 관계를 끊어냈다. 참으로 안타까운 결말이었다. 하지만 직장에서 지켜야 하는 선을 인식하지 못했기에, 그의 우수한 재능을 벌충해줄 수 없었다.

나는 신입 단계에서 해고되는 사람을 많이 보았다. 몇몇은 업무 수행 능력이 모자랐다. 그러나 이 경우는 100% 예방 가능하다. 난생처음 직장에서 지켜야 할 선들을 이해해야 하는 1단계의 좌충우돌 현실을 지나면, 2단계로 나아가게 된다. 2단계에서는 매일 해야 할 일의 목록을 누군가가 정해주기를 기다려서는 안 된다. 지시를 기다리기만 하면 다음 단계에서 치명적인 문제를 겪게 된다.

2단계: 선임/실무자에게 필요한 것

이제 지시를 따르는 능력을 완전히 익힘과 동시에 그 능력은 부차적인 것이 된다. 지금부터 성공은 독립적으로 일할 수 있는지로 판가름 난다.

독립적인 직원으로 변신

- **최우선 과제**: 독립적으로 결과물을 창출하라.
- **보상 받는 행동**: 똑똑하게 우선순위를 설정하고 비판적 사고를 하는 것.
- **앞서 나가는 법**: 많이 시도하는 것.
- **놀랄 만한 사실**: 업무에 대해 아직 모르는 것이 많지만 혼자 힘으로 문제를 해결해야 한다. 하지만 자신의 일에 대해 잘 모르더라도 의외로 생각보다 많은 일을 처리할 수 있다.

집중해서 길러야 할 역량

우선순위를 설정한다. 가장 중요한 일을 끝내야 할 시간에 덜 중요한 일에 몰두하고 있는 자신을 발견하는 것보다 더 화나는 일이 있을까. 업무 우선순위를 바라보는 리더의 의견과 나의 의견을 일치시키면 재작업을 해야 하는 좌절스러운 사태를 피하고, 자연히 더 의미 있는 목표를 달성할 수 있을 것이다.

비판적 사고를 한다. 이제 해야 할 일을 콕 집어 알려주는 사람은 없다. 스스로 정해야 한다. 이것은 갑작스러운 변화다. 자신의 결정이 앞으로 어떤 영향을 미치는가에 주의를 기울여 위험 요소를 미리 식별하고 완화하며 올바른 질문을 하라.

치명적인 흠

승인을 기다린다. 누군가가 대신 결정해주거나 책임져주기를 기다리는 건 1단계에서만 가능하다. 이제 타인의 지시를 기다리기보다는 일단 행동하는 쪽을 택할 필요가 있다. 몇몇 일들이 잘못될 수도 있다. 하지만 다른 사람의 승인을 기다리느라 스스로 옳다고 판단한 일을 이행하지 않으면 당신은 무거운 대가를 치를 것이다.

시도가 부족하다. 항상 정답을 알 수는 없지만 자신의 능력을 시험하기 위해서는 어느 정도 위험은 감수해야 한다. 무엇이 효과적인지 알아내는 가장 좋은 방법은 '시도'다. 실수 자체는 문제가 아니다. 실수를 하고 나서 그것을 보완하지 않거나 줄곧 같은 실수를 저지르는 것이 문제다.

관리자와의 관계 변화

직장 생활을 하는 동안 관리자와 겪는 두 가지 큰 변화가 있다. 첫 번째 변화는 2단계에 진입할 때, 일상적인 세세한 지도가 아닌 높은 차원의 방향 제시를 필요로 할 때 발생한다. (두 번째 큰 변화는 4단계에서 발생하는데 이 시기에는 자신의 역할에서 무엇이 필요한지 스스로 정의하고 이를 상사에게 제시해야 한다.) 그렇다고 해서 질문을 할 수 없다는 말은 아니다. 이제는 관리자를 다른 방식으로 활용해야 한다. "○○을 어떻게 해야 하나요?"에서 "어떤 결과를 언제까지 달성해야 하나요?"로 질문이 바뀐다.

이제 관리자는 장기 목표나 프로젝트의 우선순위 설정을 조력하는 사람이다. 관리자는 당신이 결과물의 주요 일정을 파악하는 것을 돕는다. 당신이 문제에 부딪혔을 때 관리자는 지침을 주거나, 일의 진행을 방해하는 장애물을 극복하도록 도와줄 것이다. 하지만 일일이 지시를 내리기 위해 그 자리에 있는 것이 결코 아니다.

최고의 관리자라면 위와 같은 상황에서 당신에게 도움을 줄 것이다. 결과가 어떠해야 하는지 정하고 성공이 어떤 모습인지 알려줄 것이다. 하지만 그러지 않는 관리자도 있다. 이때는 직접 문의하는 것이 당신의 몫이다. 질문하지 않는다면 허둥지둥하다가 쓸데없는 일에 공들일 위험이 있으며, 중요하지 않은 일에 너무 많은 시간을 허비하게 될지도 모른다.

신입 1단계와 2단계가 취할 대화 패턴

당신이 비교적 신입이라는 사실을 미루어 볼 때, 명확한 이해를 위해 관리자와 충분한 대화를 나눠야 한다는 것이 불안할 수도 있다. 그럼에도 대화는 해야 한다. 그 리스크는 보상받을 가치가 있다.

다음의 표는 1단계에서 2단계로 넘어오면서 관리자와의 관계가 어떻게 변화하는지 보여준다. 허락을 구하는 언어에서 책임 의식이 담긴 언어로 바뀌는 것에 주목하라. 1단계에서는 관리자에게 결정에 대한 책임을 부여하고 있다. 2단계에서는 스스로 내린 결정에 대해

1단계 커뮤니케이션	2단계 커뮤니케이션
이 업무를 끝내고 어떤 걸 해야 하나요?	제가 달성해야 하는 전체적인 목표는 무엇인가요? 기한은 언제까지인가요?
이걸 어떻게 처리하면 될까요?	3~6개월 뒤에 결과물이 성공한다면 어떤 모습인가요?
이 일을 올바르게 했는지 검토해 줄 수 있나요?	저는 이렇게 처리하려고 생각했습니다. 제 안이나 피드백이 있을까요?
저는 이 부분이 이해가 되지 않습니다. 정확하게 설명해줄 수 있나요?	프로젝트 진행 상황을 말씀드리려고 합니다. 목표 결과를 달성하기 위해 일들이 계획대로 진행되고(또는 진행되지 않고) 있고, 이것이 저의 조정 계획입니다. 수정하고 싶은 부분이 있나요?
제가 하는 일을 지켜보면서 하고 싶은 제안이 있나요?	장애물의 해결을 도와줄 수 있나요? 제 생각에는 이렇게 처리하면 될 것 같은데, 최적의 접근 방법에 대해 의견을 듣고 싶습니다.
몇 가지 개선 아이디어가 있습니다. 이 아이디어가 시행될 수 있을까요?	프로젝트 또는 결과물에 적용하고 싶은 몇 가지 조정 사항을 알려드리고자 합니다. 저의 제안은 ~ 입니다.

관리자에게 의견만 구하고 있다. 1단계는 훌륭한 팔로어의 모습을, 2단계는 자신의 업무에서 관리자를 완전히 배제하지 않으면서도 주도적으로 관리자의 부담을 줄여주는 직원의 모습을 보여준다.

시도하는 법 배우기

이 단계에서는 무언가를 시도하는 태도가 상당히 중요해진다. 당신은 빠르게 시도하는 법을 배우게 된다. 나도 2단계를 지나면서 전문 분야인 인사에 대한 중요한 깨달음을 얻었다. 승리보다 실수가 머릿속에 깊이 새겨져 있다. 나는 격렬하게 성공도 해보고 비참하게 실패도 해봤다. 이를 통해 '장벽에 부딪혔을 때 극복하는 법을 알아내기 위해서는 계속 무언가를 시도해야 한다.'라는 사실을 깨달았다.

> 실수가 심각한 것처럼 느껴지겠지만, 그것은 나중에 훨씬 위험한 역할을 맡았을 때 도움이 되는 교육 자료다.

스티브 잡스는 2005년 스탠퍼드대학교 졸업식 연설에서 "미래를 내다보는 것으로는 점들을 연결할 수 없다."라는 유명한 말을 했다. 과거를 돌아보아야만 지나온 삶의 궤적을 점에서 선으로 이을 수 있다. 미래가 걱정된다면 과거를 바라보고 마침내는 그 점들이 연결될 것을 믿으라고 그는 조언했다. 이는 특히 신입직원들에게 필요한 메시지다. 1단계와 2단계에서 모든 교훈과 실수, 승리는 어떤 방식으로든 당신을 앞으로 나아가게 한다. 헛된 교훈이란 없음을 기억하자. 모든 교훈은 중요하다.

궁극적으로 1단계가 기본 역량을 확립하는 과정이라면, 2단계는 지시를 기다리지 않고 행동하며 결과를 내는 과정이다. 해야 한다고 생각하는 일을 스스로 추진한 다음, 무슨 일이 일어나는지 지켜보라. 경로를 수정하고 다시 그 일을 수행하라. 매번 능력을 향상시켜라. 그 과정에서 혼란이 발생할 수도 있음은 알아두자.

직장에서의 문제들이 한층 심화된 그다음 단계 커리어인 중간급, 고위급으로 진입할 때, 위와 같은 개념들을 충분히 숙지하고 있어야 한다. 앞으로 다가올 단계는 복잡함으로 가득할 것이다. 독립적인 자리에서 상호의존적인 세계로 이동하게 되며, 이 세계에서는 당신과 우선순위가 다른 사람들과 어울려 일해야 한다. 혼자 힘으로 업무를 끝까지 완수하기가 어려웠다면 3단계에서 시도해보라. 서커스에 온 것을 환영한다.

15장.
중간 관리자의 승진 비결

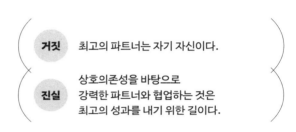

거짓 최고의 파트너는 자기 자신이다.

진실 상호의존성을 바탕으로
강력한 파트너와 협업하는 것은
최고의 성과를 내기 위한 길이다.

나는 선생님의 기대를 넘어서는 학생이었다. 초등학교 6학년 때 주
state에서 개최하는 반달리즘Vandalism(도시의 문화 예술이나 공공 시설물
을 고의적으로 파괴하는 행위―옮긴이) 반대 운동 메시지를 새긴 범퍼
스티커 제작 대회에서 우승하면 텔레비전을 상품으로 탈 수 있다는
얘기를 들었다. 나는 곧바로 행동에 옮겼다. "당신의 별명이 '반달'이
되도록 내버려 둘 것인가Don't Let 'Vandal' Be Your Handle."라는 슬로건과
라디오 사진이 들어간 범퍼스티커를 만들었다. 나는 우승을 거머쥐
었다. 상품으로 텔레비전을 받았는데, 내가 만든 범퍼스티커가 주 전
역을 다니는 버스에 붙기도 했다.

　나는 욕심을 가지고 큰 프로젝트에 계속 도전했다. 단짝 친구와

함께 학교 과제로 거대한 백악관 모형을 만들었다. 제작에 한 달이나 걸렸는데, 완성된 모형은 친구네 부엌에 가득 찰 정도여서 트럭에 올려 학교로 옮겨야 했다. 우리는 노력의 대가로 1등상을 받았다.

대학 시절은 내 마이크로매니저 기질이 생겨나기 시작한 때였다. 다른 사람의 실수로 일을 망치는 게 싫어서 항상 내 몫보다 더 많은 일을 맡아 했다. 사교적인 대화는 서툴렀지만 일을 도맡아 했기 때문에 팀원들은 나를 좋아했다.

엄격한 잣대를 가지고 소처럼 묵묵히 일했던 게 커리어 1단계와 2단계에서 효과를 발휘했다. 하지만 3단계에서부터는 혼자 일하려는 성향이 걸림돌이 되기 시작했다. 팀원들에게 실망했던 경험이 있었던 탓에 나는 다른 사람과 함께 일하는 것을 꺼렸다. 이런 습관은 나이 서른에 세 명의 어린 자녀를 둔 싱글맘이 된 후에도 이어졌다. '혼자서 모든 걸 해야 해. 내가 의지할 수 있는 사람은 나밖에 없어.'라는 생각은 더욱 단단해졌다. 여러 부서와 협업하는 건 아직까지 어려운 일이지만, 지금은 모든 일을 혼자 처리하려는 습관을 버리려고 노력하고 있다.

중간급 커리어 단계에 들어서면, 내가 대학 시절 싫어했던 요소들이 당신 앞에 등장한다. 다른 사람들과 공동의 목표를 갖고 갈등을 해결하고, 어떤 이슈를 놓고 논쟁을 벌일지를 결정하고, 적합한 전략에 대한 견해를 표현해야 하는 일들이다. 회사에서 직원을 평가할 때 팀으로서 얼마나 일을 화합하는지를 고려한다. 대학 시절 프로젝트와 비슷하다.

나 자신에게만 의존하는 2단계와 달리, 이제 부족한 부분들을 채

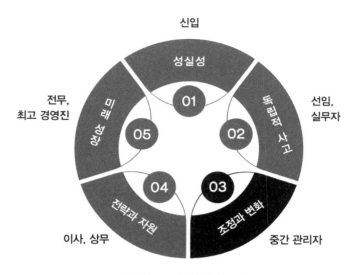

신입

성실성

01

전무,
최고 경영진

미
래
성
장

05

독
립
적
사
고

선임,
실무자

02

전략과 자원

04

03

조정과 변화

이사, 상무

중간 관리자

〈그림 15-1〉 성장의 5단계

우기 위해 타인에게 기대지 않고서는 어떤 일도 처리할 수 없는 위치에 와 있다.(그림 15-1 참조) 전문성에 깊이가 더해지고 영향력이 커지는 까닭에 타 부서와의 접점이 생기기 시작한다. 관리직의 경우 더그렇다. 프로젝트를 진행하고 문제를 해결할 때 부서 간의 경계를 넘나들며 여러 의견을 반영하고 조율해야 한다. 2단계에서 자율성이필요했던 것과 달리, 이 단계에서는 더 높은 차원의 도전이 요구되며복합기능적 협업이 일상이 된다.

중간 관리자급 커리어의 전체적인 여정과 역량을 구체적으로 살펴보자. 이 역량을 제대로 갖춘다면 4단계에서 복잡한 미로를 맞닥뜨리더라도 헤쳐나갈 수 있을 것이다.

3단계: 중간 관리자와 베테랑 실무자에게 필요한 것

홀로 선 슈퍼히어로로는 쓸모가 없다. 이제 독립적인 태도는 큰 약점으로 작용하고, 당신의 위대한 능력은 파트너들과 함께 일할 때 발휘된다.

상호의존적인 직원으로 변신

- **최우선 과제:** 당신만의 사일로Silo(긴 탑 모양의 곡식 저장소로, 이 대목에서는 소통이 잘 안 되고 단절되어 있는 상태를 비유적으로 표현하기 위해 쓰임—옮긴이) 바깥으로 나와 다른 사람들과 파트너가 되는 것.
- **보상 받는 행동:** 데이터, 대시보드, 지표를 활용해 (특히 상사에게) 업무 진척 사항을 전달하는 것.
- **앞서 나가는 법:** 어려운 대화에 익숙해지는 것.
- **놀랄 만한 사실:** 고위 경영진과 선임/실무자 사이의 극명한 단절이 눈에 보일 것이다. 양측을 다 볼 수 있는 당신은 그 가운데에 끼일 것이다.

집중해서 길러야 할 역량

데이터를 활용한다. 3단계에서는 직감에 의존해 결정을 내리면 안 된다. 비즈니스 언어인 숫자를 깊게 파고들어야 한다. 사실, 숫자, 지표를 반드시 활용해 의사결정을 추진하고 업무 진척 사항을 측정하자.

동일한 관점을 취한다. 이 레벨에 있는 사람들은 업무 외 잡담을 할 때 자신들이 동의하지 않는 결정을 내린 상급자들을 비난하는 경향이 있다. 3단계 이상으로 커리어를 성장시키고 싶다면 '내 편, 네 편'이라는 건 없다는 걸 받아들여야 한다. 3단계에서는 일단 결정이 내려지면 긴밀히 협력하고 그 결정을 뒷받침하기 위해 논의해야 한다.

치명적인 흠

사일로 안에 갇힌다. 2단계에서 당신을 앞서가게 했던 독립적인 태도가 3단계에서는 걸림돌이 된다. 만약 팀 내부에만 신경 쓰고 다른 팀과 어떤 접점이 있는지에 세심한 주의를 기울이지 않는다면 더 멀리 나아갈 수 없다.

갈등을 회피한다. 자신의 팀과 다른 팀의 요구를 동시에 충족시켜야 할 때, 여기에 내재된 갈등을 피하기는 얼핏 쉬워 보인다. 하지만 침묵은 갈등을 지연시킬 뿐이다. 문제는 조기에 정직하게 해결하라.

협업은 가장 중요한 역량이다

프로젝트나 프로그램의 변화를 주도한다면 소속 팀 밖에서 활동하는 경험을 하게 될 것이다. 당신에게는 해답도, 자유롭게 결정을 내릴 수 있는 권한도 없다. 당신은 각 부서를 아우르는 진정한 팀의 방식으로 일하면서 다른 사람들에게 의존해야 한다. 무척 어려운 일이다. 하지만 질문을 하거나 당신만의 사일로 밖으로 나가기를 두려워하지 말아야 한다.

3단계의 상호의존성은 다음 형태를 띤다.

- **상호보완적인 역량이 필요하다:** 팀을 관리하는 경우, 팀의 현재 강점과 자신의 약점을 서로 원만하게 보완하는 방식으로 팀을 발전시켜야 한다.

- **외부 의견을 들어야 한다:** 질문이나 문제에 대한 답을 외부에서 찾는 것을 주저하지 말아야 한다. 그 과정에서 아직도 모르는 것이 너무 많다는 사실을 빠르게 깨달을 것이다.

- **타 부서의 도움을 받아야 한다:** 프로젝트를 성공적으로 마치려면 다른 팀의 의견이나 조언에 기대야 한다. 만약 다른 팀의 요구에 부합하지 않으면 거듭 재작업을 해야 할 것이다.

- **자금 조달 파트너가 필요하다:** 협업 프로젝트에 자금을 지원하려면 다른 부서 관리자와 협상해 그들의 예산에서 자금을 끌어와야 하는 경우가 종종 있다.

- **외부 전문가와 협력할 것이다:** 서비스 제공을 지원하는 아웃소싱이나 파트너를 찾는 것이 중요하다는 걸 알게 된다. 외부 용역으로 작업을 수행하는 경우도 있다. 프로그램이나 서비스의 전체 솔루션을 세우려면 신기술이 필요할 때가 많다.

위와 같은 어려움을 상쇄시키고 가치 있게 만들어주는 것은, 가시적인 성과를 창출하여 회사에서 가장 중요한 구성원이 되는 것이다. 회사에서 실질적인 변화를 만들어내는 것이 자신의 가장 큰 열망이라는 말을 나는 의뢰인들에게 듣는다. 대부분의 실무는 중간 관리자급의 역할에서 이루어진다.

다른 부서와의 합의가 어려운 탓에 필수적인 대화도 피하고 싶을 수 있다. 3단계가 험난한 까닭은 여러 부서가 동일한 관점으로 상황을 바라볼 때가 드물기 때문이다. 항상 작업의 결과물을 개선하고 재협상하는 과정이 생긴다. 따라서 3단계에서는 갈등에 익숙해지는 것이 반드시 필요하다. 의견 차이를 해결하지 못하면 유능한 협력자가 될 수 없다. 당신만의 사일로 안에서만 활동한다면 실패할 게 뻔하다! 다른 부서와 함께 일하지 않으면 긴밀한 협력이 이루어질 리 없다.

> 당신의 관리 대상이 아닌 사람들, 당신과의 협업이 굳이 필요 없는 사람들에게 협조를 요청하고 그에 따른 결과에 책임을 져야 한다. 이는 마치 자유분방한 고양이들을 몰고 다니는 일과 같다.

협업 부족으로 인한 연쇄 반응은 어떻게 일어날까?

- 다른 부서들을 프로젝트에 참여시키지 않으면 프로젝트의 주요 논점들이 해결되지 않을 것이다.
- 한 이해관계자가 자신이 원하는 바를 얻지 못하고 있음을 깨달을 때까지 겉보기에는 평화로운 상태일 것이다.
- 다른 부서에서는 당신이 어떤 프로젝트를 진행 중이든 그것을 지원하지 않을 것이다.

- 당신은 어쩌면 처음부터 일을 다시 해야 할 것이다.
- 다른 부서에서는 당신이 만든 제품이나 서비스를 사용하려고 하지 않을 것이다.

> 협업에 관한 기본 원칙. '다른 부서에서 자신들의 의견이 충분히 반영되었다고 느끼지 않으면 당신의 프로젝트는 실패할 것이다.'

'안 돼'라고 말하지 말 것

우리가 다른 부서와 협업할 때 '그건 안 됩니다.'라고 말하기는 쉽다. 하지만 신뢰하는 파트너와 협력하는 경우라면 '좋아요.'라는 대답을 주는 편이 좋다. 혹은 '좋아요.'라고 하는 대신 조건을 달자. 파트너라는 단어를 경시하지 말자. 여기에는 '우리는 한 배를 탔어.'라는 강력한 의미가 내포되어 있기 때문이다.

서로 파트너가 되려면 상호 양보와 타협이 필요한 까닭에 강경한 거절을 자주 사용하면 안 된다. 컨설팅 회사 에너지프로젝트Energy Project의 CEO이자 작가인 토니 슈워츠는 「뉴욕타임스」에 "'네'로 시작하는 말의 힘"이라는 기사를 작성했다. 그 기사에서 그는 이렇게 말한다. "'안 돼'가 우리 머릿속을 지배할 때 그것은 자가면역질환처럼 작용해 우리의 가능성을 차단한다."[1] 일리 있는 조언이다. 함께 일하는 직원들의 요구를 '안 됩니다.'라며 단칼에 자르면 신뢰도 함께 잘려나갈 것이다. 종종 협업이나 대화도 중단되고 효과적인 협력의 범위가 제한된다.

'안 됩니다.'라는 말을 너무 자주 했을 때 그에 대한 책임과 대가가 따른다. 나는 이혼 예측과 결혼 안정성을 40년 동안 연구한 심리학자이자 워싱턴대학교 명예교수 존 가트먼John Gottman 박사의 흥미로운 통계를 보았다. 그는 긍정적인 상호작용과 부정적인 상호작용의 비율이 5 대 1 미만으로 떨어지면 이혼할 가능성이 크다고 밝혔다.[2] 부정적인 상호작용이 치명적인 독이라는 점을 보여주는 대목이다. 이것은 개인뿐 아니라 업무 관계에서도 동일하게 적용된다.

직장에서는 '이혼'이 아닌 다른 용어를 사용하지만 작용 방식은 같다. 당신의 긍정적인 상호작용과 부정적인 상호작용의 비율이 5 대 1 미만으로 떨어진다면 다른 부서에서 당신을 파트너로 원하지 않을 것이다.

각 부서에서 다음과 같은 일이 벌어진 뒤 비난받는 것을 본 적이 있을 것이다.

- 인사팀이 파트너가 아닌 규제나 단속을 하는 팀처럼 행동한다.
- 영업팀이 다른 부서의 가격 정책과 계약 표준에 관한 사항을 고려하지 않고 제품이나 서비스를 판매한다.
- 법률팀이 비즈니스를 보호하는 데 너무 집착하여 어떤 일도 일어나지 못하게 막는다.
- 마케팅팀이 창의적인 콘셉트에 지나치게 얽매여 고객과 가장 가까운 팀의 피드백을 듣지 않는다.

- 기술팀이 기존 제품들의 유지 보수 요청을 무시하고 신제품 개발에만 몰두한다.

그렇다고 해서 요청이나 아이디어를 모두 받아들일 필요는 없다. 하지만 엄격한 경계를 정하지 않고 어느 정도 융통성 있는 방향을 고려할 필요는 있다. '안 됩니다.'라는 말 대신, 대안적인 해결책을 모색하고 신뢰할 수 있는 파트너십을 구축할 수 있는 다음의 말들을 사용하자.

- '안 됩니다.'라고 직접적으로 말하는 대신 '좋아요, 다만…'이라고 말하자. 조건을 붙여 승낙하는 표현이다.
- "이 아이디어를 시도해 볼 수 있을 것 같습니다. 다만 우리의 계획대로 작동하는지 확인하기 위한 좋은 체크포인트들이 있는지 알아보면 좋을 것 같습니다."
- '○○을 하면 어떨까요?'라는 표현은 즉시 새로운 가능성을 연다.
- "저는 ○○가 마음에 들지 않지만, 대신에 이 부분을 살펴보면 어떨까요?"

사례 연구: 이상한 퇴직금

나는 코렐 코퍼레이션Corel Corporation에서 처음 관리직을 맡았다. 회사에서 미국 사업을 철수하겠다고 발표했을 때 인사부의 모든 직원이 떠났고, 나만 남아 관리 역할을 맡기로 했다. 자격 요건이 충분해서 관리 직책을 얻은 건 아니었다. 분명 난 자격 미달이었다. 회사로서는 다른 선택의 여지가 없을 따름이었다.

당시 직원은 300명 정도 되었다. 나의 과제는 3개월 후 회사가 문 닫을 때까지 퇴직금을 제공하지 않고 직원들이 회사에 남도록 하라는 것이었다. 우리 회사는 도시에서 제법 규모가 큰 고용주였다. 모든 사람이 동시에 일자리를 찾게 될 것이 예상되었기에, 회사를 먼저 그만둘수록 다른 일자리를 찾는 데 유리한 위치를 선점할 수 있었다. 재미있는 상황이지 않은가.

지금의 나였다면 "택도 없는 소리죠. 그렇게는 못해요."라고 받아칠 수 있을 것이었다. 그 무렵 나는 여러 리더를 만났는데, 그들은 직원들에게 회사에 남아달라고 하는 요청 자체가 미친 짓이라고 입을 모아 비난했다. 오타와^{Ottawa} 본사에 있는 인사부 고위 리더조차 어깨를 으쓱거리며 그저 "최선을 다해보세요."라고 말했다.

순진한 낙관주의로만 무장한 채 나는 의미 있는 퇴직금을 지급하거나 잔류 보너스를 제공하지 않고도 어떻게 하면 직원을 유지할 수 있을지 논의하기 시작했다. 나의 질문이 애초에 말이 안 된다는 사실은 차치하고, 우리는 '만약에'라고 질문을 시작하면서 기발한 계획을 떠올렸다. 회사에 남아 있는 직원에게 회사 비품을 가져갈 수 있도록 하는 결정을 내린 것이었다.

그렇다. 최고의 소프트웨어 엔지니어부터 시작해 우리는 직원들과의 협상을 통해 그들의 기술과 시간을 가구, 컴퓨터, 심지어 냉장고로도 교환했다. 예를 들어 누군가가 "조, 내가 비디오 게임이랑 휴게실 테이블, 의자, 큰 모니터 두 대를 줄 테니 회사에 남아 있어줘."라고 말하면 조는 "노트북도 덤으로 주면 그렇게 할게."라고 대답하는 그런 상황이었다. 건물 전체가 텔레비전, 모니터, 의자, 소파, 컴퓨터, 테이블을 자신이 가져가겠다는 포스트잇으로 뒤덮였다. 특이한 협상 수단이었지만 아주 효과적이었다!

종종 나는 단호하게 안 된다고 답하는 대신 '만약에'라고 묻는 질문의 힘을 생각한다. 언제나 생각보다 더 많은 해결책이 존재한다는 사실을 커리어 초기에 깨달을 수 있어서 다행이었다.

'안 됩니다.'라는 대답을 되도록 피하거나 조건을 달아 '예.'라고 말할 때마다 더욱 호감 가는 파트너가 된다. 관리자들이 성과 평가 제도가 유용하지 않다고 나에게 이의를 제기했을 때, 나는 이런 접근법으로 위험한 고비를 넘긴 적이 있었다. "좋아요, 성과 평가를 폐지할 수 있습니다. 다만 의사소통을 위한 간단한 메커니즘은 여전히 필요하다고 생각합니다." "관리자와 직원이 매년 두 차례 비공식 면담을 진행하는 것이 어떤가요?"

당신도 이러한 접근법을 시도하라. 사고 과정의 단순한 변화는 당신의 상호 협력에 기적을 일으킬 것이다. 3단계로 올라오면서 독립적인 영역에서 협업하는 영역으로 이동하는 건 힘든 일이지만, 이런 과정이 회사의 고위 리더가 되는 4단계로 성장하는 데 최고의 훈련장이라는 게 반갑다.

그 길로 나아가기로 마음먹었다면 다음 행로는 전략적 기획과 협력 세력 구축에 집중하는 4단계의 전략가가 되는 것이다. 그러고 나면 사업을 확장하는 리더로 전환하는 5단계에 진입할 수 있을 것이다.

남아 있는 과제

최근에 '안 됩니다.'라고 말했던 일을 떠올려보라. 다른 부서의 부탁이나 프로젝트의 특정 요소, 의견 요청이 있었을 수 있다. 가능하다면 '좋아요.'라는 대답이 나올 수 있는 창의적이고 색다른 대안을 모색하라. '좋아요, 다만….' '만약 ○○하면 어떨까요?' 같은 표현을 사용해 대화의 관점을 바꿀 수 있는 방법도 고민해보자.

예를 들어 이런 것이다. "네, 이런 우려사항들이 있네요. 그렇지만 함께 다른 해결책을 찾아보시겠어요? 만약 ○○하면 어떻겠습니까?"

16장.
고위 경영진의 승진 비결

거짓 정보를 흡수하고 빠른 결정을 내리는 것이 능력이다.

진실 빠른 결정은 종종 장애물이 되어 최적의 판단을 내리는 데 필요한 정보를 차단할 것이다.

4단계에서는 이사나 신임 상무 또는 전문위원이 된다. 당신은 성과를 올릴 수 있다는 걸 입증했다. 그렇지 않았다면 이 자리에 있지도 않았을 것이다. 4단계에서는 압력솥과 같은 극한의 압박 속에서도 네온사인처럼 두드러지는 성과를 내야 한다. 전략 수립과 실행을 처음 하는 것일 수 있겠지만, 사람들은 당신이 해낼 거라 기대한다.

특정 상황이나 그룹에서 언제나 성숙한 어른처럼 행동해야 한다는 기대를 받기도 한다. 어떠한 이슈에 동의하지 않는 상황에서도 자신의 견해를 당당하게 표현하고, 이것이 논쟁을 벌일 만한 일인지를 분별해야 하며, 임원 회의에서 나올 때 원하는 바를 얻지 못하더라도 단합하는 모습을 보여야 한다.

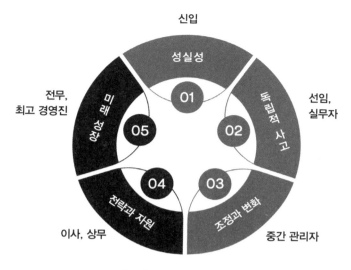

〈그림 16-1〉 성장의 5단계

앞선 단계에서 많은 시간을 보냈다면, 당신은 하루아침에 자신이 과거에 싫어하고 두려워했던 '그들' 중 하나가 된 것이다. 이제는 정반대의 위치에 있다. 당신의 부하직원들은 갑자기 당신이 현실 감각이 떨어졌다고 느낄 수 있지만, 사실 이제 당신은 전보다 확장된 시야로 세상을 보게 되었다.(그림 16-1 참조)

이 장에서는 고위 리더들의 보람과 책임이 무엇이며, 어떻게 직원들의 몰입을 유도하고 참여를 독려할 수 있는지 살펴본다. 경영진으로 나아가는 일을 준비하면서 완전히 새로운 기대치가 있는 세계로 진입하는 4단계 리더의 기본 전략을 구축할 것이다.

4단계: 이사와 상무에게 필요한 것

확고한 소신 없이는 이 수준에 도달할 수 없다. 단 그 소신이 옳아야 한다. 약속한 성과를 얻지 못하면 자리가 위태로워진다.

전략가로 변신

- **최우선 과제**: 전략적 계획을 실행하기 위해 이해관계자들의 지지를 얻고 자원을 확보하는 것.
- **보상받는 행동**: 전략과 계획이 최고 경영진의 생각과 일치하는지 확인하고 또 확인하는 것.
- **앞서 나가는 법**: 설득력 있고 간결한 제안에 능숙한 전문가가 된다.
- **놀랄 만한 사실**: 명확하지 않은 의사 전달은 당신을 문제에 빠뜨릴 것이다. 당신은 임원진과 CEO와 회의하느라 늘 시간에 쫓긴다. 설득력 있고 간결하게 의사를 표현할 수 있어야 한다.

집중해서 길러야 할 역량

아이디어에 대한 지지를 확보한다. 아무리 훌륭한 계획이라도 자원이 없다면 무용지물이다. 나아가고자 하는 방향을 명확히 설정하고 생각을 조리 있게 표현하는 능력은 성공과 실패를 가른다.

갈등에 익숙해진다. 높은 직급에 오를수록 많은 의견 충돌이 있다는 사실을 알게 될 것이다. 더불어 갈등은 피할 수 없다는 사실도 깨닫게 될 것이다. 항상 싸우고 있는 건 아니지만, 의견 조율을 위해 항상 노력 중이다. 이제 당신은 상호의존적인 세계의 일부가 되었다.

치명적인 흠

툭하면 감정이 상한다. 이 레벨에서는 기분 나빠 할 시간이 없다. 할 일이 산더미다. 자원을 얻기 위해 끊임없이 싸우고 있다. 의견 차이를 속히 해결하고 넘어가라.

사소한 문제에 에너지를 쏟는다. 이제는 그날그날 세부 전술 작업을 멈추고 전략과 미래를 구상해야 한다. 리더라면 업무의 일부를 위임하는 법을 배워야 한다.

팀 관리에서 벗어나 전략적 계획을 세우라

3단계에서 막 올라왔다면 세세한 전술적 역할에 다시 빠져들기 쉽다. 팀의 일상 업무에 너무 많은 시간을 소요하려 하고, 문제를 거시적이거나 전략적인 관점으로 보기보다는 미시적이거나 거래적 Transactional(보상, 벌칙 등을 이용해 팀원에게 동기를 부여하는 방식—옮긴이)인 관점으로 보고 해결하려는 경향이 있다.

지금부터는 한층 복잡한 과제인 '전략을 주도하는 방법'을 익혀야 한다. 많은 사람이 전략적인 역할로 이동하는 과정에서 어려움을 겪는다. 더 전략적인 업무를 하고 싶어 하는 사람이라도 그렇다. 나는 4단계 역할을 놓고 고민하는 고객들을 본 적이 있다. "업무량 때문에 도저히 일상 업무에서 벗어날 수가 없습니다. 할 일이 태산인데 어떻게 전략적인 업무를 할 수 있는 건가요?"

4단계에서도 해야 할 일 목록을 붙잡고 일하는 사람들이 많다. 이렇게 해서는 장기 목표를 달성하지 못한다. 당신이 여기에 해당한다면 충분히 전략적이지 못한 것이다.

- ☑ 팀의 일상 업무에 집중하고 있다.
- ☑ 1~2주 앞만 내다보고 계획을 세운다.
- ☑ 매주 팀원과 일대일 미팅을 한다.
- ☑ 조직의 미래를 설계하는 데 노력을 쏟는 것보다 그 주에 있었던 팀 활동을 설명하는 것이 쉽다.
- ☑ 당신의 팀이나 부서가 추진 중인 최상위 세 가지 목표를 나열하지 못한다.

전략적 리더로서 전략을 실행하는 데 필요한 자원을 확보하는 데 얼마나 많은 시간을 할애해야 하는지를 깨닫게 된다면, 당신 자신이 해온 방식에 대해 충격받을 것이다.

기업들은 나를 고용해 조직의 어떤 부분이 효과적이고 어떤 부분이 효과적이지 않은지를 듣고 싶어 한다. 그때마다 내가 하는 질문들이 있다. "이 부서의 세 가지 최우선 목표는 무엇입니까?" 단 한 번도 부서원들의 대답이 임원진의 대답과 일치한 적이 없었다. 모두가 전략과 이를 뒷받침하는 목표를 알고 있다고 생각하지만 실제로는 그렇지 않다.

최고 경영진뿐만 아니라 부하직원과의 대면하여 상호작용을 하는 것은 성공을 위한 보험을 드는 것이나 마찬가지다. 결속력을 다지고 싶다면 이메일의 유혹은 뿌리치자. 실제로 대화를 나누고 서로를 이해하는 데 시간을 더 할애하자. '왜 이 일을 해야 하는지Why'는 '무슨 일을 해야 하는지What'만큼이나 중요하다. 당신의 안건을 추진하려면 둘 다 고민해야 한다.

자원 확보를 위한 전투를 준비하라

계획의 우선순위를 정하고 예산을 승인받는 것으로 끝이라고 생각하면 안 된다. 자원이 계속 변동하는 것은 누군가 사람들을 괴롭히는 걸 즐겨서도 아니고, 최고 경영진에게 비공개로 요청했기 때문도 아니다(가끔 그런 일이 있기는 하지만). 계획이 실행된 후 자원이 변동하는 이유는 주로 두 가지다. 수익을 창출할 수 있는 신제품이나 파트너십과 같은 기회가 발생했거나 아니면 누군가가 일을 그르쳤기 때문이다.

> 자원이 계속 변동하는 이유는 계획을 위해 예산을 확보한 사람 모두가 그 계획을 완벽히 이행하는 것이 아니기 때문이다.

같은 해에 계획을 틀어야 한다면 좌절감이 들겠지만, 언제든 일어날 수 있는 일이다. 생태계의 균형을 끊임없이 조정하고 또 조정해야 한다. 판매량은 변한다. 제품도 변한다. 경쟁사도 변한다. 리더와 전략도 변한다. 일류 기업에서조차 예산과 자원은 변화할 것이다. 불과 몇 달 전에 옳음을 증명했던 것을 다시금 증명해야 할 수도 있다.

자원의 우선순위 재배치에서는 승자와 패자가 있다. 당신의 프로젝트는 절대 100% 안전하지 않다.

4단계에서는 느긋한 시간을 보낼 틈이 없다. 계획을 제시하고 자원을 사수하기 위해 싸우는 일이 일상이다. 필요한 것을 얻기 위해 나서서 싸우지 않는다면 그것을 쟁취할 수 없다. 내성적인 사람들은 필요한 자원을 얻지 못하는 탓에 뒤처지는 경향이 있다. 하지만 아무리 최선을 다해 노력해도 자원이 불충분하다면 그 계획은 보전될 수 없다. 매력적인 제안을 하고 자신에게 필요한 것을 짜임새 있게 표현할 수 있는 사람은 자신의 위치를 확보하고, 성장의 5단계 가운데 최종 단계인 최고 경영진의 관심을 사로잡는다.

5단계: 전무와 최고 경영진에게 필요한 것

이제 회사와 경쟁 산업의 설계자가 되었다. 만약 당신의 역할 밖에서 시간을 보내지 않는다면 낙오하고 있는 것이다.

비전 설정
- **최우선 과제:** 미래의 방향을 결정하는 것.
- **보상받는 행동:** 신뢰를 형성하고 단합을 도모하는 것.
- **앞서 나가는 법:** 이사회 멤버들과 함께 조직의 기대와 목표를 관리하는 것.
- **놀랄 만한 사실:** 부하직원들은 생각보다 더 당신을 두려워한다.

열린 대화가 가능한 환경을 꾸준히 만들어야 한다.

집중해서 길러야 할 역량

인간적인 리더십을 실천한다. 직원들이 하던 일을 무턱대고 중단하고 회사를 그만두기를 바라지 않는 이상 다짜고짜 누군가를 지목해서 일을 하라고 명령할 수는 없다. 직원들의 니즈에 부응하고 팀을 리드하는 방식으로 인간미를 보여줌으로써, 직원들이 자주 교체되는 불안정한 상황을 피하고 지속적인 발전을 끌어낼 수 있다.

일이 예상대로 진행되고 있는지 점검한다. 유능한 리더들은 우선순위 업무를 알리는 데 그치지 않는다. 계획한 업무가 기대한 대로 잘되고 있는지 틈날 때마다 확인하자. 진행 상황을 확인하기 위해 분기 말까지 기다린다면 화를 초래할 것이다.

경청 생태계를 조성한다. 개방적인 의사소통 환경을 의도적으로 구축해야 한다. 리더는 직원들에게 실망감을 주고 싶어 하지 않으며, 직원들이 생각하는 것보다 터놓고 소통하는 일에 주의를 기울인다. 단, 리더의 의견에 동의만 하는 분위기를 유도하는 건 금물이다.

치명적인 흠

변화에 민첩하게 대응하지 않는다. 필요하다면 방향성을 정하고 나아가는 당신의 경로를 수정해야 한다.

회사 내부에만 집중한다. 많은 리더들이 회사 외부에 신경 쓰지 않아 실패한다. 경쟁사가 무엇을 하고 있으며 트렌드와 기술이 어떻게 변화하고 있는지 이해하고, 필요하다면 궤도 수정을 해야 한다.

우선순위가 너무 많다. 지나치게 많은 일을 동시에 수행하면 결과에 부정적 영향을 미친다. 4단계에서 흔히 범하는 실수다. 너무 많은 업무를 1순위에 두고 동시에 처리하는 것을 피해야 한다. 이는 성과를 나쁘게 만들거나 직원들을 피로하게 만들어 최종 결과에 해를 끼친다.

나는 탁월한 리더들과 함께 일했다. 그들은 공통적으로 자신들의 사명이 회사 성공을 이끄는 것 그 이상임을 이해하고 있었다. 그들은 자신이 하는 행동(혹은 하지 않는 행동)이 회사의 중요한 가치나 중요하지 않은 가치에 대한 메시지를 전한다는 것을 잘 알고 있었다. 그들에게 회사 일은 '단순 비즈니스'가 아니라 개인적인 일이기도 했다. 유능한 리더는 전략과 성과뿐만 아니라 결과를 얻는 과정에도 신경을 쓴다.

고위 리더가 되는 데는 신중함이 필요하다. 다른 성장 단계에서는 이것이 그다지 중요하게 여겨지지 않았을 수 있다. 이 위치에서는 회사의 방향을 설정하고 인도하는 차원을 뛰어넘어, 업무 방식과 보상 및 처벌 등의 정치적 방향을 정해야 한다. 당신은 주목을 받고 있다. 언어적·비언어적 표현, 결정과 약속, 문제 해결 방법, 사람들을 대하는 태도 등 모든 것을 사람들이 지켜보고 있다. 사소한 언행도 크게 불거진다. 당신이 부하직원의 부적절한 행동에 처벌이 아닌 보상을 준다면, 그보다 훨씬 잘못된 행동을 일으키게 될 것이다. 이처럼 당신의 언행은 회사에 지대한 영향을 미치는 암묵적 규칙을 정한다.

모든 목소리를 소중하게 받아들여야 한다. 반대하는 목소리까지도. 경청도 대단히 중요하지만, 직원들이 솔직한 피드백을 나눌 수 있을 정도로 리더를 신뢰할 수 있는 환경을 만들어야 한다. 직원들의 피드백을 얻지 못하는 데는 또 다른 이유가 있을 수도 있다.

> '직원들은 당신을 두려워한다.'라고 말하는 것밖에는 달리
> 표현할 길이 없다.

이것이 너무 강한 표현 같다면, 당신의 직원들은 최소한 당신을 실망시키지 않기 위해 노력 중이라고 말해주고 싶다. 직원들은 리더와 대화할 때 눈치를 보게 된다. 그들은 당신과 '동일한 의견'을 갖고 있다는 인상을 주고 싶어 한다. 얼마나 솔직해야 할지, 언제 자신의 의견을 말해야 할지, 리더의 의견을 어느 시점에 따를지 속으로 저울질하고 있다. 반대 의견을 포함해 모든 의견을 존중하고 원한다는 당신의 뜻을 말과 행동으로 지속적으로 강조하지 않는 이상, 진실한 피드백을 듣기는 점점 어려워질 것이다.

당신이 이 자리에 오르게 된 것은 성과를 달성할 현명한 결정을 내릴 수 있기 때문이다. 적극적으로 행동하는 사람이었기 때문에 보상을 받은 것이다. 다른 사람들이 의견을 내지 않을 때 당신은 관점을 제시했다. 다른 사람들이 길잡이를 필요로 할 때 당신은 문제를 꿰뚫고 일을 추진했다.

하지만 당신이 이 자리까지 도달하게 된 비결에는 부정적 측면도 있다. 1단계의 신입 직원이 상사의 지시를 잘 따라 칭찬을 받다가 어

느 날 갑자기 독립적으로 행동하는 법을 배워야 했던 것처럼, 여기서도 그와 비슷한 균형 잡기를 해야 한다.

당신은 결정권자가 되어야 하지만, 결정을 내리기 전에 다른 관점을 경청하고 평가해야 한다. 다른 사람의 말에 형식적으로 고개를 끄덕이는 행동도 하지 말아야 한다. 직원들에게는 해결책이 있다. 당신은 답을 제시하는 역할에 너무 익숙해진 나머지 지나치게 빠르게 결론을 내리다가 눈앞에 있는 풍부한 정보를 놓치게 될지도 모른다. 또는 의도와 달리 '리더는 다른 의견을 듣고 싶어 하지 않는 것 같아.'라는 느낌을 직원들에게 전하고 있을지도 모른다. 최종 결정을 내리는 사람이 당신인 건 맞지만, 이 때문에 직원들이 의견을 내는 데 주저하게 돼서는 안 된다.

5단계에서 의사결정은 당신의 강점 가운데 하나지만, 문제를 평가하고 의견을 형성하는 속도를 늦춰야 할 필요도 있다. 너무 빠른 결정은 5단계 리더들이 나쁜 평판을 얻는 원인이다. 그들은 너무 고차원적으로 행동하고 핵심 정보를 간과하거나 상황의 일부만을 보여주는 데이터에 고착된다. 「하버드비즈니스리뷰」에서 애덤 브라이언트Adam Bryant와 케빈 셰어러Kevin Sharer는 "당신은 듣고 있는가?"[1]라는 기사로 이 이슈를 다루었다. 그들은 전통적인 명령과 통제 스타일을 유지한 채 회사에 합류한 미국 제약사 암젠Amgen CEO의 발전 과정을 자세히 설명했다.

회사에 합류할 당시 그는 불필요한 것들을 걸러내고 중요한 것에 집중하여 결정을 내리기 위해 정보를 빠르게 평가하는 기술을 정교하게 연마했다고 믿고 있었다. 그 시점까지는 이 기술이 유효했다.

재임 7년 후, 한때 단기간에 호응을 얻고 회사 이익의 3분의 1 이상을 차지했던 신약이 고용량 복용 시 심장 문제를 일으키는 것으로 밝혀졌다. 그 결과 매출이 급감하면서 직원의 14%를 해고해야만 했다. 그는 문제를 자신의 팀 탓으로 돌렸지만, 시간이 지나면서 자신의 단축된 의사소통 스타일에 문제가 있음을 깨달았다. 기사에서는 그의 변화에 대해 이야기한다. "경청은 단순히 테이블 맞은편 사람의 말을 듣는 것이 아니다. 경청은 당신이 활동하는 생태계 전체에 주의를 기울이는 것이다."

이 생태계에서 해야 할 일은 고위 경영진 바로 아래 직원을 포함한 전 직원의 아이디어와 피드백을 귀담아듣는 것이다. 고위 경영진은 아래 직원들로부터 나오는 참신한 아이디어를 자주 무시한다. 명령과 통제 스타일을 고수하는 경영진의 경우 더 심하다. 나는 좋은 아이디어가 주목받지 못하는 경우를 허다하게 보았다. 5단계 리더들은 그들의 시각에서 자신보다 아래 직원이 사람들의 이목을 끌 만한 의미 있는 정보를 갖고 있지 않다고 판단하기 때문이었다. 어느 정도는 이해가 된다.

경영진은 중요한 결정을 내리기 위해 갖가지 데이터를 손에 넣는다. 이와 다르게 일반 직원들은 정보에 접근하지 못하여 충분한 맥락을 파악하지 못하기 때문에 믿음직한 제안을 하지 못할 거라고 생각하는 건 자연스러운 현상이다. 하지만 나의 컨설팅 경험으로 볼 때 일반 직원들도 회사의 가장 큰 문제들을 매우 잘 알고 있으며 때로 경영진보다 상황을 더 정확히 간파하고 있었다. 경영진과 동일한 회의에 참석하지 않는 까닭에 신선한 시각에서 통찰을 제공할 수 있는 게 아닐까 싶다. 고위 레벨의 경영진이라고 해서 항상 통찰을 갖고 있지는 않다. 대부분 그들이 먼저 묻지 않기 때문이다. 또는 그들이 듣지 않기 때문이다.

단절된 경영진이 행하는 오류

경영진은 팀에서 수행되는 작업과 '단절되어' 있거나, 하위 단계에서 작업이 어떻게 이루어지고 있는지 일절 모른다는 소리를 종종 듣는다. 말 그대로 소통이 끊긴 경영진도 있겠지만, 사실 단절이라는 꼬리표는 부당할 때가 많다.

경영진이 바라보는 시야의 범위를 고려한다면, 직원들이 고위 경영진을 일상 문제와 동떨어진 생각을 하는 사람으로 보는 이유가 이해된다. 경영진 역할을 잘 수행하려면 세세한 부분을 너무 깊숙이 파고들면 안 된다. 전체 그림을 놓칠 위험이 있기 때문이다.

고위 경영진은 자신의 부문에서 실무가 어떻게 진행되는지 속속들이 알지 못한다. 대신에 고객, 경쟁사, 업계, 이사회와 조화를 이루어야 한다. 책임의 크기와 범위가 커진 탓에 그들에게 가장 중요한 과제는 한정된 시간 내에 모든 이해관계자를 만족시키는 방법을 알아내는 것이 되었다.

이 레벨의 경영진은 직장에 와서 자신의 부서를 발전시키는 데만 집중할 여유가 없다. 그들이 해야 하는 일은 거대하고 복잡한 퍼즐 맞추기다. 좀 더 정확히는 퍼즐 속의 퍼즐이다. 그들은 회사의 성공을 이뤄낼 주역이다. 여기에는 합의된 수익 목표와 지출 목표를 그들의 계획으로 반드시 달성해야 한다는 의미가 들어 있다. 그들은 미래의 새로운 파트너십이나 인수를 통해 회사의 영향력을 확대하는 방법도 결정하고 있다. 산업의 방향도 공부해야 하며 바짝 뒤쫓고 있는 경쟁사의 동태도 파악해야 한다.

나는 태양광 회사 비번트솔라 경영진으로 일하며 인사 분야만이 아닌 태양광 산업 전반을 깊이 있게 이해해야 했다. 여기에 알맞은 인사 기능의 구축법을 알아야 했다. 경영진의 일원으로 회사의 확장가능 분야를 다루는 토론에도 참여했다. 나의 목소리는 인사부 안팎으로 중요했다.

'33 법칙'을 기억하라

경영진은 세 장소에서 시간을 보낸다. 회사 밖에서는 이사회 멤버나 잠재적 파트너와 함께하고, 회사 안에서는 각 부문 간 성공적인 협업을 촉진하며, 마지막으로는 자신이 지휘하는 부서 내에서 성과를 이끌어내기 위해 일한다. 이를 '33 법칙'이라고 정리했다.

- 33%의 시간을 회사 외부 활동을 하는 데 집중한다.
- 33%의 시간을 여러 부문과 협업하는 데 사용한다.
- 33%의 시간을 지휘 부서의 성과를 끌어올리는 데 사용한다.

당신이 함께 시간을 보내는 멘토, 다른 기능 부문의 고위 경영진, 부하직원에 대한 관점으로 33 법칙이 더욱 구체화되는 것을 볼 수 있다. 나는 고위 임원이나 최고 경영진에게 33 법칙을 따르도록 권한다. 영향력과 이해력을 넓히는 데 도움이 되기 때문이다.

33 법칙은 3~5년 뒤를 내다보는 것으로 시야를 넓히는 일이다. 최소 한 해 전에 예산을 마련하고 몇 년 전부터 핵심 기술이나 전환을 위한 로드맵을 그린다.

각각의 성장 단계가 시야에 어떤 영향을 줄까

1단계. 신입: 오늘은 무슨 일을 해야 할까?

2단계. 주임/실무자: 다음 달에 무슨 일을 해야 할까?

3단계. 중간 관리자/베테랑 실무자: 다음 분기에 무슨 일을 해야 할까?

4단계. 이사/상무: 내년에는 무슨 일을 해야 할까?

5단계. 전무/최고 경영진: 향후 2~3년 동안 무슨 일을 해야 할까?

가장 큰 도전 과제는 모든 이해관계자를 제한된 시간 내에 만족시킬 방법을 찾는 것이다. 이를 잘 해내기 위해서 부하직원들을 진정한 성공 파트너라고 생각하고 그들의 도움을 전부 이끌어내야 한다.

이것으로 커리어 성장의 5단계의 장대한 여정을 마친다. 우리는 승진 비결에 대해 믿어온 거짓들을 밝혀내면서 그 거짓들이 커리어의 각 단계에서 어떻게 나타나는지를 살펴보았다.

이제는 커리어의 발전을 방해해왔던 통념을 깨부수고, 집중해야 하는 역량이 무엇인지 인식할 수 있기를 바란다. 만약 당신이 특정 단계에 갇혀 있다면, 언제든 이 책의 13~16장으로 돌아와 커리어 바퀴에 기름칠하는 방법을 찾으면 된다.

남아 있는 과제

- 4단계에 위치한 리더라면 실무에서 손을 떼고 전략적 사고를 위한 시간을 확보할 수 있었는지 돌이켜보라. 장단기 목표를 추진하는 습관을 형성하기 위해 다음과 같은 데일리 플래너를 작성하라.
- 5단계에 위치한 리더라면 일주일 루틴을 관찰하고 어떻게 시간을 사용하고 있는지 돌아보라. 33 법칙을 적용하려면 어떠한 변화가 필요한가?

장기	단기
장기 전략을 추진하기 위해 오늘 가장 집중해야 할 일은 무엇인가?	더 이상 미룰 수 없고 오늘 반드시 처리해야 할 가장 중요한 일은 무엇인가?
중기	**리더로서의 역할**
분기 말까지 작업을 성공적으로 마무리하기 위해 해야 할 가장 중요한 일은 무엇인가?	내 팀이 오늘 나에게 요청한 가장 중요한 일은 무엇인가?

결론.
계속 다닐까, 그만둘까

> **거짓** 이직하면 번아웃이나 다른 문제들이 사라질 것이다.
>
> **진실** 현재 직장이 내게 맞지 않는 이유를 이해하지 않은 채 급하게 도망쳐 나온다면, 똑같은 일이 반복될 것이다.

나는 세 명의 아이를 낳은 첫 번째 결혼에서 남편이 바람을 피우고 있었다는 사실을 알게 되었다. 처음부터 알아챘어야 했지만 그러지 못했다. 그 후 나는 다시 연애를 하기 시작했는데, 나를 받아줄 사람의 품에 안기고 싶었다. 있는 그대로의 모습으로 사랑받고 싶었다.

갑자기 웬 사적인 이야기를 하나 싶을 수도 있다. 하지만 직장을 떠나는 것과 인간관계를 끝내는 것에는 몇 가지 공통점이 있다. 신중하지 않으면 나쁜 경험을 하고도 곧바로 또 다른 나쁜 경험을 하게 될 수 있다. 현재 업무 관계의 모든 것이 망가진 것처럼 보일 때면 다른 선택지들이 그렇게 달콤해 보일 수 없다! 직장에서 비참함을 느끼면 또 얼마나 달아나고 싶은가. 하지만 왜 직장과 잘 맞지 않는지,

314

다음 직장에서는 무엇이 필요한지 알기도 전에 불만족스러운 직장에서 도망쳐 나온다면 결국 끝이 좋지 않을 것이다. 인간관계와 비슷하다.

나는 커리어의 중대한 결정을 고민하는 고객을 매일 만난다. 그들은 대부분 이렇게 말문을 연다. "도저히 견딜 수가 없어요." 고객을 만나면서 얻은 교훈이 있다. 지금 회사를 계속 다닐지, 그만둘지 결정하기 전에 더는 견딜 수 없어 하는 '그 상황'을 구체화할 필요가 있다는 것이다. 왜 이 회사가 나에게 맞지 않는 걸까? 문제가 되는 부분을 고칠 수 있다면 그냥 다니는 게 나을까? 이런 것들을 사람들은 진지하게 고민하지 않고 퇴사를 결정한다. 사람들은 직장에서 불만족을 느낄 때 **여기를 떠나야겠다**는 생각 말고 다른 방법을 찾기 어려워한다.

나의 역할은 사람들이 결단을 내리기 전에 그들을 진정시키고 판단을 늦추는 것이다. 실제로는 그들이 알고 있는 것보다 훨씬 많은 선택지가 있으며, 퇴사를 결정하기 전에 고려해야 할 측면도 다양하다. 퇴사가 옳은 결정이라 하더라도 심사숙고하는 사람은 다르게 행동한다.

> 새로운 시작이 모든 문제를 해결해줄 거라 믿고 회사를 그만둔다면 불확실한 도박에 배팅하는 것과 같다.

이 장에서는 여러분이 기대하고 있는 쉬운 답을 얻지는 못할 것이다. 현재 직장에 남을지 떠날지는 아무도 대신 결정해줄 수 없다.

사람들은 다양한 사유로 직장을 떠나거나 계속 다닌다. 하지만 어떤 결정을 내리든 그 결정을 전략적으로 할 수 있는 방법이 있다. 내가 당신에게 바라는 목표는 다음과 같다.

- 회사에 남아 있기로 했다면 새로운 버전의 커리어를 만들 계획을 반드시 세워라.
- 처음부터 다시 시작하기로 했다면 얻게 되는 것과 잃게 되는 것을 분명히 파악하라.
- 회사를 그만두기로 했다면 퇴사 계획을 전략적으로 세워 다음번에 더 나은 직장을 구할 수 있는 레버리지를 확보하라.
- 직장 세계를 완전히 떠나기로 했다면 재정적 상황에 유리한 시기를 슬기롭게 선택하라.

당신이 신중하게 결정하기를, 그리고 당신의 다음 커리어가 평소 찾아 헤맸던 만족에 가까워지기를 바란다.

이 장에서는 퇴사 욕구가 드는 이유를 심도 있게 이해할 수 있는 프레임워크를 소개할 것이다. 이 방법론은 단순 추측이 아닌 더 나은 결과로 이어질 행동 방침을 정하는 데 도움을 준다. 어떤 길을 택하든 새로운 삶의 단계로 성공적으로 나아가기 위해서는 알아야 할 단계들이 있다.

직장이 문제가 아닐 수 있다

퇴사를 고려하는 모든 개개인이 냉정한 판단을 했으면 좋겠다. 당신이 떠나고 싶은 것이 직장인가, 고단한 세상살이인가? 우리는 살아가기 버거운 시대에 살고 있다. 당신의 힘듦을 업신여기려는 말이 아니다. 다만 회사를 그만둘지 말지를 결정할 때 이 점을 감안했으면한다. 조사 대상자의 80% 가까이가 지금 이 순간 특별한 이유 없이 화가 나 있다는 설문 결과가 있다. CNN 편집장 크리스 실리자Chris Cillizza는 "우리 모두 그냥 화가 나 있다."라는 제목의 기사를 썼다.[1] 그는 호소력 있는 주장을 폈다. 정치 성향을 막론하고 세상이 돌아가는 방식에 대해 집단적 좌절감이 있다고 말했다. 우리는 피로감과 좌절감을 느끼고 있으며 평온을 원하고 있다. 직장에서 느끼는 불만은 세상에서 일어나는 일들에서 전반적인 영향을 받는다.

> 직장 번아웃은 인생 번아웃에서 비롯된 것일 수 있다. 그렇다면 이직은 문제를 해결하지 못한다. 날마다 불만을 느끼는 물리적 공간만 달라질 뿐.

삶이 무거워지면 모든 것이 고달프게 느껴진다. 삶 전반에 느끼는 감정을 직장 생활과 분리하기는 쉽지 않지만, 이 감정이 어떤 판단을 내릴 때 중요 고려 요소가 되어서는 안 된다. 주변 세계에서 무슨 일이 일어나고 있는지, 얼마나 많은 짐을 당신이 추가로 짊어지고 있는지 살펴보는 것이 해답이 되기도 한다. 이것을 직장 생활의 어려움과 엮어서 바라보자. 그러면 고민할 거리가 많을 것이다.

다섯 가지 선택지

회사에 남거나, 회사를 떠나거나. 두 가지 선택지밖에 없다고 생각하는 사람들이 있다. 그러나 실제로 고려할 수 있는 선택지는 다섯 가지가 있으며 저마다 장단점이 있다. 하나씩 들여다보자.

회사에 남아 하던 일을 계속 한다

행복감을 느끼지 못하는데도 회사에 남는 건 패배주의적으로 보일 수도 있다. 그러나 직장 밖의 삶이 복잡하다거나, 조만간 상당 금액의 스톡옵션을 행사할 수 있다거나, 자신에게 가치 있는 이점들(이를테면 유연한 근로 환경)이 있다면 회사에 남는 것이 전적으로 합리적인 선택이다. 큰 변화 없이 현재 하고 있는 그 일을 쭉 하는 편이 정답일 때가 있으며, 이로써 직장을 더 오래 다니게 될 수 있다.

장점
- 에너지가 추가로 들지 않는다.
- 이력서에 꾸준함을 증명할 수 있다.

단점
- 불만을 계속 느낀다.

- 장기화되는 번아웃은 건강에 해롭다.
- 불행이 삶의 다른 영역 전반으로 확산된다.

회사에 남아 커리어를 재창조한다

현재 직장에서 리셋 버튼을 누르는 방법이 있다. 다시 말해 직장을 바꾸지 않고도 현재 직장을 새 직장인 것처럼 여기면, 이직에 필요한 노력의 일부만 기울여도 슬럼프에서 헤어나는 데 도움이 될 수 있다. 하루하루 만족을 느끼지 못하는 상황에서 계속 회사를 다니는 건 불행한 상태를 유지하기로 한 결정처럼 보일 수 있지만, 새로운 자신을 재창조할 수 있다면 큰 성공을 거둘 수 있다. 나도 이 경험이 있고, 다른 많은 사람이 이렇게 하는 모습을 보기도 했다.

장점

- 나에게 가장 적합한 부서와 직무에 대한 내부 정보를 알고 있다.
- 퇴직연금이 유지되고 주식에 대한 권리가 소멸되지 않는다.
- 회사에서 승진과 발전을 이어갈 수 있어 이력서가 탄탄해진다.

단점

- 나에 대한 부정적 인식을 극복해야 한다면 일정 수준의 노력이 필요하다.
- 다시 예전 패턴으로 돌아가기가 쉽기 때문에 변화하려는 강한 의지가 필요하다.

동일 업계 다른 회사로 이직한다

새로운 일자리를 탐색하고 구하는 일은 개인의 자존감을 높이는 데 큰 힘이 된다. 회사 측으로부터 '선택받는' 건 자신에게 활력을 불어넣는 계기가 된다. 처음 맺은 관계가 그렇듯 새로 들어간 직장에서는 이전 직장에서 짊어졌던 온갖 마음의 짐을 내려놓고 밝은 미래를 내다보는 것이 가능하다.

장점
- 이전 회사의 문제들에서 벗어나 산뜻하게 출발할 수 있다.
- 직함, 연봉, 책임의 레벨을 빠르게 업그레이드할 수 있다.
- 나에게 맞는 정치적 환경의 회사를 택할 수 있다.

단점
- 처음부터 다시 나의 능력을 회사에 입증해야 한다.
- 새로운 회사가 약속하는 것들이 사실이 아닐 수 있다는 리스크를 감수해야 한다.
- 사회적 인맥을 처음부터 다시 형성해야 한다.

커리어를 완전히 새롭게 전환한다

지금의 커리어를 포기하고 완전히 새로운 길을 시작하는 건 만만한 일이 아니다. 하지만 나는 많은 사람이 그렇게 하는 걸 보았다. 계획을 갖고 커리어를 전환한 사람들은 초반의 혼란이 차츰 사라지고 나면(보통 6개월 정도 걸린다.) 대체로 그 결과에 흡족해한다. 단, 커리어를 바꾸면 초기에 연봉도 함께 삭감되는 경우가 많기 때문에 신중을 기해야 한다. 현명한 선택을 내린다면 초기 손실을 만회하고 커리어를 빠르게 발전시킬 수 있다.

장점
- 초기 적응 기간을 견디면 활력을 되찾을 수 있다.
- 무한한 가능성과 새로운 커리어의 길이 열린다.
- 직장 생활에서 시행착오를 겪고 나면 어떤 것이 자신에게 맞는지, 어떤 부분에서 뛰어난지 잘 알게 된다.

단점
- 연봉이 한동안 감소한다.
- 새로운 업무를 따라잡기 위해 별도의 훈련과 노력이 필요하다.
- 두렵고 불안하다.

긱워커나 프리랜서가 된다

정규직 일자리를 찾지 못하거나 일정을 스스로 관리하기를 원하는 사람들이 한때 선택한 옵션이었다. 하지만 현재 긱워크는 대세로 떠올랐고, 향후 10년 동안 인기 있는 직업일 것으로 예측된다. 이 옵션은 많은 수입을 얻을 수 있는 잠재력이 있으며, 세금 공제 혜택과 오늘날 근로자가 원하는 모든 유연성을 제공할 것이다.

장점

- 필요에 따라 일의 양을 조절할 수 있다.
- 자신의 급여를 가장 잘 통제할 수 있다. 더 벌고 싶으면 일을 더 하면 된다.
- 좋아하지 않는 회사와 계속 일할 필요가 없다.

단점

- 매일 새로운 일이나 프로젝트를 계속 찾아야 한다.
- 복리후생과 유급휴가가 없다.
- 세금, 계약, 청구 등 부가적인 스트레스가 있다.

회사를 그만두기 전 고려할 것들

회사를 그대로 다니거나, 당장 그만두거나, 미래의 퇴사를 계획하거나, 어떤 결정을 내리든 심사숙고해야 한다. 결혼 생활을 성급하게 끝내는 것과 비슷하게 고통을 빨리 뿌리 뽑고 싶은 마음에 급하게 회사를 나가는 것은 실수다. 나는 견디기 어려운 직장을 서둘러 그만두고 또 다른 끔찍한 직장에 들어가서 커리어를 망치는 경우를 숱하게 보았다.

> 회사를 계속 다닐지 그만둘지를 결정할 때 성급함은 적이다.

변화를 천천히 이끌어라. 직장이나 커리어 변경은 진중하고 전략적이고 계획적이어야 한다. 다음 회사에서 자신이 무엇을 원하는지를 명확히 하는 것이 좋다. 이직이 올바른 결정이라 하더라도 직장을 옮기는 데 신중히 접근한다면 좋은 조건의 연봉을 받고 유리한 선택을 할 수 있다.

직장을 옮기기 전에 고려해야 할 원칙이 있다. 일자리를 찾는 일에는 추가적인 에너지가 필요하다는 사실을 반드시 알아두자. 그리고 새 직장에서 다시 처음부터 자신을 증명하려면 6개월에서 1년 치의 에너지를 다시 쏟아야 한다.

너무 많은 노력이 필요하다는 이유로 지금 회사에 남아야 한다는 건 아니다. 상황과 조건이 적절할 때 이직을 해야 한다는 것이다. 퇴사가 정답이라고 결론짓기 전에 새로운 일자리를 알아볼 때 에너지가 소모된다는 사실을 기억하라.

이력서와 면접 스킬을 다듬고, 소셜미디어도 세심히 관리하고, 구인 공고의 직무 설명서도 살펴봐야 한다. 면접 압박감을 견뎌야 하는 건 말할 것도 없다. 그렇게 새로운 직장 들어가면 백지상태에서 다시 인맥을 만들고, 회사의 운영 방식과 가치도 배우고, 진지하고 적극적인 노력으로 조기 성과도 이끌어야 한다.

인간인 우리는 불편함을 싫어한다는 사실도 망각하기 쉽다. 불편함은 갈등을 회피하고 이직과 같은 인생의 중대한 결정을 내리게 되는 근원이다. 회사를 그만두는 데서 오는 불편함보다 회사를 계속 다니는 데서 오는 불편함이 더 클 때만 변화를 선택한다.

현재 직장에서 행복하지 않다는 확신이 들면 구직 활동의
불편함을 피하지 않는다. 하지만 다시 처음부터 새 고용주
에게 능력을 입증해야 하기 때문에 불편함을 잠시 미룬 셈
이 되어버린다.

받아들여야 할 것이 많다. 무거운 결정이지만 최종 대답은 당신
에게 달려 있다. 이 책에서 다룬 거짓과 진실을 되새겨보라. 직장의
현실에 대해 알고 있는 지식은 당신의 결정에 지침이 될 수 있다. 그
렇게 내려진 결정이 끝이라고 생각할 수 있겠지만, 사실 시작이다.
이제는 미래에 가장 이익이 되는 방향으로 회사를 그만두거나 계속
다닐 전략이 필요하다. 중요한 변화를 시작하기 전에 생각해야 할 질
문이 있다.

- ☑ 이직을 실행에 옮기고 능력을 증명하는 데 예상치 못한 에너
  지가 20% 더 든다면, 같은 에너지를 현재의 직장 경험을 변화
  시키는 데 쓸 수 있을까?
- ☑ 이미 번아웃을 느끼고 있다면 지금 상태에서 20% 에너지를
  추가로 쓸 수 있을까?
- ☑ 새 직장이 문제를 해결해줄까? 해결해야 할 진짜 문제는 내
  삶에 있는 건 아닐까? 지금 상황에서 몇 가지 부분만 개선하
  여 그대로 다니는 게 정답일 수 있다.
- ☑ 회사를 그만둘 계획이라면 나에게 중요한 가치의 순위와 나
  와 잘 맞을 것으로 예상되는 기회의 종류를 알고 있는가?

☑ 새로운 역할에서 다시 능력을 증명해야 하는 불편함, 지금 회사에서 나를 재창조해야 하는 불편함 중 어느 쪽을 감수할 것인가?

사람들은 대개 이 다섯 가지 방향 중 어느 것을 선택할지 확신하지 못한다. 그래서 저항이 가장 적은 길을 택한다. 이러한 전략의 결말은 순조롭지 않을 때가 많다. 흔들림 없는 선택을 하고 싶다면 직장에서 본인이 가치를 두는 것이 무엇인지, 현재 어떤 가치를 놓치고 있는지 인지해야 한다. 다행히도 당신의 판단에 유용한 도구가 있다.

가치분석을 이용하라

회사를 그만두기 전에 현재 회사가 나에게 제공하고 있지 않은 것과 다음 회사에서 찾아야 할 가장 중요한 것이 무엇인지 이해하는 것이 굉장히 중요하다. 나의 고객들은 왜 더 이상 직장에서 행복을 느낄 수 없는지 막연하게는 알아도, 새로운 직장에서 찾고자 하는 것을 정확히 설명해달라고 하면 구체적으로 대답하지 못한다. 고객들은 '직원을 소중히 여기는' 회사를 찾고 싶다고 자주 이야기한다. 이것은 업무 몰입도 감소를 일으키는 문제를 해결해주는 회사를 찾고 있다는 뜻이다.

이처럼 광범위하게 설명하기보다는 개인이 회사와의 단절을 겪는 진짜 이유들을 파고드는 것이 효과적이다. 사람들이 생각하는 거의 모든 이유는 진짜 이유라고 할 수 없는 것들이다. 가치분석은 업무 성격을 확실히 이해하고, 업무 경험에서 필요하고 중요한 측면을 구체적으로 식별할 수 있도록 돕는다. 현재 회사의 부족한 측면도 알려준다. 가치분석은 당신이 더 나은 선택을 하도록 한다.

일이 너무 많아서, 연봉이 적어서, 능력을 인정받지 못해서 등 퇴사를 원하는 이유가 너무 모호하다면 한층 더 심층적으로 고찰해보라. 미래의 나의 직장이 괜찮은 곳인지 평가하는 일이 매우 어렵다는 사실을 깨닫게 될 것이다. 퇴사 사유를 일반화하면 현재 직장에서 실제로 일어나고 있는 문제들을 이해하는 기회를 놓치게 된다. 가치분석을 활용한다면 지금의 문제가 해결 가능한 것인지, 아니면 이제 새로운 시작을 할 차례인지 판별하는 데 도움을 받을 수 있다.

능력을 펼칠 수 있는 최적의 환경 공식을 이해할 필요가 있다. 대부분의 업무가 명료하게 정의되어 있고 프로세스가 원활하게 운영되는 포지션이 누군가에게는 이상적이지만 다른 누군가에게는 권태로울 수 있다. 이와 비슷하게, 기존에 정해진 프로세스의 제약 없이 무언가를 시험하고 개발할 수 있는 자유가 주어지는 일이 적성에 맞는 사람에게는 이러한 근무 환경이 매우 중요할 것이다.

나도 돌이켜보면 지쳐 있고, 살아 있다는 느낌을 더는 받지 못할 때가 있었다. 하지만 이 가치분석을 수행한 후에 놀랍게도 내가 왜 직장에 만족하지 못하고 있었는지를 알게 되었다. 분석 결과를 확인한 뒤 모호한 설명이 진짜 문제를 가리고 있었다는 사실을 깨달았다. 나는 나에게 맞지 않는 회사의 환경에 점점 적응하고 있었다. 회사에 들어와 아무것도 없는 상태에서 인프라를 구축하고 그것을 잘 운영

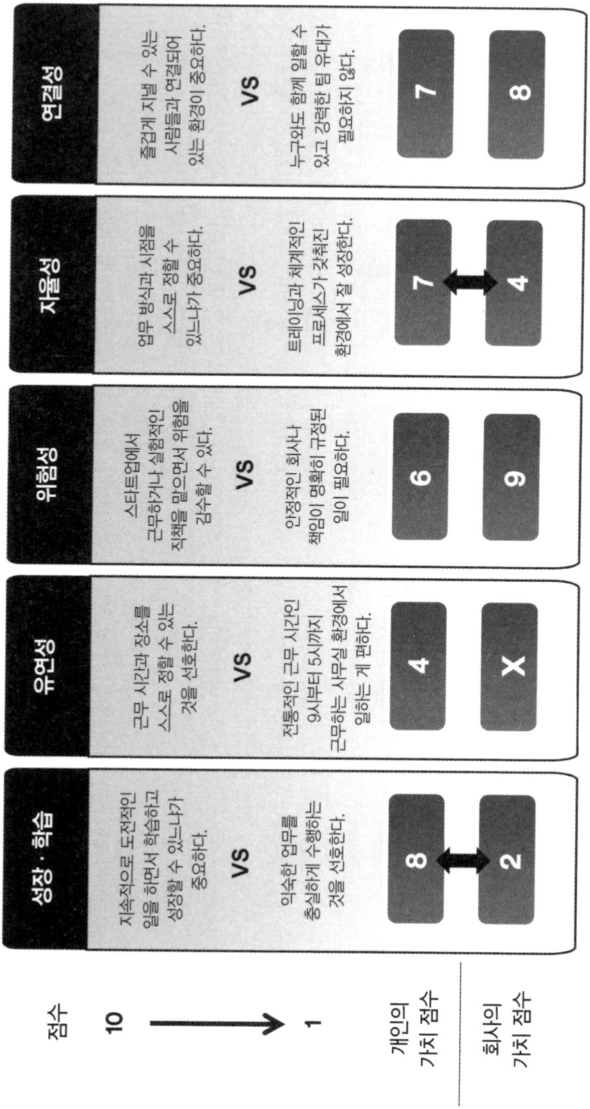

〈그림 17-1〉 업무 가치 순위

하고 있었지만 의욕이 생기지 않았다. 회사는 기존의 것을 유지하고 관리하기만 했다. 회사가 더 이상 나를 성장시키지 않는다고 느꼈다. 나의 업무 가치에 부합하는 속도로 학습하지도 발전하지도 않고 있었다.

당시 나는 살아 있다는 느낌을 받을 수 있는 회사를 찾아 떠나는 대신, 나에게 그런 경험을 줄 수 있는 조건을 이해했다. 결과적으로 나는 빠르게 성장하는 회사나 새로운 아이디어를 시험할 수 있는 벤처 기업에 더 적합한 사람이었다. 어떻게 이 결론에 도달할 수 있었는지 차트를 통해 설명하겠다.

'성장·학습'과 '자율성'이라는 두 가지 영역에서 개인의 가치 점수가 회사보다 2점 이상 더 높다는 것을 강조해 표시해두었다.

나의 분석 결과가 시사하는 내용

- **성장·학습:** 직장에서 배우고 성장해야 한다. 현재 직장이 몇 년 동안은 이것을 제공해 주었을지 몰라도 이제는 그러지 않고 있다. 나는 직접 어떤 것을 개발하고 구축해야 하는 사람이다. 회사가 순조롭게 흘러가면 흥미를 잃는다.
- **안정성:** 안정성이 나에게 중요한 가치가 아니었으므로 나는 기업가적 모험을 추구할 수 있다. 나는 재정적으로 안정되어서 스타트업이나 개인 사업처럼 리스크가 큰 모험으로 눈을 돌릴 수도 있다.
- **자율성:** 나는 더 유연한 업무 스케줄을 원했다. 9시부터 5시가 아닌 나에게 편리한 시간대에 일하기를 선호했다.

- **연결성**: 내가 즐겁게 어울릴 수 있는 사람들과 일하는 것을 좋아했지만, 친밀함을 느끼지 못하는 이들과 일한다고 해서 걸림돌이 되지는 않았다. 나는 누구와도 협력하여 일을 잘할 수 있다고 생각한다.

가치분석 활동

1. 이 활동에서는 1부터 10까지의 점수를 두 세트로 나누어 매길 것이다. 첫 번째 세트는 각 가치에 대한 개인의 점수다. 두 번째 세트는 현재 회사(또는 입사를 희망하는 회사)의 점수다.
2. 개인의 점수가 5점 이하인 가치를 지우자(의미 있는 마지노선을 넘지 못했다).
3. 회사의 점수가 개인의 점수보다 2점 이상 낮은 가치에 동그라미를 쳐라. 이를 통해 회사의 가치와 나의 가치가 일치하지 않는 영역을 알 수 있다.
4. 회사의 점수가 개인의 점수보다 2점 이상 높은 영역은 무시하자. 해당 영역에서는 회사가 예상보다 더 많은 것을 제공하고 있다.

활동을 마친 뒤 다음 질문에 답하며 생각해보자.

- 회사와 내가 가장 큰 격차를 보이는 가치는 무엇인가?
- 이를 바탕으로 나에게 필요한 것이 무엇이라고 생각하는가?

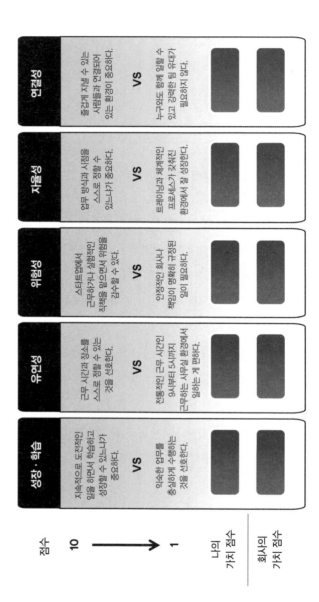

〈그림 17-2〉 나의 업무 가치 순위

성장·학습	유연성	위험성	자율성	연결성
지속적으로 도전적인 일을 하면서 학습하고 성장할 수 있느냐가 중요하다.	근무 시간과 장소를 스스로 정할 수 있는 것을 선호한다.	스타트업에서 근무하거나 실험적인 직책을 맡으면서 위험을 감수할 수 있다.	업무 방식과 시점을 스스로 정할 수 있느냐가 중요하다.	즐겁게 지낼 수 있는 사람들과 연결되어 있는 환경이 중요하다.
VS	**VS**	**VS**	**VS**	**VS**
익숙한 업무를 충실하게 수행하는 것을 선호한다.	전통적인 근무 시간인 9시부터 5시까지 근무하는 사무실 환경에서 일하는 게 편하다.	안정적인 회사나 책임이 명확히 규정된 일이 필요하다.	트레이닝과 체계적인 프로세스가 갖춰진 환경에서 잘 성장한다.	누구와도 함께 일할 수 있고 강력한 팀 유대가 필요하지 않다.

점수
10 ──────→ 1

나의
가치 점수

회사의
가치 점수

- 현재 회사에서 가치의 간극을 보완할 수 있는 방법을 찾을 수 있는가?
- 회사에 남아 있을 길이 보이지 않는다면, 회사와 나의 점수 차를 고려했을 때 내가 찾아야 하는 회사는 어떤 곳이라고 생각하는가?

가치분석이 어떻게 수행되며 현재 직장 상황에서 무엇이 부족한지 이제 확실히 이해했다. 지금부터는 앞에 놓인 선택지와 각각의 장단점을 살펴보자.

커리어를 전환할 결심

사실 이 이야기는 별로 하고 싶지 않다. 남편의 말이 맞았다고 인정하는 게 개인적으로도 내키지 않는데, 공개적으로 말해야 하니까. 하지만 그의 지혜로움이 있었기에 나는 이 자리에 있다.

어느 날 남편은 가장 허심탄회하면서도 나를 화나게 하는 방식으로 속내를 털어놓았다. "당신이 되어 가고 있는 그 사람을 내가 좋아하는지 잘 모르겠어. 내가 당신을 떠나든지 당신 자신을 되찾을 방법을 고민하자. 지금 이건 당신에게나 우리에게나 건강하지 않아."

그날 밤 8시 남편은 내가 집에 올 때까지 기다렸다가 함께 저녁을 먹을지 문자로 물어봤는데, 답장을 쓰지 않은 이유를 나에게 따져 물으면서 말다툼이 시작되었다. 그의 자상한 물음에 나는 잠깐 틈을 내 적절한 답장을 쓰는 대신 '나중에 전화해도 될까요?'라는 자동응답 버튼을 곧바로 눌렀다.

나에게 그 행동은 "나 여기 있어. 당신이 나랑 연락하려고 하는 거 알고 있어. 그런데 지금은 대화를 못하는 상황이야."라는 뜻을 전할 수 있는 빠른 방법이었다. 이것이 효율적이라고 판단했다. 서로가 연결되어 있는 작은 순간들도 소중하다는 사실을 나는 잊고 있었다.

그날 저녁 우리의 대화는 싸움으로 번졌다. "내가 회사 일을 거짓말하고 있다고 생각해? 내가 일을 좋아서 하는 것처럼 보여?" 익숙한 논쟁이 격해지자 나는 회사에서 받는 압박을 설명하려고 노력했다. 더 일찍 퇴근하고 싶었지만 그러면 더 뒤처지게 된다는 얘기들을 늘어놓았다. 나는 말했다. "뭐가 됐든, 여기서 몇 년만 더 있으면 스톡옵션이 확정될 거고, 그 후에는 다시 정상으로 돌아갈 수 있어."

이어진 주말은 어째서 내가 이 지경에 또 이르렀는지, 앞으로 이 문제를 어떻게 해야 할지 고찰하는 시간이 되었다. 결론적으로 내가 할 수 있는 일은 거의 없었다. 나는 이 공허한 삶을 받아들여야 한다고 결심한 상태였다. 거액의 연봉과 스톡옵션이 걸려 있었기 때문이다. 지금은 희생을 해야 할 때이고 그래야 훗날 우리의 뜻대로 완전한 자유를 누릴 수 있다고 믿었다. 그러고 나면 행복을 즐길 줄 아는 예전 나의 모습으로 다시 마법처럼 바뀔 수 있을 거라 생각했다.

그때의 대화는 기업 세계를 영영 떠나겠다고 결단한 결정적 계기가 되었다. 회사를 그만둔 이유가 근무 시간 때문은 아니었는데, 의외라고 생각할지도 모르겠다. 나는 문제가 나 자신에게 있는지 아니면 직장에 있는지 곰곰이 따져 보았다(답은 둘 다였다). 가치분석을 실행했고(숫자 기반의 유용한 분석을 누가 싫어하겠는가.) 그 결과 직장에서 실제로 충족되지 않고 있는 가치와 나에게 필요한 가치가 무엇인지 알아낼 수 있었다.

나는 일하고 싶은 사람이라는 걸 깨달았다. 나는 일을 사랑하고 일은 나를 충만하게 한다. 더 나아가 나는 기업 환경의 제약 없이 위험을 감수하고 도전하기를 원하는 사람이라는 걸 알게 되었다. 이를 통해 신중하고 계획적인 퇴사를 할 수 있었고, 이 모든 과정을 거쳐 잡닥터로 커리어를 전환할 수 있었다.

나는 회사에 1년을 더 다닐 수 있어서 정말 기뻤다. 남은 시간 동안 리프레임의 힘과 긍정적인 경험을 창출하는 방법에 대해 고객들에게 가르치려고 했었던 모든 것들을 연습할 수 있었기 때문이다. 회사에서의 마지막 시간을 즐겁게 보냈다. 이로써 몇 가지 중요한 프로젝트를 완성할 수 있었다. 나는 충족감을 느끼며 회사를 떠났다. 홧김에 퇴사해 버렸다면 일시적으로 안도감은 들었겠지만, 25년 간의 커리어를 쌓고 내가 바란대로 최고의 전성기에 막을 내리지는 못했을 것이다.

당신의 여정에서 다음 단계는

나는 직장 생활을 하는 동안 절대 만족할 수 없을 것 같았던 회사에서 새로운 버전의 나를 만드는 등 앞서 언급한 다섯 가지 선택지를 한 번씩 모두 실행했다. 하지만 더 설득력 있는 건 고객들의 사례일 것이다. 연령대도 다양하고 트럭 운전사, 소프트웨어 개발자, CEO 등 직업군도 각양각색이었던 그들 역시 스스로 결정을 내려 직장에서 큰 행복감을 되찾았다. 아래의 경험담에서 자극을 받아 당신의 직장 생활도 좋은 결말로 이끌자.

- 네사는 이혼 후 호텔 일을 그만두고 더 나은 삶을 살겠다고 다짐했다. 그녀는 여성들에게 12주 동안 교육 프로그램을 제공하고 기술직 취업을 지원하는 학교를 찾았다. 이 프로그램을 마치고 차근차근 성장한 지 몇 년 만에 그녀의 연수입은 2만 4,000달러에서 10만 달러 이상으로 늘어났다.
- 제시카는 회사 생활에 기대를 품었지만, 정작 기대와 다른 현실을 마주하고는 환상에서 깨어났다. 회사는 새로운 프랜차이즈 매니저들로부터 원하는 성과를 얻지 못하고 있었다. 그녀는 저조한 성과를 지켜보는 대신 자신의 생각을 리프레임하기로 했다. 그녀는 자신에게 전략적인 의견을 표출할 권한이 없다고 생각하지 않고, 용기를 내어 CEO에게 성과가 어떻게 호전될 수 있는지, 그리고 그 과정에서 자신이 어떤 기여를 할 수 있는지 솔직하게 이야기했다. 다른 선택지가 결국 회사를 그만두는 거라면 그녀는 아무것도 손해 볼 게 없었다. 하지만 그 대화 덕분에 그녀는 해고되기는커녕 자신감을 얻게 되었고, 새로운 프랜차이즈 리더들을 데려와 훈련시키는 교육 예산을 얻을 수 있었다.
- 로빈은 해고되기 전에 자발적으로 회사를 그만두기로 했다. 그는 자신의 가치관과 회사의 가치관이 맞지 않음을 깨달았다. 기

업 세계로 다시 돌아가되 이번에는 작은 스타트업에 입사하기로 결심했다. 규모가 작은 회사는 1차원적이고 지루하게 느껴졌던 한정된 역할이 아닌 다양하고 폭넓은 직무를 제공했다. 3년 사이 세 번이나 승진을 한 그는 빠르게 성장하는 회사에서 100명 이상의 직원을 관리하는 책임자가 되었다.

• 벤은 교사 경력을 뒤로 하고 우버이츠Uber Eats 영업부에서 일을 시작했다. 그는 몇 번 승진을 거쳐 자신의 열정을 발견했다. 중요한 변화를 일으키는 것이 자신의 큰 원동력임을 알게 되었고, 더 빠르게 움직이고 더 큰 리스크를 감수하는 산업에서 즉각적인 영향을 더 잘 확인할 수 있었다.

이 사례들은 불편함을 과감히 직면하고, 직장에서 일어나는 모든 일에 스스로 주관과 선택권을 가지고 있음을 스스로 느낌으로써 자신의 목소리와 커리어의 통제력을 되찾은 사람들의 이야기다. 그들은 거짓을 버리고 직장 생활과 삶에 진실의 힘을 활용했다.

그간 살펴본 결과 **직장에 얽힌 진실**은 아래와 같다.

• 회사는 당신이 주는 만큼 가져갈 것이다.
• 회사는 적군도 아군도 아니다. 오로지 성과를 내는 일에만 관심이 있다.
• 당신은 다른 사람들에게 어떻게 인식되는지 정확한 시각을 가지고 있지 않다.
• 갈등 자체는 커리어를 해치지 않지만, 갈등이 전혀 없다면 커리

어가 망가질 것이다.

- 관리자가 당신에 대해 갖는 인식이 현실이다.
- 현재 위치에 이르게 한 역량이라고 해서 그것이 다음 단계를 보장하지는 않는다.
- 직무기술서만 따르면 승진할 수 없다.
- 당신의 성취만큼 의미 있는 건 없다.
- 열심히 일한다고 해서 반드시 성과를 내는 건 아니다.
- 아는 것이 힘이다.
- 돈은 기다리는 사람이 아니라 적극적으로 요구하는 사람에게 온다.
- 성과야말로 가장 강력한 레버리지다.
- 회사가 당신에게 충성하는 것보다 회사에 더 충성하지 마라.
- 일과 삶의 균형 잡기는 관리자가 아닌 당신의 일이다.
- 정치는 장애물이 아니다.

지금으로부터 1년 뒤 당신은 어디에 있을까? 앞 사례와 비슷한 이야기를 들려줄 수 있을까?

잡닥터로서 나는 당신이 상황을 깊이 있게 바라보고, 정직하게 평가하고, 더 나은 업무 경험과 미래를 창조하기 위해 과감하게 도전하는 용기를 찾는 것을 진심으로 소망한다. 신중해져라. 용감해져라. 해낼 수 있다.

주석

1장. 뭔가 달라져야 한다

1 Ashley Abramson, "Burnout and Stress Are Everywhere," *Monitor on Psychology* 53, no. 1 (January 1, 2022): 72, https://www.apa.org/monitor /2022/01/special-burnout-stress.

2 Jena McGregor, "Careers Weekly: All the Other Names for the 'Great Resignation,' Omicron Is Crashing Return to Office Plans and More," *Forbes*, December 14, 2021, https://www.apa.org/monitor/2022/01 /special-burnout-stress.

3장. 사람 문제

1 Ethan Burris, Elizabeth McCune, and Dawn Klinghoffer, "When Employees Speak Up, Companies Win." *MIT Sloan Management Review*, November 17, 2020, https://sloanreview.mit.edu/article/when-employees-speak-up-companies-win/.

5장. 갈등에 관한 오해

1 The 2019 Employee Engagement and Modern Workplace Report, Bonusly Research, Boulder, Colorado, https://go.bonus.ly/2019-employee-engagement-and-modern-workplace-report.

6장. 연봉에 얽힌 거짓

1 Ben LeFort, "How to Manage Money as a Young Professional," Making of a Millionaire, August 13, 2020, https://www.benlefort.com/post/how-to-manage-money-as-a-young-professional. Charts courtesy of Steve Littlefield.

7장. 레버리지의 거짓말

1 Krithika Varagur, "When Should You Think Twice About Salary Negotiation?"

Wall Street Journal, February 28, 2021, https://www.wsj.com/articles/when-should-you-think-twice-about-salary-negotiation-11614513601.

2 Tanya Tarr, "How Much Is Too Much When You're Negotiating a Raise?" Fairygodboss, n.d., https://fairygodboss.com/articles/how-much-is-too-much-when-you-re-negotiating-a-raise#.

8장. 충성에 얽힌 거짓

1 Shruti Bhargava, Bo Finneman, Jennifer Schmidt, and Emma Spagnuolo, "The Young and the Restless: Generation Z in America," McKinsey & Company, March 20, 2020, https://www.mckinsey.com/industries/retail/our-insights/the-young-and-the-restless-generation-z-in-america.

9장. 번아웃에 얽힌 거짓

1 Jake Rossen, "This Is Your Brain on Drugs: Any Questions About the Most Famous Anti-Drug Ad?" Mental Floss, May 18, 2017, https:// www.mentalfloss.com/article/500800/most-famous-anti-drug-ad-turns-30-any-questions.

2 Society of Human Resources Management, "The Problem with Burnout," August 2017, https://www.shrm.org/hr-today/news/hr-magazine/0817/pages/infographic-the-problem-with-burnout.aspx.

3 Johann Hari, "Your Attention Didn't Collapse. It Was Stolen," *Guardian*, January 2, 2022, https://www.theguardian.com/science/2022/jan/02/attention-span-focus-screens-apps-smartphones-social-media.

10장. 사내 정치에 얽힌 거짓

1 Samantha Subin, "Ousted WeWork CEO Says $47 Billion Valuation Went to His Head before Botched IPO," CNBC, November 9, 2021, https://www.cnbc.com/2021/11/09/ousted-wework-ceo-adam-neumann-47-billion-valuation-went-to-his-head.html.

2 Airbnb Statistics (2022): User & Market Growth Data, iProperty Management, May 4, 2022, https://ipropertymanagement.com/research/airbnb-statistics.

15장. 중간 관리자의 승진 비결

1 Tony Schwartz, "The Power of Starting with 'Yes,'" *New York Times*, April 17,

2015, https://www.nytimes.com/2015/04/18/business/dealbook/the-power-of-starting-with-yes.html.

2   Kyle Benson, "The Magic Relationship Ratio, According to Science," The Gottman Institute, https://www.gottman.com/blog/the-magic-relationship-ratio-according-science/.

16장. 고위 경영진의 승진 비결

1   Adam Bryant and Kevin Sharer, "Are You Really Listening?" *Harvard Business Review*, March–April 2021, https://hbr.org/2021/03/are-you-really-listening.

결론. 계속 다닐까, 그만둘까

1   Chris Cillizza, "We're All Just So Damn Angry," CNN.com, September 10, 2021, https://www.cnn.com/2021/09/10/politics/anger-american-electorate-cnn-poll/index.html.

불만 해독

초판 1쇄 인쇄 2025년 3월 28일
초판 1쇄 발행 2025년 4월 7일

지은이 테사 화이트
옮긴이 한다해
펴낸이 유정연

이사 김귀분
책임편집 서옥수 **기획편집** 신성식 조현주 유리슬아 황서연 정유진 **디자인** 안수진 기경란
마케팅 반지영 박중혁 하유정 **제작** 임정호 **경영지원** 박소영

펴낸곳 흐름출판(주) **출판등록** 제313-2003-199호(2003년 5월 28일)
주소 서울시 마포구 월드컵북로5길 48-9(서교동)
전화 (02)325-4944 **팩스** (02)325-4945 **이메일** book@hbooks.co.kr
홈페이지 http://www.hbooks.co.kr **블로그** blog.naver.com/nextwave7
출력·인쇄·제본 (주)상지사 **용지** 월드페이퍼(주) **후가공** (주)이지앤비(특허 제10-1081185호)

ISBN 978-89-6596-710-1 03320